Armelle Biclet
Marie Cauhépé

Zéro faute !
6e/5e

méthode d'orthographe

scodel
NATHAN

Sommaire

ISBN 2-09-171018-0

Orthographe d'usage

Index 203

Table thématique des fiches d'orthographe grammaticale.. 207

Présentation de l'ouvrage

Zéro faute est une méthode progressive d'acquisition de l'orthographe pour le cycle d'observation des collèges.

Structure de l'ouvrage

■ Une partie **orthographe grammaticale** (p. 5 à 165) qui est la source la plus importante des fautes. Aussi, nous proposons de partir du plus simple, la conjugaison des verbes au présent de l'indicatif et l'accord du verbe avec son sujet, pour aller vers le plus complexe, les temps composés, le passif et les accords du participe.

■ Une partie **orthographe d'usage** (p. 166 à 202). Elle s'organise autour de leçons d'orthographe, d'une sélection d'homonymes, assortis d'exercices de réemploi, et de mots invariables.

■ Un **index** très détaillé qui facilite un usage ponctuel de l'ouvrage.

■ Une **table thématique** des fiches d'orthographe grammaticale (p. 207-208).

Les fiches

L'ouvrage compte **113** fiches qui contiennent chacune :

■ Une courte **leçon** d'orthographe aux explications très simples, évacuant toute terminologie grammaticale complexe.

■ Des **exercices** d'application, de difficulté croissante et de types variés.
Pour soutenir l'intérêt des élèves, beaucoup d'exercices sont conçus à partir de textes suivis, souvent inspirés d'œuvres littéraires appréciées des adolescents.

■ Des **dictées à choix multiple** qui proposent régulièrement une synthèse des problèmes étudiés précédemment dans le livre.
Elles soumettent à l'élève un choix de solutions sur les terminaisons grammaticales des mots, stimulant ainsi sa réflexion. Elles permettent également d'aborder les problèmes d'orthographe d'usage.

■ La rubrique **« Les mots de la famille : à vos dictionnaires ! »** qui présente des familles de mots ayant les mêmes particularités orthographiques.
L'élève est ainsi incité à chercher dans un dictionnaire le sens des mots qu'il ignore et est initié aux principes de constitution des familles par l'étude de quelques suffixes et préfixes.

Mode d'emploi des dictées à choix multiple

— Les **astérisques (*)** indiquent un mot invariable et renvoient aux autres **mots invariables** terminés par le même son (page 202).
— Les **caractères gras** (en début, milieu et fin de mot) renvoient aux **règles d'orthographe d'usage** (pages 166 et suivantes).
— La **barre oblique (/)** propose un choix d'**homonymes grammaticaux** (voir *table thématique* p. 208) ou d'**homonymes lexicaux** (p. 188 et suivantes).
— La **virgule (,)** invite à choisir parmi les terminaisons grammaticales proposées celle qui permettra d'accorder correctement le mot.
— Les **pastilles (•)** renvoient à la rubrique « Les mots de la famille : à vos dictionnaires ! ». Cette famille de mots peut se trouver soit directement sous la dictée, soit sous une autre dictée, dont on trouvera rapidement la page grâce à l'index situé en fin d'ouvrage.

Ces multiples pistes de recherche peuvent être utilisées soit par l'élève qui prépare sa dictée et ses questions de dictée, soit par le professeur qui corrige la dictée. Notre propos est toujours de **stimuler la réflexion** et de soulager la mémoire par l'intelligence des mots et de leurs rapports mutuels.

ÊTRE ET AVOIR : PRÉSENT DE L'INDICATIF

LEÇON

je	**suis**	j'	**ai**
tu	**es**	tu	**as**
il	**est**	il	**a**
nous	**sommes**	nous	**avons**
vous	**êtes**	vous	**avez**
ils	**sont**	ils	**ont**

Ne confondez pas :
ai : 1re personne du singulier d'*avoir ;*
es : 2e personne du singulier d'*être ;*
est : 3e personne du singulier d'*être.*

UN TRUC
ai vient toujours après *je ;*
es vient toujours après *tu ;*
est vient toujours après *il, elle, on,* un nom ou un pronom sujet.

ATTENTION !
Il y a est invariable. Ex. : ***Il y a** des souris dans le placard.*

EXERCICES

1. Conjuguez.
1. J'ai mal à la tête et je suis de mauvaise humeur. – 2. Je suis heureux et j'ai des ailes.

2. Remplacez les points par la forme du présent d'être **qui convient.**
1. Je ... ici. – 2. Tu ... à Marseille. – 3. Il ... midi. – 4. Nous ... en train de travailler. – 5. Vous ... sur le point de partir. – 6. Ils ... heureux. – 7. Cela n'... pas possible ! – 8. Vous ... près du radiateur. – 9. Je ... dans mon lit. – 10. Les clefs ... sur la porte. – 11. Tu ... du même avis. – 12. Nous ... en septembre.

3. Remplacez les points par la forme du présent d'avoir **qui convient.**
1. J'... de quoi vivre. – 2. Tu n'... pas le sou. – 3. Il ... un manteau gris. – 4. Nous ... l'oreille fine. – 5. Vous ... peur. – 6. Ils ... la fièvre. – 7. Tu ... douze ans. – 8. Ils ... du monde à dîner. – 9. J'... besoin d'aide. – 10. Le conseil de classe ... lieu mardi. – 11. Vous ... les endives en horreur. – 12. Nous ... fort à faire.

4. Remplacez les points par ai, es, est.
1. Tu ... parti sans finir ton travail, si bien que j'... des ennuis avec le patron. – 2. Il ... furieux parce que notre travail ... en plan. – 3. J'en ... assez. – 4. Tu ... trop paresseux. – 5. Cela ... impossible de faire équipe avec toi.

5. Remplacez les points par ai, es, est.
1. J'... envie de rire. – 2. Tu ... trop drôle ! – 3. Ton déguisement ... très réussi. – 4. Ton costume rayé ... parfait. – 5. J'... l'impression d'être sur une plage en 1900. – 6. Quant à moi, j'... une moustache en croc. – 7. Mon habit ... impeccable. – 8. J'... un monocle. – 9. Attention ! Tu ... assis sur mon chapeau haut-de-forme !

A/AS/À

LEÇON

- **a :** 3ᵉ personne du singulier du verbe **avoir** (présent de l'indicatif), s'écrit **sans accent.**
  Ex. : *Il **a** soif.*
- **as :** n'oubliez pas le **-s** à la 2ᵉ personne du singulier.
  Ex. : *Tu **as** soif.*
- **à :** préposition, prend un accent grave.
  Ex. : *Cette source **a** une eau bonne **à** boire.*

UN TRUC

Un verbe peut toujours se mettre à l'imparfait.
Si l'on peut remplacer **a** par **avait,** il faut l'écrire sans accent :
Cette source a une eau → *Cette source avait une eau* ⇒ **a.**
Une eau bonne avait boire, n'a pas de sens ⇒ **à.**

EXERCICES

1. Conjuguez aux trois personnes du singulier du présent de l'indicatif :
1. avoir froid. – 2. avoir le frisson. – 3. avoir une bonne angine.

2. Donnez cinq prépositions composées commençant par la préposition à.
Ex. : *à cause de.*

3. Complétez les phrases suivantes par à + un complément.
Ex. : *J'ai assisté...* → *J'ai assisté à un match de rugby.*
1. Je vais ... – 2. J'ai apporté une pendule ... – 3. J'ai pensé ... – 4. As-tu écrit... ? – 5. Je sors de classe ... – 6. Une pomme est agréable ...

4. Remplacez les points par a, as, à.
1. Quelle jolie corbeille de fruits tu ... composée ! – 2. La pêche ... une chair délicate. – 3. Le raisin ... une belle couleur dorée. – 4. Le citron ... un parfum agréable ... sentir. – 5. ...-tu l'intention de tous les manger aujourd'hui ? – 6. ... moins que tu ne préfères les garder un peu parce qu'ils sont agréables ... voir ?

5. Remplacez les points par a, as, à.
1. Mélanie ... un secret ... te dire ... l'oreille. – 2. Mais tu n'... guère envie de l'écouter. – 3. Souvent tu n'... pas de patience ... son égard. – 4. Tu ... tout ... fait tort. – 5. En effet, elle ... beaucoup de tendresse ... te donner. – 6. Cela mis ... part, le secret qu'elle ... ... te confier ... de quoi t'amuser.

6. Remplacez les points par a, as, à.
1. Cendrillon ... de la peine. – 2. Elle ... l'ordre de rester ... la cuisine alors que ses sœurs se préparent ... aller au bal. – 3. L'aînée ... même la cruauté de demander ... Cendrillon si elle aimerait aller ... cette fête. – 4. « Hélas ! ce n'est pas ma place, répond la pauvre petite ... sa sœur. » – 5. « Tu ... raison. Tout le monde rirait ... gorge déployée en te voyant ! » – 6. Cendrillon ... la gentillesse de coiffer ses sœurs ... la perfection, car elle ... beaucoup de goût. – 7. Mais dès qu'elles sont parties, elle se met ... pleurer.

ET/EST/ES

LEÇON

► **et :** conjonction de coordination, invariable.
C'est très souvent l'**équivalent de** +.
Ex. : *Delphine **et** Marinette jouaient* → *Delphine + Marinette jouaient* ⇒ **et.**

► **est :** 3ᵉ personne du singulier du verbe **être** (présent de l'indicatif).
On peut le remplacer par l'imparfait **était.**
Ex. : *Delphine **est** l'aînée* → *Delphine **était** l'aînée* ⇒ **est.**

► **es :** 2ᵉ personne du singulier du verbe **être** (présent de l'indicatif).
Ex. : *Tu **es** la première.*

UN TRUC : après *il, on, ne, n',* vous ne trouverez jamais *et.*

EXERCICES

1. Remplacez les points par et, es, est.
1. vingt ... un – 2. lui ... son fils – 3. ceci ... à moi – 4. il ... huit heures – 5. soixante ... onze – 6. tu ... à croquer – 7. il ... de Paris – 8. un livre ... un stylo – 9. cela ... à refaire – 10. toi ... moi – 11. il ... tard – 12. tu ... en short.

2. Remplacez les points par et, est.
1. Delphine ... Marinette jouent à pigeon-vole ... à la poupée. – 2. Leur chat, Alphonse, ... assis sur la fenêtre ... regarde pleuvoir : la journée ... faite pour dormir, pense le chat. – 3. Les petites jouent ... courent autour de la table. – 4. Soudain, le plat en faïence glisse ... tombe. – 5. Il ... cassé ! – 6. Le père ... furieux ... menace les fillettes d'une visite à la tante Mélina qui ... une très vieille ... très méchante femme, avec une bouche sans dents ... un menton plein de barbe. – 7. Aller la voir ... une très sévère punition. (D'après M. Aymé, *Les Contes du Chat perché.*)

3. Même exercice que le n° 2.
1. Le chat passe la patte derrière l'oreille ... fait pleuvoir, car il ... un peu magicien. – 2. Il pleut huit jours d'affilée ... la visite ... retardée. – 3. Mais les parents devinent le tour du chat ... veulent le noyer. – 4. Alphonse ... enfermé dans un sac. – 5. L'heure ... critique – 6. Les animaux sont tristes ... consternés. – 7. Le cheval veut mettre une bûche dans le sac ... le canard suggère d'y enfermer une souris. – 8. La souris ... inquiète ... effrayée. – 9. Mais on lui ménage un trou ... elle pourra s'échapper. – 10. Tout ... bien qui finit bien, pour elle ... pour Alphonse. *(Ibid.)*

4. Remplacez les points par et, est, es, ai.
1. « Aujourd'hui, j'... quinze ans. – 2. – ... alors ? – 3. – Alors ? Eh bien, je t'aime toujours, ... j'... envie de t'épouser. – 4. – Écoute, Blub, dit la sirène, je crois que tu ... sincère, mais tu ne sais pas de quoi tu parles. – 5. Tu vois, je n'... pas de jambes. – 6. Il ne m'... pas possible de vivre sur la terre comme une femme normale. – 7. Si tu ... mon mari, c'... toi qui devras me suivre chez mon père ... qui deviendras un ondin, avec une queue de poisson. – 8. – Eh bien, mais c'... parfait ! dit-il. – 9. – Non, ce n'... pas parfait, reprit-elle. – 10. Tu n'... pas le premier homme à vouloir épouser une sirène. » (D'après P. Gripari, *Contes de la rue Broca.*)

ON/ONT

LEÇON

► **on** : pronom (= quelqu'un, les gens), toujours singulier.
Après *on*, le verbe est à la 3e personne du singulier.
On peut remplacer *on* par les pronoms **il** ou **elle**.
Ex. : ***On** sourit* → ***il, elle** sourit* ⇒ **on.**

► **ont** : 3e personne du pluriel du verbe **avoir** (présent de l'indicatif).
On peut mettre *ont* à l'imparfait : *avaient.*
Ex. : *Ils **ont** de la chance* → *ils **avaient** de la chance* ⇒ **ont.**

EXERCICES

1. Remplacez le pronom on **par un autre pronom.**
1. On attend son tour dans la file. – 2. On prend patience. – 3. On évite de marcher sur les pieds du voisin. – 4. On a des fourmis dans les jambes. – 5. On a bien envie de se plaindre. – 6. On peut toujours s'en aller.

2. Mettez les mots soulignés à la 3e personne du pluriel.
1. Il a de la chance. – 2. Il a beaucoup de jouets. – 3. Il a même une grue à moteur. – 4. Elle a une maison de poupée. – 5. Elle a aussi une poupée qui peut aller chez le coiffeur.

3. Remplacez les points par on, ont.
1. La nuit, ... a peur de se promener seul. – 2. ... frissonne quand ... entend les moindres craquements. – 3. Tout de suite, ils ... une résonance sinistre. – 4. Les arbres ... des airs menaçants. – 5. ... a envie de regarder derrière soi, car ... a l'impression d'être suivi. – 6. Les rues ... des recoins d'ombre bien inquiétants. – 7. Même les maisons ... l'air hostiles avec leurs volets qu'... a fermés. – 8. C'est pourquoi ... est content de se réfugier chez soi.

4. Remplacez les points par on, ont.
1. Quand ... visite le musée du Louvre, ... est étonné par tant de chefs-d'œuvre. – 2. Les salles ... de quoi rassasier nos regards curieux. – 3. ... peut voir les objets d'art les plus précieux. – 4. Les visiteurs ... le choix entre visiter un secteur en détail ou parcourir tout le musée. – 5. Au début, ... est enthousiaste, ... veut tout voir. – 6. Ensuite, ... se fatigue. – 7. Enfin ... traverse les salles au pas de course. – 8. C'est dommage, car elles ... aussi leur intérêt.

5. Remplacez les points par on, ont.
1. Les grandes personnes ... des idées toutes faites et n'imaginent presque jamais qu'il puisse exister autre chose que ce qu'elles ... appris. – 2. De temps en temps surviennent des gens qui ... découvert un morceau d'inconnu. – 3. ... commence toujours par leur rire au nez. – 4. Quelquefois ... les jette en prison parce qu'ils ... dérangé l'ordre. – 5. Et puis, quand ... s'est aperçu, après leur mort, qu'ils ... raison, ... leur élève des statues et ... les appelle des génies. (D'après M. Druon, *Tistou les pouces verts.*)

SONT/SON

LEÇON

▶ **sont :** 3e personne du pluriel du verbe **être** (présent de l'indicatif). On peut le remplacer par *étaient.*
Ex. : *Les livres* ***sont*** *dans le cartable* → *les livres* ***étaient*** *dans le cartable* ⇒ **sont.**

▶ **son :** adjectif possessif. On peut demander : « De qui ? »
Ex. : *Marc promène* ***son*** *chien.* Le chien de qui ? **de Marc** ⇒ **son.**

EXERCICES

1. Conjuguez les phrases suivantes à toutes les personnes du présent.
Attention : *le chien* et *le jardin* doivent toujours appartenir au sujet.
1. J'ai mon chien et je suis heureux. – 2. Je suis dans mon jardin.

2. Remplacez les points par son, sont.
Les animaux d'Emmanuel. – 1. ... chat angora est près du foyer. – 2. ... cocker et ... épagneul ... devant la porte. – 3. ... canari est sur le bord de la fenêtre. – 4. ... cochon d'Inde et ... lapin ... sur le tapis du salon. – 5. ... poisson rouge est dans ... aquarium. – 6. Ses lézards ... sur le mur en train de se chauffer au soleil.

3. Même exercice.
1. Claire et Marie ... dans le bois. – 2. Marie aperçoit un écureuil sur un arbre, puis un coucou dans ... nid. – 3. Les deux animaux ... dérangés par les promeneuses. – 4. L'écureuil lâche ... gland et disparaît. – 5. Le coucou cesse ... chant.

4. Remplacez les points par son, sont.
Un prodige. – 1. Tistou met ... chapeau de paille pour aller prendre ... cours de jardin. – 2. Dans la serre, le jardinier Moustache attend ... élève. – 3. Les moustaches de Moustache ... énormes. – 4. On dirait que deux flammes blanches sortent de ... nez et lui battent les oreilles. – 5. Des pots de fleurs ... alignés le long du mur. – 6. Tistou doit les remplir avec du terreau et y faire un trou avec ... pouce. – 7. Et voilà qu'en cinq minutes, tous les pots remplis par Tistou ... fleuris ! – 8. – « Mais d'où ... venues ces fleurs ? » demande Tistou à ... professeur. – 9. Brusquement, Moustache examine les doigts de ... élève. – 10. – « Mon garçon, dit-il enfin, tu as les pouces verts. » – 11. – « Verts ? s'écrie Tistou, fort étonné. Ils ... roses, et même plutôt sales. – 12. Ils ne ... pas verts ! » – 13. – « Bien sûr, bien sûr, tu ne peux le voir : les pouces verts ... un talent caché. Cela se passe sous la peau. »
(D'après M. Druon, *Tistou les pouces verts.*)

5. Choisissez l'orthographe convenable.
Sandrine cultive son jardin. – 1. Sandrine délimite *(son, sont)* jardin avec des pierres. – 2. Les pierres choisies par Sandrine *(son/sont)* blanches. – 3. Le terrain *(et/es/est)* divisé en deux par une allée. – 4. Dans la partie de droite *(son/sont)* ses fleurs favorites : pâquerettes *(et/es/est)* violettes. – 5. Ses légumes *(son/sont)* dans la partie de gauche. – 6. Les légumes *(son/sont)* des carottes *(et/es/est)* ... un pissenlit. – 7. La petite jardinière soigne *(son/sont)* pissenlit *(et/es/est)* ses carottes.

FICHE 6

OU/OÙ

LEÇON

▶ **ou :** s'écrit sans accent quand on peut dire : **ou bien.**
Ex. : *Passe-moi un crayon **ou** un stylo.*

▶ **où :** s'écrit avec un accent grave quand il indique le lieu ou le temps.
Ex. : ***Où** étais-tu le soir **où** je t'ai téléphoné ?*

EXERCICES

1. Remplacez les points par ou, où.

1. Partons-nous à 17 h ... à 16 h ? – 2. Le vendredi est le jour ... il y a le plus de monde. – 3. Par ... comptes-tu passer ? – 4. Par la route ... nous avions cueilli des genêts l'année ... tout était en avance ? – 5. ... par celle ... tu as reçu une bouse de vache sur ton pare-brise ? – 6. Je préférerais celle d'... nous avions une si jolie vue sur la mer. – 7. As-tu de la place pour ma valise ... dois-je me contenter d'un sac ?

2. Remplacez les points par ou, où.

1. L'un ... l'autre d'entre nous peut faire les commissions, s'exclame mon frère. – 2. Tu y vas ... j'y vais ? – 3. Disons que c'est toi qui iras au supermarché ... tu achèteras des pommes de terre ... des carottes, des bananes ... des oranges. – 4. Quant à moi, j'ai de quoi faire ici : ... j'essuie la vaisselle, ... je mets le couvert. – 5. Mais ... est donc le torchon ? – 6. ... plutôt non, je vais dans ma chambre ... je jouerai de la guitare !

3. Remplacez les points par ou, où.

1. Je me souviens très bien de la maison ... j'ai vécu petit. – 2. Je revois le fauteuil ... maman me lisait « Le Petit Chaperon rouge » ... « Le Chat botté ». – 3. Je revois aussi le débarras ... je me réfugiais pour rêver ... pour dessiner. – 4. Qu'il est agréable d'avoir un coin à soi ... personne ne vient vous déranger !

4. Remplacez les points par ou, où.

Un rêve. – 1. Garçon ... fille ? La future maman n'a pas de préférence. – 2. Elle prépare le berceau ... dormira son bébé. – 3. Elle pense à l'heureux moment ... elle le tiendra dans ses bras. – 4. Le père ... la mère s'en occuperont. – Ils pensent déjà à l'avenir de leur enfant : sera-t-il artiste ... artisan ? hippie ... fonctionnaire ? – 5. Mais l'enfant choisira la voie ... il aura le plus de chance de réussir.

5. Remplacez les points par ou, où.

Folie ... voyance ? – 1. Michel Morin aimait surtout les jours ... il y avait de la lune. – 2. « Elle me montre des choses très belles : le soleil, ... papa et maman, à un âge ... ils sont encore petits et marrants. » – 3. Les gens le traitaient d'écervelé ... disaient qu'il fallait lui mettre du plomb dans la tête. – 4. Alors Michel Morin leur posait des devinettes : « Qu'est-ce qui pèse plus lourd, un kilo de plomb dans la tête ... un kilo de plumes sous la tête, les nuits ... l'on dort d'un sommeil profond et ... l'on rêve ? » – 5. Les gens ne répondaient guère ... changeaient la conversation. (D'après J. Prévert, *L'Opéra de la lune.*)

CES/SES/C'EST

LEÇON

- **ces :** adjectif démonstratif pluriel. Au singulier, on dira : *ce, cet(te)*
  Ex. : ***ces** chardons* → ***ce** chardon ; **ces** fleurs* → ***cette** fleur.*
- **ses :** adjectif possessif pluriel (au singulier : *son, sa*).
  On peut demander : « De qui ? »
  Ex. : *Alexis range **ses** jouets.* Les jouets de qui ? **d'Alexis** ⇒ **ses.**
- **c'est : cela** + verbe **être** (présent de l'indicatif).
  Ex. : ***C'est** vrai* → ***cela est** vrai* ⇒ **c'est.**

EXERCICES

1. Mettez au pluriel.
1. cette plage – 2. ce rocher – 3. ce galet – 4. ce seau – 5. cette mouette – 6. cet hameçon – 7. cette canne à pêche – 8. ce cormoran.

2. Conjuguez au présent de l'indicatif.
1. J'ai mes lunettes, tu as tes lunettes, ... – 2. J'ai oublié mes crayons.

3. Remplacez les points par ces, ses, c'est.
1. ... l'île la plus merveilleuse de la région. – 2. ... côtes sont découpées et ... plages sont sablonneuses. – 3. Sur la plage, vous voyez un homme : ... le seul rescapé du naufrage. – 4. Tous ... compagnons ont péri. – 5. ... dunes et ... pins forment son horizon quotidien. – 6. ... dur de vivre seul. – 7. ... chèvres sont ... seules compagnes.

4. Remplacez les points par ces, ses, c'est.
1. ... la côte de jade. – 2. Elle offre aux regards des promeneurs ... plages et ... caps rocailleux. – 3. Regardez : la mer vient briser contre ... rochers ... vagues furieuses. – 4. ... bateaux que vous voyez attachés dans le port dansent sur les flots agités. – 5. Des paquets de mer franchissent la digue, aspergeant ... touristes suffoqués. – 6. Chacun d'eux secoue ... vêtements, contemple ... chaussures trempées. – 7. Si l'eau continue à monter, ... véhicules en stationnement seront emportés par la mer et ... rouleaux géants. – 8. ... vraiment une imprudence de les laisser là.

5. Remplacez les points par ces, ses, c'est.
Défilé de mode. – 1. Vendredi lance le coffre sur le sol : les charnières sautent et il répand ... richesses au pied des cactus. – 2. Lorsqu'il voit tous ... vêtements, Vendredi trouve amusant d'en habiller ... drôles de plantes, grandes comme des hommes. – 3. Ici une robe avec ... manchettes empesées, là un pantalon avec ... jambes raides, là une perruque avec ... bouclettes frisées, là une cape avec ... boutons brillants, là un chapeau avec ... rubans, là un gant avec ... doigts levés. – 4. Vendredi distribue même à ... créatures bracelets, colliers, ombrelles et éventails. – 5. Puis il contemple le résultat de ... efforts : ... grandes dames et ... seigneurs ont l'air de se contorsionner et de danser un ballet immobile. – 6. Alors il imite ... bonshommes et ... bonnes femmes absurdes en gesticulant et en sautant sur place. (D'après M. Tournier, *Vendredi ou la vie sauvage.*)

CET/CETTE/C'EST

LEÇON

► **cette :** adjectif démonstratif féminin.
Ex. : ***Cette** mouette vole au raz des flots.*

► **cet :** adjectif démonstratif masculin singulier, remplace **ce** devant un mot commençant par une voyelle ou un h- muet. (On fait la liaison.)
Ex. : ***Cet** homme, caché derrière **cet** arbre, est un pirate.*

► **c'est :** **cela** + verbe **être** (présent de l'indicatif) suivi d'un mot commençant par une voyelle ou un h- muet. Le -t- qu'on entend est la liaison.
Ex. : ***C'est un** désastre !*

EXERCICES

1. Mettez au singulier. Attention au genre des noms !
1. ces îles – 2. ces ancres – 3. ces arbres – 4. ces éponges – 5. ces asticots.

2. Remplacez les points par cet, cette, c'est.
1. ... homme, vous le connaissez, ... un héros de Defoe : Robinson Crusoé. – 2. Il a exploré ... épave au large. – 3. Il y a trouvé ... arme et ... habit. – 4. ... un beau butin ! – 5. ... autre homme, à côté de lui, ... son compagnon : Vendredi.

3. Remplacez les points par cette, cet, c'est.
1. ... arrivé hier. – 2. ... imprudent de Vendredi a approché une allumette d'un baril de poudre. – 3. Naturellement, ... interdit ! – 4. ... acte stupide a fait sauter la maison de Robinson, .. maison qu'il avait construite avec tant de peine ! – 5. Robinson a entendu ... explosion de loin. – 6. ... une catastrophe pour lui !

DICTEE A CHOIX MULTIPLES

Vertus d'autrefois * ? – 1. Être charmante, *(ses/ces/c'est)* avant * tout, être **bo**nne ; *(ses/ces/c'est)* être serviable, modeste, patiente. – 2. *(Es/Est/Et)* cela n'*(es/est/et)* pas toujours * facile : *(ont/on) (a/à) (ces/ses/c'est)* jours de mauvaise humeur ; *(on/ont) (es/est/et) (lasse/lace) ; (on/ont) (a/à) (ces/ses/c'est)* petits ennuis • . – 3. Il faut cacher tout cela pour n'**att**rister personne • – 4. Vos parents *(on/ont)* des soucis que vous ignorez ; leurs peines • *(sont/son)* autrement sérieuses que les vôtres. – 5. *(Cet/Cette/C'est) (a/à)* vous de leur adoucir • la **vie** par un sourire *(ou/où)* une chanson • (D'après M. Bouchor, *Vers la pensée et vers l'action.*)

LES MOTS DE LA FAMILLE : À VOS DICTIONNAIRES !

la peine → peiner, à peine. Mais : **pé**nible, **pé**niblement, une **pé**nalité, le **pe**nalty *(anglais)*, **pé**naliser, la **pé**nalisation, **pé**nard *(par antiphrase)* – penaud.

doux, douce *(adj.)* → douceur, doucement, douceâtre, doucereux (-euse), doucet (-ette), doucettement – adoucir, adoucissement, adoucisseur, adoucissant – radoucir, radoucissement.

le chant → chanter, enchanter, déchanter – la chanson, chansonner, la chansonnette, le chansonnier. **/cant-** : un cantique, une cantate, une cantatrice – incanter.

PRÉSENT DE L'INDICATIF
1. VERBES DU 1er GROUPE

LEÇON

Les verbes du 1er groupe (en **-er**) font **-e, -es, -e** au singulier.
Leur radical se trouve en enlevant *-er* à l'infinitif.

je chant **e**	je cri **e**	je tu **e**	je cré **e**
tu chant **es**	tu cri **es**	tu tu **es**	tu cré **es**
il chant **e**	il cri **e**	il tu **e**	il cré **e**
nous chant **ons**	nous cri **ons**	nous tu **ons**	nous cré **ons**
vous chant **ez**	vous cri **ez**	vous tu **ez**	vous cré **ez**
ils chant **ent**	ils cri **ent**	ils tu **ent**	ils cré **ent**

ATTENTION !
– Dans les verbes dont le radical se termine par une voyelle, n'oubliez pas le **-e** de la terminaison → ***je cri-e ; je tu-e.***
– Lorsque le radical se termine par *e* comme dans *cré-er,* cela fait **deux *e*** de suite (sauf à la 1re et 2e personnes du pluriel) → ***je cré-e.***

EXERCICES

1. Mettez les terminaisons convenables.

a) 1. Je gratt... ma guitare. – 2. Tu souffl... dans ta trompette. – 3. Charles tap... sur son tambour. – 4. Nous form... un orchestre. – 5. Vous protest... à cause du bruit. – 6. Les gendarmes emmèn... tout le monde.

b) 1. C'est la fête : je préfèr... les chevaux de bois. – 2. Tu tir... à la carabine. – 3. Ils mont... au mât de cocagne. – 4. Nous embarqu... pour le grand huit. – 5. Vous circul... dans le train fantôme. – 6. Ils se carambol... dans les autos tamponneuses.

2. Accordez les verbes entre parenthèses.

1. Tu *(ramasser)* le linge sale. – 2. Tu le *(trier).* – 3. Tu le *(ranger).* – 4. Tu l'*(essorer).* – 5. Tu le *(repasser).* – 6. Tu le *(ranger)* dans les tiroirs.

3. Mettez les terminaisons convenables.

1. J'étudi...	2. Nous oubli...	3. Je maugré...	4. Nous hu...
5. Tu pari...	6. Vous suppli...	7. Tu échou...	8. Vous évacu...
9. Il châti...	10. Ils sacrifi...	11. Il évolu...	12. Ils jou...

4. Mettez les terminaisons convenables.

1. Il identifi... le coupable. – 2. Tu avou... tes fautes. – 3. Ils désavou... leurs complices. – 4. Je dévi... de ma route. – 5. Ils licenci... du personnel. – 6. Je bêtifi... – 7. Le bébé me gratifi... d'un beau sourire.

5. Mettez les verbes entre parenthèses à la 3e personne du singulier, mettez le texte au pluriel (Mes frères...).

1. Dans le hangar, mon frère *(scier)* des planches, *(trier)* du bois, *(clouer)* des caisses, *(plier)* des vieux journaux. – 2. Dans le jardin, il *(dénouer)* les liens des tuteurs, il *(lier)* les pieds de tomates. – 3. Il *(remuer)* la terre pour l'aérer.

6. Remplacez les points par un verbe (au présent) et indiquez l'infinitif de ce verbe entre parenthèses.
Ex. : *Lorsque je dis merci = je remercie (remercier).*
1. Je fais un pari = je ... (...). – 2. Tu fais du ski = tu ... (...). – 3. Il fait un pli = il ... (...). – 4. Ils font une copie = ils ... (...). – 5. Tu fais un coloriage = tu ... (...). – 6. Ils disent des injures = ils ... (...). – 7. Tu fais une multiplication = tu ... (...). – 8. Ils adressent une supplication = ils ... (...). – 9. Je rends plus simple = je ... (...). – 10. Elle cause de la stupéfaction = elle ... (...). – 11. Tu prouves que ta réponse est juste = tu ... (...). – 12. Je rends plus clair = je ... (...). – 13. Elles rendent plus pur = elles ... (...). – 14. Ce médicament rend plus fort = il ... (...).

7. Mettez au pluriel. Attention : ne confondez pas les terminaisons des verbes avec celles des noms.
1. Un rêve ; il rêve – 2. Une rame ; il rame – 3. Une danse ; elle danse – 4. Une tape ; il tape à la machine – 5. Une lime ; il lime – 6. Une forme ; il forme des champions – 7. Une claque ; elle claque la porte – 8. Il porte des lunettes ; la porte – 9. Une fête ; il fête un anniversaire – 10. Il tète le sein ; une tête – 11. Une tente ; elle tente l'expérience – 12. Une barque ; il embarque à bord du paquebot.

8. Remplacez les points par la terminaison convenable. Attention : ne confondez pas les terminaisons des verbes avec celles des noms.
1. Un par... ; je pari... – 2. Ils oubli... ; un oubl... – 3. Tu défi... ; un déf... – 4. Il ski... ; des ski... – 5. Des sci... ; ils sci... – 6. Je cri... ; des cr... – 7. Tu remerci... ; tu dis merc... – 8. Ils pli... ; des pli... – 9. Il pri... ; le premier pri... – 10. Tu ni... toute l'affaire ; un ni... d'oiseau. – 11. Je trou... ; un tr... – 12. Ils clou... ; un cl... – 13. Le c... ; tu secou... – 14. Il échou... ; un ch... – 15. Ils jou... ; des jou... – 16. Une rou... ; tu rou... de coups ton adversaire en rêve – 17. Je lou... tes efforts ; un lou...

DICTEE A CHOIX MULTIPLES

La rivière. – 1. Les *(eaux/os), (a/à)* la fonte des neiges, **afflu** *(e, es, ent)* dans * la rivière. – 2. Elle charri*(e, es, ent)* • encore * des glaçons. – 3. Les glaçons obstru*(e, es, ent) (son/sont) (cour/cours* • *)*. – 4. Ensuite *(c'est/ces/ses)* l'été : l'eau se raréfi*(e, es, ent)* • dans la rivière. – 5. Les barques s'échou*(e, es, ent)* sur *(ces/ses/c'est)* bords • . – 6. L'usine, en amont • , pollu*(e, es, ent) (ces/ses/c'est)* eaux.

LES MOTS DE LA FAMILLE : À VOS DICTIONNAIRES !

le cours → famille de courir ;• la course, un coursier - le concours, le décours, le discours, le parcours, le recours, le secours.

le bord → bor**d**er, la bor**d**ure, le bor**d**age, la bor**d**ée, le bor**d**ereau – un abor**d**, les abor**d**s, d'abor**d**, abor**d**er, l'abor**d**age, (in)abor**d**able – débor**d**er, un débor**d**ement, le débor**d**, débor**d**ant(e) – bâbor**d** et tribor**d** – le rebor**d**, rebor**d**er – le sabor**d**, sabor**d**er, le sabor**d**age – transbor**d**er, le transbor**d**age.

le mont → la montagne, monter, la montée, le monticule – amont, en amont.

le flux → la **flux**ion, **flu**ide, un **flu**ide, la **flu**idité, **flu**idifié – le re**flux**, re**fluer** – l'af**flux**, af**fluer**, un af**fluent**, l'af**fluence** – le con**fluent**, con**fluer**, la con**fluence** – l'in**flux**, in**fluer**, en in**fluent**, in**fluant** (*adj.*), l'in**fluence**, in**fluen**çable.
Le suffixe **-fier** s'ajoute à divers mots pour donner le sens de « rendre, transformer en » ; ex. : rare → raréfier, la statue → statufier.

FICHE 10

LA CONJUGAISON PRONOMINALE

LEÇON

se méfier			**s'arrêter**		
je	**me**	méfie	je	**m'**	arrête
tu	**te**	méfies	tu	**t'**	arrêtes
il	**se**	méfie	il	**s'**	arrête
nous	**nous**	méfions	nous	**nous**	arrêtons
vous	**vous**	méfiez	vous	**vous**	arrêtez
ils	**se**	méfient	ils	**s'**	arrêtent

ATTENTION !
– À l'infinitif, à la 3e personne du singulier et du pluriel, le **se** de la conjugaison pronominale s'écrit avec un **s.**
– Les pronoms personnels **me, te, se** s'élident devant un verbe qui commence par une voyelle : **m', t', s'.**
Ex. : *Je **m'**arrête.*
– Le *ne* de la tournure négative se place entre les deux pronoms personnels. Le *pas* se place après le verbe.
Ex. : *Je **ne** me méfie **pas**. Je **ne** m'arrête **pas**.*

EXERCICES

1. Conjuguez au présent de l'indicatif.
1. Se pavaner devant la glace. – 2. S'extasier devant les vitrines.

2. Mettez le verbe entre parenthèses au présent de l'indicatif.
1. Je *(se pelotonner)* sur le fauteuil. – 2. Tu *(se trémousser)*. – 3. La cane *(se dandiner)*. – 4. Nous *(se réfugier)* sous un abri. – 5. Nous *(se cramponner)* à la rampe. – 6. Les vêtements féminins *(se démoder)* très vite. – 7. Je *(s'absenter)*. – 8. Tu *(s'attarder)*. – 9. Il *(s'attabler)*. – 10. Nous *(s'entraider)*. – 11. Vous *(s'entredévorer)*. – 12. Ils *(s'informer)*.

3. Mettez le verbe entre parenthèses au présent de l'indicatif.
1. Les gladiateurs *(s'avancer)* dans l'arène. – 2. Ils *(se montrer)* aux spectateurs pour que les paris *(se lancer)*. – 3. Les dames *(s'incliner)* pour mieux voir. – 4. Le rétiaire *(se présenter)* avec une espèce de trident et un filet. – 5. Le gladiateur *(se confier)* à une épée et à un bouclier rond. – 6. Au signal, ils *(se diriger)* l'un vers l'autre. – 7. Dès que le gladiateur *(s'approcher)* à sa portée, le rétiaire *(se jeter)* en avant et lance son filet. – 8. Le gladiateur *(se baisser)* et *(se dérober)*. – 9. Puis il *(se précipiter)* sur le rétiaire. – 10. Le rétiaire *(se sauver)* à toutes jambes. (D'après B. Lytton, *Les Derniers Jours de Pompéi.*)

4. Mettez l'exercice n° 1 à la tournure négative.

CE/SE

LEÇON

▶ **ce** : adjectif démonstratif, sert à désigner le nom qui le suit.
Ex. : ***ce** cheval, **ce** mulet.*

▶ **ce** : pronom démonstratif, peut être remplacé par **cela**.
Ex. : ***Ce** n'est pas grand-chose → **cela** n'est pas grand-chose.*

▶ **se** : pronom personnel réfléchi, dans les verbes pronominaux.
Ex. : *L'oiseau **se** perche sur la branche.*

UN TRUC
Lorsqu'il y a *qui* ou *que* juste après *ce*, on n'écrit jamais *se*.

EXERCICES

1. Mettez l'adjectif démonstratif qui convient (ce, cet, cette).

1. ... merle
2. ... hirondelle
3. ... hibou
4. ... chouette
5. ... coucou
6. ... mésange
7. ... corbeau
8. .... étourneau
9. ... pinson
10. ... roitelet
11. ... aigle
12. ... loriot

2. Conjuguez au présent de l'indicatif.

Se laver les mains et se les essuyer au torchon.

3. Mettez à la 3e personne du singulier, puis du pluriel, du présent.

1. se parfumer avec l'eau de toilette de son père. – 2. se raser son léger duvet. – 3. se procurer une cravate chic chez son frère aîné – 4. se chercher une nouvelle coiffure – 5. se regarder dans la glace – 6. se pavaner devant ses camarades.

4. Remplacez les points par ce, se.

1. Fais ... que je te dis. Dis-moi ... qui te préoccupe. Occupe-toi de ... qui te regarde. Regarde ... que tu fais. – 2. Toujours en retard : il ... hâte, il ... trompe de route, il ... fait du souci. Il ... demande ... qu'il fera s'il a manqué son rendez-vous. – 3. Confie-moi ... que tu comptes faire. Si je le peux, je te conseillerai ... qui peut t'être utile.

5. Remplacez les points par ce, se.

1. ... matin, Violette s'est fait voler son porte-monnaie. – 2. ... n'est pas facile de retrouver le voleur : un porte-monnaie, ça ... cache facilement. – 3. « Allons porter plainte : c'est ... qu'on fait quand on ... fait voler. » – 4. Violette reconnaît son porte-monnaie dans la main d'une dame : « Est-... que vous croyez, madame, que ... porte-monnaie est à vous ? » demande-t-elle timidement. – 5. La dame veut ... sauver, mais je crie si bien que les gens commencent à ... retourner et à ... rassembler. – 6. La dame ... heurte à tout ... monde. – 7. « ... porte-monnaie est à moi ! » dit Violette. – 8. « ... n'est pas vrai ! » crie la dame. – 9. J'ai une idée : « Dites-nous, madame ... qu'il y a dedans ! » (D'après C. Vivier, *La Maison des petits bonheurs*.)

6. Remplacez les points par ce, se.

1. Le petit Poucet, ... rendant compte que ses parents parlent d'affaires, ... lève de son lit et ... glisse sous l'escabelle de son père. – 2. Ainsi, il entend tout ... qu'ils disent. – 3. Il va ... recoucher et ne dort point, songeant à ... qu'il doit faire. – 4. Il ... lève de bon matin et remplit ses poches de cailloux blancs. – 5. On part, et le

petit Poucet ne dit rien de ... qu'il sait à ses frères. – 6. Ils ... rendent dans une forêt très épaisse, où, à dix pas de distance, on ne ... voit pas l'un l'autre.

7. Remplacez les points par ce, se.

1. La fée ... retrouva, un beau jour, dans une canalisation qu'elle suivit à l'aveuglette pendant des kilomètres, en ... demandant ... qui lui arrivait. – 2. À mesure qu'elle avançait, le tuyau ... faisait plus étroit, ... divisait en plusieurs tuyaux secondaires. – 3. Pour finir, la fée ... retrouva dans un gros robinet de cuivre au-dessus d'un évier. – 4. ... fut une chance pour elle ! – 5. Elle aurait pu aussi bien tomber dans une chasse d'eau et, dans ... cas, au lieu de la fée du robinet, elle ... serait appelée la fée des cabinets. – 6. La fée resta longtemps dans ... robinet sans ... manifester, car les fées ne ... montrent pas pendant le jour : elles ne sortent qu'après minuit. (D'après P. Gripari, *Contes de la rue Broca.*)

8. Remplacez les points par ce, se.

1. « Avez-vous vu ... petit cochon ? demande le soleil, un petit cochon tout vert, qui était poursuivi par un vieux monsieur avec une jambe de bois ? – 2. ... n'est pas vrai ! dit Malika. Il était rose ! – 3. Et puis, dit Rachida, ... n'était pas un vieux monsieur qui le poursuivait : c'était une petite fille ! » – 4. Au même instant, elles ... regardent l'une l'autre et rougissent jusqu'aux oreilles, comprenant bien qu'elles ... sont trahies. – 5. Elles ... mettent à pleurer : – 6. « ... n'est pas notre faute ! Il nous a tant priées ! » – 7. Papa Saïd ... fâche : « Je n'aime pas ... genre d'histoires ! Assez de mensonges ! Pour ... soir, ... sera une fessée ! » – 8. Le soleil ... récrie : « Ne les battez pas. – 9. Je connais ... cochon. C'est un vilain menteur. » (*Ibid.*)

DICTEE A CHOIX MULTIPLES

Un bébé découvre le monde. – 1. Il regard*(e, es, ent)* tour *(a/à)* tour * la table *(ou/où)* l'*(on/ont)* mange, le placard *(ou/où)* il *(ce/se)* cach*(e, es, ent)* pour jouer, *(et/est)* le papier du mur • dont les grimaces lui content • des histoires burlesques *(ou/où)* **eff**rayantes. – 2. Que de choses dans cette cha**mb**re ! Le monde *(et/est/ai)* si * grand... – 3. Il *(et/est/ai) (la/là/las)* •, *(ces/ses)* yeux *(ce/se)* ferme*(es, ent)*. – 4. Ces doux *(et/est)* profonds • **somm**eils le prennent tout d'un *(cou/coup), (a/à)* toute **heur**e, n'importe *(ou/où)*, là *(ou/où)* il *(et/es/est/ai)*, sur les gen**oux** de sa *(mer/mère), (ou/où)* sous * la table *(ou/où)* il aim*(e, es, ent) (ce/se)* cacher ! (D'après R. Rolland, *Jean-Christophe.*)

LES MOTS DE LA FAMILLE : À VOS DICTIONNAIRES !

mur → **mur**al, la **mur**aille, le **mur**age, **mur**er, un **mur**et, une **mur**ette – em**mur**er – claque**mur**er – dé**mur**er.

le conte (= récit) → **cont**er, un **cont**eur (-euse) – ra**cont**er, un ra**cont**ar, ra**cont**able, un ra**cont**eur (-euse).

las, lasse → lasser, lassant(e), la lassitude – délasser, délassant, le délassement – inlassable – hélas ! (las = malheureux au Xe s.).

le fond → fonder, le fon**d**ement, la fon**d**ation, le fon**d**ateur (-trice), fon**d**amental(e), à fon**d**, au fon**d**, de fon**d** en comble – profon**d**(e), la profon**d**eur, profon**d**ément – approfon**d**ir, approfon**d**issement – un bas-fon**d** – un haut-fon**d** – un arrière-fon**d** – le plafon**d**. Mais : plafo**nn**er et le plafo**nn**ier.

FICHE 12

ACCORD DU VERBE AVEC SON SUJET
(PREMIÈRE APPROCHE)

LEÇON

Le verbe s'accorde avec son sujet.
Pour trouver le sujet, on pose la question **« Qui est-ce qui ? »**

- Si le verbe a pour sujet **un nom singulier**, on le met à la 3e personne du singulier.
  Ex. : *Ma sœur joue à la marelle.*
  Qui est-ce qui joue ? *ma sœur* = **singulier** ⇒ 3e sing. = **joue.**
- Si le verbe a pour sujet **un nom pluriel**, on le met à la 3e personne du pluriel.
  Ex. : *Mes sœurs jou**ent** à la marelle.*
  Qui est-ce qui joue ? *mes sœurs* = **pluriel** ⇒ 3e plur. = jou**ent.**
- Si le verbe a pour sujets **plusieurs noms au singulier**, on le met à la 3e personne du pluriel.
  Ex. : *Ma sœur et mon frère jou**ent** à cache-cache.*
  Qui est-ce qui joue ? *ma sœur et mon frère* = **2 singulier** ⇒ 3e plur. = jou**ent.**

EXERCICES

Les cris des animaux (vocabulaire rare, mais amusant).

1. Mettez les phrases suivantes au pluriel.
Ex. : *Le loup hurle → les loups hurlent.*
1. Le cerf brame. – 2. Le sanglier grommelle. – 3. L'ours gronde. – 4. La grenouille coasse. – 5. Le merle siffle.

2. Mettez les phrases suivantes au singulier.
1. Les cailles margottent. – 2. Les alouettes grisollent. – 3. Les hirondelles gazouillent. – 4. Les corneilles craillent. – 5. Les cigales craquettent.

3. Ajoutez le nom de la femelle et accordez le verbe.
Ex. : *Le chien aboie → le chien et la chienne aboient.*
1. Le chat miaule. – 2. Le bœuf meugle. – 3. Le canard cancane. – 4. Le dindon glougloute. – 5. Le cochon grogne. – 6. Le mouton bêle. – 7. Le bouc bêle aussi.

4. Regardez le verbe et choisissez le sujet qui lui convient.
Ex. : *(la poule, les poules) gloussent → les poules gloussent.*
1. *(le pigeon, les pigeons)* roucoule. – 2. *(le cygne, les cygnes)* trompettent. – 3. *(le coq, les coqs)* coqueriquent. – 4. *(le paon, les paons)* criaille. – 5. *(le hibou, les hiboux)* huent. – 6. *(la chouette, les chouettes)* chuinte. – 7. *(le rossignol, les rossignols)* chante. – 8. *(le petit oiseau, les petits oiseaux)* ramagent.

5. Accordez le verbe entre parenthèses avec son (ou ses) sujet(s).
1. Le chacal *(japper)*. – 2. Le hibou et la chouette *(hululer)*. – 3. Le cerf et la biche *(bramer)*. – 4. Le moineau *(pépier)*. – 5. Les corbeaux *(croasser)*. – 6. Le perdreau et la perdrix *(cacaber)*. – 7. On dit aussi que les geais *(carcailler)*, que le merle *(flûter)* et que les sangliers *(nasiller)*.

PRÉSENT DE L'INDICATIF, 1er GROUPE
2. VERBES EN -CER, -GER, -GUER ET -QUER

LEÇON

commencer	bouger	conjuguer	risquer
je commence	je bouge	je conju**gu**e	je ris**qu**e
tu commences	tu bouges	tu conju**gu**es	tu ris**qu**es
il commence	il bouge	il conju**gu**e	il ris**qu**e
nous commen**ç**ons	nous bou**ge**ons	nous conju**gu**ons	nous ris**qu**ons
vous commencez	vous bougez	vous conju**gu**ez	vous ris**qu**ez
ils commencent	ils bougent	ils conju**gu**ent	ils ris**qu**ent

▶ **Pour conserver à -c-** le son « se » devant **-o-**, il faut une cédille (cf. Fiche 101).
Ex. : *Je commence → nous commençons.*
Il n'y a jamais de cédille au *-c-* devant *e, i et y.*

▶ **Pour conserver à -g-** le son « je » devant **-o-**, il faut introduire un *-e-* entre *-g-* et *-o-* (cf. Fiche 100).
Ex. : *Je nage → nous nag**e**ons.*

▶ Les verbes en **-guer** et **-quer** gardent toujours leur **-u-.**
Ex. : *je conju**gu**e → nous conju**gu**ons ; je ris**qu**e → nous ris**qu**ons.*

UN TRUC
Les verbes en *-anger* s'écrivent avec un **-a-**, sauf *(se) venger.*

EXERCICES

1. Mettez les verbes entre parenthèses au présent de l'indicatif.

a) Je t'*(agacer)*. Tu m'*(agacer)*. Il la *(défoncer)* de coups de pied. Nous *(prononcer)* des paroles blessantes. Vous vous *(lancer)* des injures.
b) Nous *(être)* des sportifs. Nous *(s'efforcer)* de battre des records. Nous *(renoncer)* à beaucoup de choses. Le sport nous *(forcer)* à nous surpasser.

2. Mettez les verbes entre parenthèses au présent de l'indicatif.

1. À la piscine, ma sœur et moi, nous *(longer)* prudemment le bassin et nous *(dévisager)* les gens. – 2. Leur air joyeux nous *(encourager)* et nous *(se diriger)* vers le petit bain. – 3. Lorsque nous *(juger)* le moment venu, nous *(s'asperger)* sans excès et nous *(patauger)*. – 4. Nos frères, eux, *(plonger)*, *(nager)* sous l'eau et *(émerger)* au milieu de la piscine. – 5. Quelquefois nous *(nager)* tous ensemble. – 6. Après le bain, nous *(se changer)*, puis nous *(manger)* sur l'herbe et *(partager)* nos sandwiches.

3. Mettez au présent de l'indicatif les verbes entre parenthèses.

1. Nous *(astiquer)* notre canoë et nous *(se moquer)* de vos moqueries de jaloux qui *(se moquer)* ! – 2. Aujourd'hui nous *(naviguer)* et nous *(zigzaguer)* entre les rochers. – 3. Nous en *(manquer)* un de peu et nous *(paniquer)* car le canoë *(tanguer)* et nous *(embarquer)* pas mal d'eau. – 4. Nous *(distinguer)* les bouées de la passe et nous *(se prodiguer)* des encouragements : « *(Souquer)* ferme ! » – 5. Puis nous *(se fatiguer)*, *(troquer)* les rames contre les voiles et *(voguer)* avec la force du vent.

FICHE 14

PRÉSENT DE L'INDICATIF, 1er GROUPE

3. SE PROMENER ET DIGÉRER

LEÇON

Les verbes qui ont un *-e-* sans accent, ou un *-é-* (accent aigu) à l'avant-dernière syllabe de l'infinitif transforment cet *-e-/-é-* en **-è-** (accent grave) lorsque la dernière syllabe est muette :

se promener	**digérer**
je me promène	je digère
tu te promènes	tu digères
il se promène	il digère
nous nous promenons	nous digérons
vous vous promenez	vous digérez
ils se promènent	ils digèrent

EXERCICES

1. Mettez à la 1re personne du singulier, puis du pluriel.

1. lever 2. mener 3. peser 4. malmener 5. achever 6. emmener 7. se démener 8. relever 9. enlever 10. se surmener 11. semer 12. crever 13. soupeser 14. parsemer

2. Mettez à la 2e personne du singulier, puis du pluriel.

1. pénétrer 2. récupérer 3. lécher 4. protéger 5. refléter 6. opérer 7. espérer 8. inquiéter 9. posséder 10. succéder 11. repérer 12. précéder 13. exagérer 14. répéter 15. préférer 16. exaspérer 17. révéler 18. sécher

3. Mettez le verbe entre parenthèses au présent de l'indicatif.

1. En permanence, le surveillant ne *(tolérer)* pas qu'on *(vociférer)*. – 2. Aujourd'hui, des élèves *(exagérer)* et le chahut *(dégénérer)*. – 3. Le surveillant *(se promener)* dans les rangs, *(repérer)* ceux qui *(semer)* la pagaille et *(relever)* leurs noms. – 4. Les excités *(s'inquiéter)* et *(préférer)* se calmer. – 5. Bientôt l'heure *(s'achever)*. – 6. On *(libérer)* les élèves et on *(aérer)* la salle.

4. Appliquez la même règle d'accentuation dans les mots suivants, remplacez les points par é **ou** è.

1. Les comm...res n'en finissent pas dans leurs comm...rages. – 2. Un parall...logramme est composé de lignes parall...les. – 3. Il fait bien des myst...res et prononce des paroles myst...rieuses : c'est un proph...te et ses paroles se veulent proph...tiques. – 4. Ce verbe suit la r...gle, car il est r...gulier.

5. Trouvez le mot qui répond à la définition en faisant attention à l'accent.

1. Ce malade a de la fièvre : il est ... – 2. Il faudra peut-être qu'on l'opère : il devra subir une ... – 3. L'infirmière vient prendre la tension de ses artères : elle note sa tension ... – 4. L'obésité, c'est le fait d'être ... – 5. Le malade devra suivre un régime plein de sévérité : très ...

FICHE 15

PRÉSENT DE L'INDICATIF, 1er GROUPE
4. VERBES EN -ELER, -ETER

LEÇON

A. MODÈLE LE PLUS FRÉQUENT

jeter	appeler
je jette	j' appelle
tu jettes	tu appelles
il jette	il appelle
nous jetons	nous appelons
vous jetez	vous appelez
ils jettent	ils appellent

B. EXCEPTIONS

acheter	geler
j' achète	je gèle
tu achètes	tu gèles
il achète	il gèle
nous achetons	nous gelons
vous achetez	vous gelez
ils achètent	ils gèlent

▶ **En général, les verbes en -eler** et **-eter** doublent la consonne *-l-* ou *-t-* devant une finale muette.
Ex. : *jeter → je jette ; appeler → j'appelle.*

▶ Mais quelques verbes font exception et se contentent de prendre un accent grave sur le *-e-* devant une finale muette. Ce sont : *acheter, geler* et leurs composés ; *peler, modeler, ciseler, haleter, fureter.*
Ex. : *acheter → j'achète ; geler → je gèle.*

ATTENTION !
A l'infinitif, tous les verbes en **-eler** et **-eter** n'ont qu'un *-l-* ou un *-t-*.

EXERCICES

1. Sur le modèle A, mettez à la 1re personne du singulier et du pluriel.
1. projeter un voyage – 2. ruisseler de sueur – 3. chanceler de fatigue – 4. se rappeler ses vacances – 5. rejeter un mauvais champignon – 6. ressemeler les chaussures – 7. épeler un mot – 8. déficeler un paquet – 9. carreler une cuisine.

2. Sur le modèle B, mettez à la 1re personne du singulier et du pluriel.
1. peler une poire – 2. se modeler sur une star – 3. haleter en montant la côte – 4. racheter des gants – 5. fureter partout – 6. congeler de l'eau – 7. surgeler du poisson – 8. dégeler l'atmosphère par une plaisanterie.

3. Mettez la terminaison convenable. Ajoutez des accents si nécessaire.
1. Les touristes sont restés trop longtemps au soleil : ils ruissel... de sueur. – 2. En remontant de la plage, ils chancel... de fatigue. – 3. Dans la côte, vers l'hôtel, ils halet... – 4. Bientôt, leur peau pel... à l'endroit des coups de soleil. – 5. Ils achet... des crèmes adoucissantes.

4. Mettez la terminaison convenable.
1. Tu projet... un voyage. – 2. Tu furet... dans les agences de voyage. – 3. Tu te jet... sur les photographies. – 4. Tu épel... les noms exotiques. – 5. Tu te rappel... les souvenirs des vacances précédentes.

5. Mettez la terminaison et les accents convenables.
1. J'achet... les haricots verts à la saison, j'en congel... pour toute l'année et je ne renouvel... mon stock que l'année suivante. – 2. Tu furet... dans la bibliothèque et

tu feuillet... les livres qui te tentent. – 3. J'empaquet... les bonbons, tu ficel... les boîtes, les clients les achet.... – 4. Lorsque j'épousset... les meubles, ils étincel... – 5. Les poules becquet... les graines. Elles caquet... et volet... de-ci, de-là, tandis que le coq trompet... les nouvelles de la basse-cour. – 6. Les policiers musel... leurs chiens, sinon ils déchiquet... les passants, car ils halet.... d'excitation.

6. Mettez à la 1re personne du singulier et du pluriel. Ne confondez pas les verbes en -eter **avec les verbes en** -êter **ou** -etter.

1. fouetter des œufs – 2. crocheter une serrure – 3. acheter des oranges – 4. hoqueter de rire – 5. s'endetter à vie – 6. arrêter les voitures – 7. émietter son pain – 8. fêter ses douze ans – 9. quêter pour les aveugles.

7. Mettez à la 2e personne du singulier. Ne confondez pas les verbes en -eler **avec les verbes en** -êler **ou** -eller.

1. amonceler les pièces d'or – 2. se rebeller contre l'autorité – 3. peler après un coup de soleil – 4. bêler une chanson – 5. rappeler son chien – 6. exceller au baby-foot – 7. morceler un terrain – 8. se quereller avec son voisin – 9. se mêler de tout.

DICTEE A CHOIX MULTIPLES

Le pinson. – 1. Au *(boue/bout)* • du toit de la grange, un pinson chant*(e, es, ent)* • – 2. Il rép*(ète, ette)*, par intervalles • égaux, sa note héréditaire • – 3. À force de le regarder, l'œil trouble ne le distingue plus * de la grange massive. – 4. Toute la vie de *(ces/ses)* pierres • de *(ce/se)* foin, de *(ces/ses)* poutres et de *(ces/ses)* tuiles *(c'/s')* échappe par un bec • d'oiseau. – 5. *(Ou/Où)* plutôt * la grange • elle-même siffle • un petit *(air/aire)*. (D'après J. Renard, *Histoires naturelles*.)

LES MOTS DE LA FAMILLE : À VOS DICTIONNAIRES !

le bout → à tout bout de champ, au bout du compte, de bout en bout, bout à bout, à bout portant - abouter, aboutement, aboutir, un aboutissement - rabouter - un rebouteur ou rebouteux - debout - un embout, emboutir, l'emboutissage, un emboutissoir.

→ un boutaillon, une bouture, bouturer, le bouturage.

un intervalle → une circonvallation.

l'hérédité → héréditaire, héréditairement – hériter, un héritier (ère), un héritage – déshériter, un déshérité.

la pierre → la pierraille, des pierreries, un pierrier, pierreux (-euse) - un perron - Pierre, Pierrot, Pierrette – empierrer, un empierrement – épierrer, l'épierrage ou épierrement.

siffler → un sifflement, un sifflet, sifflant(e), le siffleur, siffloter, un sifflotement. Mais : persifler, le persiflage.

la terre → se terrer, le terrain, la terrasse, terrasser, le terrassement, le terrassier, le terreau, le terroir, le terrier, terrien (-enne), une terrine, un terril, terreux (-euse), terrestre, le territoire – enterrer, l'enterrement – déterrer – atterrir, l'atterrissage, atterrer, l'atterrement – un souterrain – un parterre, un terre-plein – un extraterrestre – la Méditerranée – l'Angleterre.

FICHE 16

PRÉSENT DE L'INDICATIF, 1er GROUPE

5. VERBES EN -YER

LEÇON

nettoyer		essuyer		essayer	
je	nettoie	j'	essuie	j'	essaie (*ou* j'essaye)
tu	nettoies	tu	essuies	tu	essaies (*ou* tu essayes)
il	nettoie	il	essuie	il	essaie (*ou* il essaye)
nous	nettoyons	nous	essuyons	nous	essayons
vous	nettoyez	vous	essuyez	vous	essayez
ils	nettoient	ils	essuient	ils	essaient (*ou* ils essayent)

▶ **Les verbes en -oyer** et **-uyer** changent leur *-y-* en *-i-* devant un *e* muet.

▶ **Les verbes en -ayer** peuvent soit changer leur *-y-* en *-i-* soit garder leur *-y-*.

UN CONSEIL : changez toujours en *-i-* le *-y-* des verbes en **-yer** devant un *e* muet.

EXERCICES

1. Mettez à la 1re personne du singulier, puis du pluriel.

1. effrayer – 2. bégayer – 3. essayer – 4. payer – 5. délayer – 6. rayer.

2. Mettez à la 2e personne du singulier, puis du pluriel.

1. broyer – 2. employer – 3. envoyer – 4. tutoyer – 5. vouvoyer – 6. se noyer.

3. Mettez les verbes entre parenthèses au présent de l'indicatif.

1. Maman *(nettoyer)* la maison. – 2. Elle *(balayer)* par terre et *(essuyer)* les meubles. – 3. Dehors, le chien *(aboyer)*. – 4. Lorsque je *(s'ennuyer)*, des amis *(égayer)* ma solitude. – 5. Sœur Anne, sœur Anne, ne vois-tu rien venir ? Je ne vois que l'herbe qui *(verdoyer)*, le soleil qui *(rougeoyer)* et la route qui *(poudroyer)*. – 6. C'est l'automne : les feuilles *(tournoyer)*. – 7. Tu *(se frayer)* un chemin à travers l'épais tapis de feuilles mortes.

4. Mettez les verbes entre parenthèses au présent de l'indicatif.

1. Dans le canot, les garçons *(pagayer)* et s'approchent d'un voilier. – 2. Ils accostent et *(déployer)* bientôt les voiles. – 3. Ils sont partis ! Ils *(louvoyer)* entre les bateaux à l'ancre. – 4. Ils s'éloignent et *(côtoyer)* le promontoire. – 5. Mais le vent tombe. Il n'y a plus que la mer qui *(ondoyer)* doucement.

5. Mettez les verbes entre parenthèses au présent de l'indicatif.

1. Le petit Nemecsek *(s'effrayer)* facilement. – 2. Les garçons de la rue Paul l'*(employer)* pour les travaux subalternes. – 3. Il *(balayer)* la cabane. – 4. Il *(essuyer)* les bancs. – 5. Il *(vouvoyer)* les autres. – 6. Lorsque le grand Feri Ats le *(rudoyer)*, il *(bégayer)* et *(larmoyer)*. – 7. Pourtant, Boka, le chef, l'*(envoyer)* en mission de confiance et il *(déployer)* un courage qui fera l'admiration de tous. (D'après F. Molnar, *Les Gars de la rue Paul.*)

FICHE 17

ACCORD DU VERBE AVEC LE SUJET GRAMMATICAL

LEÇON

▸ **Le verbe s'accorde avec le « mot noyau » du groupe sujet :**
Ex. : ***Les volets*** *de la maison* ***tapent.***
Les volets de la maison = groupe sujet – mot noyau : *les volets.*
Qui est-ce qui tape ? *Les volets* ⇒ 3ᵉ personne du pluriel.

▸ **Lorsque le sujet grammatical est un « il » impersonnel,** le verbe s'accorde avec lui à la 3ᵉ personne du singulier, même si ce « il » impersonnel se précise par un nom pluriel.
Ex. : ***Il*** *pleu****t*** *des cordes.* Qui est-ce qui pleut ? *Il* = des cordes.
Le verbe s'accorde avec *il* ⇒ 3ᵉ personne du singulier.

▸ **Quand le sujet est un adverbe de quantité,** comme *beaucoup, peu, tant, bien, trop, la plupart de* suivi d'un complément pluriel, le verbe s'accorde à la 3ᵉ personne du pluriel :
Ex. : ***Beaucoup*** *de gens se vant****ent.*** ***Peu*** *de gens* ***sont*** *modestes.*
On doit aussi mettre le pluriel après les noms de nombre comme *une centaine de ..., une dizaine de ..., un millier de ...,* etc.

UN TRUC
Quand le sujet est un nom collectif (*foule, troupe,* etc.), appliquez toujours la règle ci-dessus. Vous ne risquerez pas de vous tromper.
Ex. : ***Une multitude*** *d'oiseaux* ***traverse*** *le ciel.*
Qui est-ce qui traverse ? *Une multitude* ⇒ 3ᵉ personne du singulier.
(On peut accorder au pluriel, si le « mot noyau » est un mot abstrait.)

EXERCICES

1. Recopiez le groupe sujet, soulignez le mot noyau du groupe sujet et mettez le verbe entre parenthèses au présent de l'indicatif.

1. Les enfants de la « colo » ne *(se reposer)* guère pendant le voyage vers Plage-les-Trous. – 2. Un des enfants *(pleurer)* tout le temps et *(réclamer)* son papa et sa maman. – 3. Après, les enfants du compartiment *(commencer)* à manger. – 4. Le bruit des biscottes *(empêcher)* Nicolas de dormir. – 5. Ensuite, les cris d'un enfant bloqué dans les toilettes *(ameuter)* tout le wagon. – 6. Un monsieur à lunettes *(menacer)* de se plaindre à la S.N.C.F. si le vacarme des enfants ne *(cesser)* pas. – 7. Les enfants *(se relayer)* pour dormir et *(arriver)* enfin à Plage-les-Trous. (D'après R. Goscinny, *Les Vacances du petit Nicolas.*)

2. Même exercice avec les phrases suivantes.

a) 1. Une troupe de comédiens *(s'installer)* sur la place de la Mairie. – 2. Une foule de gens *(se presser)* pour acheter des billets. – 3. Une grande quantité de spectateurs *(pénétrer)* sous le chapiteau, le reste des gens *(rentrer)* à la maison.

b) 1. Une bande de galopins *(essayer)* de faire du chahut. – 2. La foule des spectateurs *(protester).* – 3. Mais seulement une poignée de costauds *(se lever)* pour ramener l'ordre. – 4. Une partie des spectateurs *(s'esclaffer)* et *(s'agiter)* si fort qu'une rangée de bancs *(s'écrouler)*. – 5. Une dizaine de spectateurs *(avoir)* des bleus. – 6. Il n'y *(avoir)* pas plus de mal que cela.

3. Accordez le verbe entre parenthèses en le mettant au présent de l'indicatif.

a) 1. Beaucoup de gens *(se trouver)* aujourd'hui sur la plage. – 2. Un millier d'enfants au moins *(grouiller)* sur le sable. – 3. Quelques adultes *(être)* dans l'eau et *(nager)*. – 4. Mais la plupart *(rester)* au soleil pour bronzer. – 5. Une centaine d'enfants *(confectionner)* des pâtés ou *(creuser)* des bassins.

b) 1. Tous *(profiter)* à plein de leurs vacances. – 2. Peu de soucis les *(tracasser)*. – 3. Certains *(penser)* : « Tant de malheureux *(travailler)* en ce moment dans leur bureau ! » – 5. Mais attention ! Trop de soleil *(risquer)* de donner une insolation !

4. Accordez le verbe entre parenthèses et mettez-le au présent de l'indicatif.

1. Il y *(avoir)* des jours où il fait ici un temps de chien. – 2. Il *(tomber)* des tonnes de neige. – 3. Il *(souffler)* des vents terribles. – 4. Il *(se former)* des congères sur les routes. – 5. Il *(arriver)* des accidents : les voitures *(déraper)*, car il *(se trouver)* des gens qui *(rouler)* vite. – 6. Il ne *(se passer)* pas trois jours sans la dépanneuse.

5. Même exercice que le n° 4.

1. Un millier de voyageurs *(se presser)* à la gare. – 2. Beaucoup *(piétiner)* devant le guichet pour acheter un billet. – 3. Il *(se préparer)* des comportements de panique. – 4. L'armée des guichetiers *(rester)* pourtant calme. – 5. La plupart des voyageurs *(posséder)* déjà leur billet et *(se diriger)* vers les quais. – 6. Un employé des couchettes *(jeter)* les oreillers à la volée. – 7. Un de ses collègues les *(attraper)* par la fenêtre du compartiment. – 8. Des coups de trompe me *(percer)* les oreilles : un conducteur de wagonnets *(réclamer)* le passage.

DICTEE A CHOIX MULTIPLES

Le printemps * au *(fond/font)* de la *(mer/mère)*. – 1. Le fond • de la *(mer/mère)* *(a/à/as)* *(ces/ses/c'est)* saison*(s)*. – 2. Comme sur la terre • le printemps *(et/est/ai)* une des plus belle*(s)*. – 3. Le cor**ail** bour**geonne** *(et/est/ai)* les éponges respir*(e, es, ent)* l'eau bleu*(e)* *(a/à/as)* pleins poumons. – 4. Une forêt • de *(cerfs/serfs)* rouge*(s)* écout*(e, es, ent)* un bruit d'hélice • – 5. Il*(s)* **arriv***(e, es, ent)* de très *(eau/haut)* dans les cieux de la *(mer/mère)*. – 6. Quelquefois *, un aéronaute • tomb*(e, es, ent)* des cieux de la *(mer/mère)*. – 7. Il*(s)* tomb*(e, es, ent)* lentement *(et/est)* *(ce/se)* roul*(e, es, ent)* dans le sable. – 8. Les **fleurs** dorm*(e, es, ent)* debout * *(et/est)* il y en *(a/à/as)* une **foule** qui dis*(e, es, ent)* adieu. – 9. Les poisson*(s)* manchot*(s)* *(ce/se)* pos*(e, es, ent)* dessus *. – 10. Il*(s)* donn*(e, es, ent)* • de gros baiser*(s)* *(a/à/as)* la *(mer/mère)*. – 11. Un panache de glob**ule***(s)* • gazouill*(e, es, ent)* dans le coin. – 12. Ils *(c'/s')*éch**app***(e, es, ent)* du petit robinet qui chang*(e, es, ent)* l'*(eau/os/haut)* salé*(e)*. (J. Cocteau, *Poésies*.)

LES MOTS DE LA FAMILLE : À VOS DICTIONNAIRES !

la forêt → forestier(-ère) ; l'accent circonflexe est le souvenir d'un -s- latin.

l'air → **aé**rer, **aé**rien, une **aé**ration, un **aé**roplane, un **aé**romètre, un **aé**ronaute, l'**aé**ronautique, un **aé**rogare, un **aé**rodrome, un **aé**roport, l'**aé**rophagie.

une hélice → un **hé**licoptère, un **hé**liport.

-ER, -É : INFINITIF OU PARTICIPE PASSÉ ? (PREMIÈRE APPROCHE)

LEÇON

► Retenez deux cas simples où il faut toujours l'infinitif **-er** :

1. Quand deux verbes se suivent, le deuxième se met à l'infinitif.

Ex. : *Je dois **ranger** mon vélo.*
1er vb. 2e vb.

2. Après une préposition *(à, pour, sans, de...)*, il faut l'infinitif.

Ex. : *Il y a beaucoup de vélos **à** ranger.*

► Après les auxiliaires **être** et **avoir**, il faut toujours un participe passé en **-é**.

Ex. : *J'**ai** rangé mon vélo – Il **est** soigneusement rangé.*

UN TRUC

On reconnaît l'infinitif en **-er** à ce qu'il peut être remplacé par l'infinitif d'un verbe du 3e groupe comme *prendre, vendre, mordre, voir...*
Dans le cas contraire, il s'agit du participe passé en **-é**.

Ex. : *Je dois **ranger** mon vélo → Je dois **prendre** mon vélo :* ⇒ **-er**.
*Il y a un vélo à **ranger** → Il y a un vélo à **prendre*** ⇒ **-er**.

Mais : *J'ai vu un vélo bien **rangé** → « J'ai vu un vélo bien prendre » :* cela ne veut rien dire. Il faut le participe passé ⇒ **-é**.

EXERCICES

1. Remplacez les points par -er **ou** -é.

1. J'ai entendu grinc... le portail rouill.... – 2. Mon chien est en train d'enterr... un os tout rong.... – 3. Si le fermier est aid..., il arrivera à rentr... avant ce soir tout ce foin coup.... – 4. J'ai vu tomb... l'arbre pench.... – 5. Fatigu... de chass..., mon oncle est monté chang... son pantalon tremp.... – 6. Rhabill..., bien peign..., il redescend déjeun.... – 7. Nous allons regonfl... ce ballon dégonfl... pour jou....

2. Remplacez les points par -er **ou** -é.

1. J'aimerais bien trouv... un trésor cach.... – 2. Dérang..., le cambrioleur préféra décamp... sans se faire pri.... – 3. Je vais tâch... de nettoy... ce pull-over tach... avant de me faire grond.... – 4. Le nez tuméfi..., le boxeur effray... vit se rapproch... son adversaire décid... à l'assomm.... – 5. Où ai-je pu fourr... mon manteau fourr... ? – 6. Complètement gel..., le skieur faisait tourn... ses bras pour se réchauff....

3. Remplacez les points par -er **ou** -é.

1. L'un après l'autre, les dix gosses enfourchaient le cheval-sans-tête et se laissaient gliss... à toute allure. – 2. Le petit Bonbon était post... au carrefour de la rue Cécile pour arrêt... les passants ou signal... l'approche d'un véhicule. – 3. Tatave fonçait avec son genou band..., les talons ricochant sur le macadam pour modér... la fougue du cheval-sans-tête. – 4. Marion fonçait, son foulard dénou.... – 5. Le cheval-sans-tête semblait se cabr... dans la remontée. – 6. Pendant deux secondes, le cavalier avait l'impression de s'envol... en plein ciel. – 7. S'il négligeait de frein... avec ses

talons, il passait d'un trait par-dessus l'encolure et atterrissait « en vol plan... » sur l'herbe du talus. (D'après P. Berna, *Le Cheval-sans-tête.*)

4. Remplacez les points par -er **ou** -é.

1. Il y avait à Louvigny un terrain vague oubli... entre les entrepôts, où les gens venaient abandonn... leur chien malade ou estropi.... – 2. Marion recueillait ces chiens, sans s'effarouch... de leurs maux, et arrivait à les retap... par un traitement appropri..., à force de les dorlot.... – 3. Ensuite, elle réussissait à les cas... chez les cheminots de la ville. – 4. Avant de les relâch..., elle avait l'habitude de les dress.... – 5. Elle avait un coup de sifflet étudi... et impossible à imit.... – 6. Le coup de sifflet lâch..., une ribambelle de corniauds accouraient et venaient se frott... à son vêtement us..., d'un air enchant.... *(Ibid.)*

5. Remplacez les points par -er **ou** -é.

1. « Enfin, voilà mon petit public, s'écria le camelot d'un ton faussement enjou..., ceux qui savent appréci... les merveilles de la mécanique ménagère. – 2. Je vais recommenc... pour vous la démonstration. » – 3. Le petit Bonbon, très intéress..., se haussa sur la pointe des pieds pour voir la carotte entr... dans l'appareil perfectionn.... – 4. « Peuh, dit Gaby, on va en retrouv... dans toutes les poubelles : ce genre de trucs, c'est tout de suite cass... ! » – 5. Criquet arriva tout essouffl..., apportant les dix gâteaux dans un papier roul... en cornet. – 6. Gaby donna le plus petit à Tatave pour lui apprendre à cass... le cheval. – 7. Puis les dix se mirent à mastiqu... avec entrain. *(Ibid.)*

DICTEE A CHOIX MULTIPLES

Est-ce que mon papa ne m'aimerait plus * ? – 1. Poil de Carotte voudrait dire quelque chose d'**aff**ectueux, mais il ne trouv*(e, es, ent)* rien *(a/à)* répondre tant * il *(et/es/est/ai)* **occup***(é, er)*. – 2. Hauss*(é, er)* • sur la pointe des pieds, il s'**eff**orc*(e, es, ent)* d'embrass*(é, er)* • son père. – 3. M. Lepic recul*(e, es, ent)* la tête *(et/es/est)* semble *(se/ce)* dérob*(é, er)*. – 4. Poil de Carotte bais*(e, es, ent)* le vide. – 5. Il n'insist*(e, es, ent)* pas, *(et/es/est)* déjà troubl*(é, er)*, il *(tache/tâche)* • de s'expliqu*(é, er)* *(cet/cette)* **accue**il • étrange. – 6. « *(Et/Es/Est/Ai)-(se/ce)* que mon papa ne m'aimerait plus ? » *(se/ce)* dit-il. – 7. Je l'*(ai/est)* vu embra**ss***(é, er)* grand frère Félix. – 8. Il s'abandonnait • au lieu de *(se/ce)* retir*(é, er)*. (D'après J. Renard, *Poil de Carotte.*)

LES MOTS DE LA FAMILLE : À VOS DICTIONNAIRES !

la tâche → tâcher de, un tâcheron.

le bras → brasser, une brasserie, un brasseur, un brassard, le brassage, la brasse, une brassée, une brassière – embrasser, une embrassade, une embrasse, l'embrassement. Mais : un bra**c**elet.

haut(e) → la **haut**eur, **haut**ain(e), **haut**ement, Sa **Haut**esse, **haut**urier - hausser, la hausse, un haussement – rehausser, le rehaussement – exhausser, l'exhaussement – surhausser, le surhaussement.
/alt- : l'**alt**itude, **alt**ier, Son **Alt**esse, un **alt**o, un **alt**imètre – ex**alt**er, ex**alt**ation.

le don → do**nn**er (pardo**nn**er, abando**nn**er, s'ado**nn**er, redo**nn**er), un do**nn**eur, une do**nn**e, maldo**nn**e, une do**nn**ée. Mais : une do**n**ation, un do**n**ateur (-trice), un do**n**ataire. *(Le -n- ne redouble que devant un -e-.)*

FICHE 19

PRÉSENT DE L'INDICATIF, 2e GROUPE

LEÇON

	finir	Un verbe particulier : **haïr**		Terminaisons
je	fin**is**	je	ha**is**	**-is**
tu	fin**is**	tu	ha**is**	**-is**
il	fin**it**	il	ha**it**	**-it**
nous	fin**issons**	nous	ha**ïssons**	**-issons**
vous	fin**issez**	vous	ha**ïssez**	**-issez**
ils	fin**issent**	ils	ha**ïssent**	**-issent**

Le verbe **haïr** porte un tréma sur le **i** lorsque l'on prononce *a* et *i* séparément.

EXERCICES

1. Mettez à la 1re personne du singulier, puis du pluriel.

1. remplir 3. subir 5. farcir 7. saisir 9. s'évanouir 11. se blottir 13. bâtir
2. fournir 4. guérir 6. bondir 8. vomir 10. s'établir 12. se rétablir 14. obéir

2. Mettez à la 2e personne du singulier, puis du pluriel.

1. désobéir 3. haïr 5. envahir 7. périr 9. subir 11. salir 13. assortir
2. démolir 4. avertir 6. réfléchir 8. réussir 10. agir 12. rebondir

3. Conjuguez le verbe haïr **au présent de l'indicatif.**

1. Je ... ceux qui me .... – 2. Tu ... qui te .... – 3. Nous vous ... parce que vous nous .... Conclusion : la haine est un cercle vicieux.

4. Trouvez le verbe qui correspond à l'adjectif.

Ex. : *Je deviens plus grand → je grandis.*

1. Il devient jaune : il ... – 2. Elle devient rouge : elle ... – 3. Je deviens rose : je ... – 4. Il devient blanc : il ... – 5. Tu deviens vert : tu ... – 6. Il devient bleu : il ... – 7. Il devient noir ; il ... – 8. Tu deviens brun : tu ... – 9. Il devient mûr : il ... – 10. Nous devenons plus pâles : nous ... – 11. Je deviens plus gros : je ... – 12. Vous devenez plus vieux : vous ...

5. Trouvez le verbe qui correspond à l'adjectif.

Ex. : *Je rends plus doux → j'adoucis.* (Cf. Fiche 104)

1. Il rend plus grand : il ... – 2. Vous rendez plus mou : vous ... – 3. Je rends plus plat : j'... – 4. Tu rends plus pauvre : tu ... – 5. Tu rends plus mince : tu ... – 6. Nous rendons plus souple : nous ... – 7. Vous rendez plus riche : vous ... – 8. Ils rendent plus large : ils ....

6. Mettez le verbe entre parenthèses au présent de l'indicatif.

1. Une automobile *(franchir)* la ligne blanche en face de moi. – 2. Je *(réagir)* immédiatement : je *(ralentir)* et je *(réussir)* à l'éviter. – 3. Des gendarmes *(surgir)* et *(punir)* l'automobiliste imprudent. – 4. Tu *(pétrir)* la pâte, tu la *(rouler)* pour l'étendre, tu en *(garnir)* le moule, tu *(choisir)* des pommes bien mûres. – 5. Tu les *(couper)* et les *(disposer)* sur la pâte. – 6. La tarte *(être)* prête pour aller au four.

7. Mettez le verbe entre parenthèses au présent de l'indicatif.

Une histoire troublante. – 1. Il m'arrive une aventure extraordinaire : pendant la nuit, mes jambes *(se réunir)* et *(s'arrondir)*. – 2. Ma poitrine *(raccourcir)*. – 3. Ma tête et mes bras *(mollir)*, *(former)* une pâte élastique qui se *(gonfler)*, *(s'épanouir)* en bulbe, puis *(s'aplatir)* complètement. – 4. Je *(durcir)* comme du bois. – 5. On me *(polir)*. – 6. On me *(vernir)*. – 7. Je *(être)* une table !

8. Complétez la terminaison. Attention au groupe ! Pensez à l'infinitif.

1. Je rempli... – 2. Tu appui... – 3. Il embelli... – 4. J'essui... – 5. Tu tri... – 6. J'uni... – 7. Tu jauni... – 8. Il verdi... – 9. Tu jailli... – 10. Il cri... – 11. Il atterri... – 12. Il châti... – 13. J'oubli... – 14. Je bruni... – 15. Tu sali...

DICTEE A CHOIX MULTIPLES

(Ulysse essaie de rentrer chez lui, à Ithaque. Il lui faut passer un détroit, probablement entre l'Italie et la Sicile.)

De Charybde en Scylla. – 1. Ainsi, nous navi**gu**ons dans la passe : d'un côté • Scylla ; de l'autre, la divine Charybde. – 2. L'un de *(ces/ses/c'est)* rocher*(s)* dress*(e, es, ent)* *(ver/verre/vers/vert)* le ciel **imm**ense un **somm**et pointu. – 3. À l'intéri**eur** d'une grotte obscure qui s'ouvr*(e, es, ent)* *(a/à/as)* mi-haut**eur** •, j'identifi*(e, s, t)* Scylla, qui **aboi***(e, s, ent)* **aff**reusement. – 4. *(Ce/Se)* monstre *(a/à/as)* douze pied*(s)* **diff**orme*(s)* *(et/est/ai)* six *(cous/coups)* très long*(s)*. – 5. Au *(boue/bout)* de chacun*(s)* grimac*(e, es, ent)* une tête*(s)* e**ff**rayante*(s)*. – 6. Elle*(s)* *(ce/se)* nou**rr**i*(e, s, t, ent)* • en *(péchant/pêchant)* • dauphins et chiens de *(mer/mère)*, *(ou/où)*, si un navire pass*(e, es, ent)*, elle*(s)* ravi*(e, s, t, ent)* un marin*(s)* • avec cha**c**une*(s)* de *(ces/ses/c'est)* tête*(s)*.
(D'après Homère, *L'Odyssée*, chant XII.)

LES MOTS DE LA FAMILLE : À VOS DICTIONNAIRES !

le cou, le col → le licol, le co**ll**et, le co**ll**ier, la co**ll**erette, se co**ll**eter – reco**ll**er, le reco**ll**ement – déco**ll**er, la déco**ll**ation, le déco**ll**etage, le déco**ll**eté. Mais : l'encolure – l'acco**l**ade, acco**l**er, l'acco**l**ement – **col**tiner – **col**porter – le **cou** de pied.

nourrir → la nou**rr**iture – nou**rr**issant(e), un nou**rr**isson – une nou**rr**i**c**e, nou**rr**i**c**ier(-ère) – la nutri**t**ion, nutri**t**if(-ive), nutri**c**ier(-ère) – dénutri, la dénutri**t**ion – la malnutri**t**ion. Attention à l'alternance -c-/-t-/-ss-.

la pêche : action de prendre des poissons → p**ê**cher, un p**ê**cheur, une p**ê**cherie – rep**ê**cher, le rep**ê**chage.

la mer → le ma**r**in, ma**r**itime, la ma**r**ine, le ma**r**inier, la ma**r**inade, ma**r**iner, la ma**r**inière, la ma**r**ée, le ma**r**eyeur – le ma**r**ais, le ma**r**écage.
Mais : ame**rr**ir, ame**rr**issage. *(Le -r- redouble avec la racine mer- mais pas avec la racine mar-.)*

mi-, comme **demi-** et **semi-**, est un mot invariable qui se relie par un trait d'union au mot qui suit ; ex. : à mi-hauteur, une demi-heure, un semi-remorque.

la côte → le c**ô**té, à c**ô**té, c**ô**toyer, c**ô**telée, une c**ô**telette, une entrec**ô**te, c**ô**tier → acco**s**ter, acco**s**tage – co**s**tal(e), interco**s**tal(e). *(L'accent circonflexe est le souvenir d'un -s- latin.)* Mais un co**t**eau.

PRÉSENT DE L'INDICATIF, 3e GROUPE

1. VERBES EN -IRE, -IVRE ET -URE (SAUF -AIRE OU -OIRE)

LEÇON

- **Ils font -s, -s, -t** aux trois personnes du singulier.
- **Au pluriel, leur radical se modifie très souvent.**

conduire	**vivre**	**exclure**	*Un verbe irrégulier :* **dire**
je conduis	je vis	j' exclus	je dis
tu conduis	tu vis	tu exclus	tu dis
il conduit	il vit	il exclut	il dit
nous conduisons	nous vivons	nous excluons	nous disons
vous conduisez	vous vivez	vous excluez	vous **dites**
ils conduisent	ils vivent	ils excluent	ils disent

- **Le plus souvent le changement de radical est comme celui de** *conduire : je conduis, nous conduisons.*
  Mais il peut être aussi : *j'écris, nous écrivons*
  je suis, nous suivons
  je vis, nous vivons
- *rire* et *sourire* ne changent pas de radical : *nous rions, sourions.*
- Attention à la 2e personne du pluriel des verbes *dire* et *redire* : ***vous dites, vous redites.*** (Les autres composés de *dire* se conjuguent régulièrement, sauf *maudire,* qui fait : *nous maudissons*).

UN TRUC
L'infinitif des verbes du 3e groupe en **-uire** a toujours un **-e.**
Ex. : *conduire.*
Sauf : *fuir* et *s'enfuir.*

EXERCICES

1. Conjuguez.
1. Je construis une maquette. – 2. Je relis un livre. – 3. Je dis « d'accord ».

2. Mettez à la 1re personne du singulier, puis du pluriel du présent.
1. lire – 2. relire – 3. élire – 4. réélire – 5. cuire – 6. nuire – 7. suffire – 8. détruire – 9. réduire – 10. produire – 11. traduire – 12. introduire – 13. enduire – 14. séduire – 15. instruire – 16. construire – 17. retraduire – 18. réintroduire – 19. reconstruire – 20. reproduire – 21. recuire.

3. Mettez à la 2e personne du singulier, puis du pluriel.
1. sourire – 2. écrire – 3. rire – 4. décrire – 5. vivre – 6. inscrire – 7. suivre – 8. transcrire – 9. conclure – 10. poursuivre – 11. revivre – 12. réinscrire – 13. inclure – 14. survivre – 15. proscrire – 16. retranscrire – 17. souscrire.

4. Mettez au présent de l'indicatif les verbes entre parenthèses.
1. Vous *(dire)* que vous *(interdire)* qu'on grimpe aux arbres. – 2. En cela, vous *(contre-*

dire) nos parents. – 3. Vous *(médire)* de vos voisins. – 4. Vous *(prédire)* toutes sortes de catastrophes. – 5. Vous *(maudire)* le mauvais temps. – 6. Vous vous *(redire).*

5. Mettez au présent de l'indicatif les verbes entre parenthèses.

1. On *(construire)* une nouvelle maison. – 2. Les architectes *(inscrire)* sur les plans toutes les mesures. – 3. Les secrétaires *(reproduire)* les plans en un grand nombre d'exemplaires. – 4. Le contremaître *(lire)* les plans. – 5. Cela ne lui *(suffire)* pas : il les *(relire).* – 6. Il *(conclure)* que le mur doit encore être monté de vingt centimètres. – 7. Il *(instruire)* les ouvriers de ce qu'ils doivent faire.

6. Mettez les verbes au présent de l'indicatif.

1. Un voisin *(prédire)* un orage. – 2. En effet, des pluies torrentielles *(interdire)* tout travail pendant plusieurs heures et *(nuire)* au chantier. – 3. Il *(se produire)* un ravinement important. – 4. Il *(s'ensuivre)* un glissement de terrain qui *(détruire)* le travail déjà réalisé. – 5. Les ouvriers *(reconstruire)* leur mur.

7. Mettez la terminaison convenable. Attention au groupe ! Pensez à l'infinitif.

1. Je rédui... mes dépenses. – 2. J'essui... mes pieds avant d'entrer. – 3. Tu cui... une côtelette. – 4. Tu appui... ton vélo contre le mur. – 5. Tu sci... une planche. – 6. Tu ri... aux éclats. – 7. Il vi... tranquille. – 8. Le soleil lui... – 9. Il oubli... son parapluie. – 10. Je conclu... un marché. – 11. Je su... à grosses gouttes. – 12. Tu remu... des souvenirs désagréables. – 13. Tu exclu... cette possibilité. – 14. Il tu... le temps.

DICTEE A CHOIX MULTIPLES

Moqueries. – 1. *(Ce/Se)* matin, en classe, Marie Collinet oubli*(e, s)* d'enlev*(é, er), (son/sont)* manteau. – 2. La maîtresse souri*(e, s, t)* et lui indiqu*(e, es, ent)* le vestiaire. – 3. *(Mais/Mes)* Marie di*(e, s, t)* qu'elle *(et/est/ai)* enrhum*(é, er, ée)* • – 4. « Assez de bêtise • *(s), (c'/s')* écri*(e, s, t, ent)* alors * Mademoiselle Délice, je te pri*(e, s, t, es)* de m'obéir. » – 5. Marie jette autour * d'elle un regard éperdu*(e),* ouvr*(e, es, ent) (son/sont)* manteau, *(et/est) (son/sont)* **acc**outrement produi*(s, t)* une sensa**tion** dans la classe. – 6. Je vous le décri*(e, s, t)* : – 7. elle port*(e, es, ent)* un tablier jaune, ridiculement petit, en toile jaune vif, avec des manche*(s)* bouffante*(s)* et un *(col/colle)* rouge d'*(ou/où)* surgi*(e, s, t)* sa tête noir**aude**. – 8. Carmen Fantout ri*(e, s, t)* beaucoup *. – 9. « **Ouh** *(la/là)* ! gémi*(e, s, t)*-elle, en pleurant de rire, elle *(a/à)* l'*(air/aire)* d'un canari *(la/là)*-dedans *, *(la/là)* Collinet ! – 10. Cela **suffi***(e, s, t),* di*(e, s, t)*-je, toi, tu ressembl*(e, es, ent) (a/à)* une citr**ouille** ; chacun *(son/sont)* goût ! • – 11. Je préfèr*(e, es, ent)* le canari ! – 12. Nous aussi, cri*(e, s, es, ent)* les autre*(s)* », pendant * que Carmen rougi*(e, s, t)* de colère. – 13. Et je conclu*(e, s, t)* en moi-même : « Je pari*(e, s)* que *(cet/cette/c'est)* encore * un *(cou/coup)* de la belle-*(mer/mère)* de Marie. »
(D'après C. Vivier, *La Maison des petits bonheurs.*)

LES MOTS DE LA FAMILLE : À VOS DICTIONNAIRES !

un rhume → en**rh**umé, un **rh**umatisme, un **rh**umatologue.

une bête → b**ê**tement, b**ê**tifier, la b**ê**tise, un b**ê**tisier, un b**ê**ta, une b**ê**tasse – be**s**tial(e), la be**s**tialité, les be**s**tiaux, le be**s**tiaire, la be**s**tiole – ab**ê**tir, ab**ê**tissement – emb**ê**ter, un emb**ê**tement, emb**ê**tant. Mais : le b**é**tail.

Le suffixe **-aud** donne une valeur péjorative à l'adjectif ; ex. : noir – noir**aud**, rouge → rouge**aud**, lourd → lourd**aud**, fin → fin**aud**. /**-icaud** /**-igaud**.

FICHE 21

PRÉSENT DE L'INDICATIF, 3e GROUPE
2. VERBES EN -AIRE

LEÇON

- **Ils s'écrivent tous -aire** à l'infinitif.
- **Ils se terminent en -s, -s, -t** au singulier.
- **Au pluriel, leur radical se modifie.**

se taire	**traire**	*Attention :* **faire**
je me **tais**	je **trais**	je **fais**
tu te **tais**	tu **trais**	tu **fais**
il se **tait**	il **trait**	il **fait**
nous nous **taisons**	nous **trayons**	nous **faisons**
vous vous **taisez**	vous **trayez**	vous **faites**
ils se **taisent**	ils **traient**	ils **font**

ATTENTION !
On a **-i-** devant **e** muet à la 3e personne du pluriel de *traire : ils traient.*

EXERCICES

1. Sur le modèle de taire, **et avec un accent circonflexe à la 3e personne du singulier, conjuguez.**
1. se complaire dans la crasse. – 2. se plaire ainsi. – 3. déplaire à sa mère.

2. Sur le modèle de traire, **employez dans de courtes phrases les verbes suivants à la 3e personne du pluriel.**
1. distraire. – 2. soustraire. – 3. extraire. – 4. braire. – 5. s'abstraire (de).

3. Remplacez les points par le verbe faire **au présent de l'indicatif.**
1. Je ... un exercice. – 2. Tu ... des fautes. – 3. Il se ... attraper. – 4. Nous ... des grimaces. – 5. Vous ... les gros yeux. – 6. Ils se ... punir. – 7. Tu ... du tennis. – 8. Ils n'en ... qu'à leur tête. – 9. Je ... bien attention. – 10. Vous ... comme il vous plaît. – 11. Cela ne ... rien.

4. Employez les composés de faire **dans de courtes phrases, à la 2e et à la 3e personne du pluriel.**
1. défaire – 2. refaire – 3. satisfaire — 4. contrefaire – 5. redéfaire.

5. Complétez les terminaisons en faisant attention à l'infinitif.
1. Je balai... la maison et je trai... les vaches. – 2. Tu essai... de plaire et tu plai... – 3. L'âne brai... et s'effrai... – 4. Je me tai..., car je bégai... – 5. Le maçon refai... le mur et l'étai... – 6. Tu fai... les comptes et tu pai... – 7. Tu fai... les carreaux ; tu rai... les vitres et tu déplai... au patron. – 8. Je pagai... dans mon canoë ; cela me distrai... et me plai... – 9. Le dentiste extrai... une molaire pourrie, puis délai... son ciment pour boucher une carie. – 10. Je m'abstrai... du bruit qui me déplai... et j'essai... de me concentrer : voilà, je soustrai... les dépenses des recettes et je fai... les comptes de notre club. – 11. Le cantonnier remblai... le bas-côté et refai... la chaussée. – 12. Tu contrefai... le directeur et tu égai... tes amis.

PRÉSENT DE L'INDICATIF, 3e GROUPE
3. VERBES EN -OIR ET -OIRE

LEÇON

voir		recevoir		s'asseoir		
je	**vois**	je	**reçois**	je	m'ass**ois**/	ass**ieds**
tu	**vois**	tu	**reçois**	tu	t'ass**ois**/	ass**ieds**
il	**voit**	il	**reçoit**	il	s'ass**oit**/	ass**ied**
nous	**voyons**	nous	**recevons**	nous	nous ass**oyons**/	ass**eyons**
vous	**voyez**	vous	**recevez**	vous	vous ass**oyez**/	ass**eyez**
ils	**voient**	ils	**reçoivent**	ils	s'ass**oient**/	ass**eyent**

▶ **À l'infinitif, ces verbes s'écrivent tous sans -e-,** sauf *croire* et *boire* qui ont un *-e* final.

▶ **Ils sont irréguliers, et changent deux ou même trois fois de radical.**

savoir :	je sais	nous savons	ils savent
devoir :	je dois	nous devons	ils doivent
boire :	je bois	nous buvons	ils boivent
croire :	je crois	nous croyons	ils croient

EXERCICES

1. Sur le modèle de voir, **conjuguez :** je crois aux fantômes.

2. Employez les verbes suivants dans de courtes phrases, à la 1re personne du singulier, puis du pluriel.
1. concevoir – 2. décevoir – 3. percevoir – 4. entrevoir – 5. prévoir – 6. revoir.

3. Mettez les verbes suivants aux 2e et 3e personnes du singulier, puis du pluriel.
1. apercevoir – 2. devoir – 3. savoir – 4. boire – 5. s'asseoir – 6. pourvoir.

4. Mettez au présent de l'indicatif les verbes entre parenthèses.

a) 1. Ils *(prévoir)* des embouteillages sur l'autoroute. – 2. Des milliers de gens *(devoir)* partir en week-end. – 3. Ils *(savoir)* qu'il faut mettre beaucoup d'employés au péage. – 4. Ils *(croire)* que vingt personnes suffiront. – 5. Mais la réalité les *(décevoir)* : on n'*(apercevoir)* que peu de voitures. – 6. Ils *(revoir)* leurs prévisions.

b) 1. J'*(entrevoir)* la fin de l'histoire dès les premiers chapitres de ce mauvais roman. – 2. Tu *(concevoir)* de l'amitié pour Charles. – 3. Nous *(percevoir)* nettement un bruit. – 4. Attention, il *(s'asseoir)* sur ton chapeau ! – 5. Nous *(s'asseoir)* sur nos chaises.

5. Mettez les verbes entre parenthèses au présent de l'indicatif.
1. En visitant l'hôpital, Tistou *(faire)* la connaissance de la petite fille malade. – 2. « – Bonjour », *(dire)*-il à la petite fille. – 3. « – Bonjour », *(dire)*-elle poliment sans bouger la tête. – 4. Elle *(regarder)* fixement le plafond. – 5. Tistou *(s'asseoir)* auprès du lit, son chapeau blanc sur les genoux. – 6. « – Tu ne *(s'ennuyer)* pas trop ? – 7. – Pas trop. Je *(regarder)* le plafond. Je *(compter)* les petites fentes qu'il y a dedans. – 8. – Tu *(recevoir)* des visites ? – 9. – Beaucoup. Le matin, avant le déjeuner, je *(voir)* la Sœur-thermomètre. Et puis le docteur Mauxdivers. Et puis, à l'heure

du déjeuner, la Sœur-pilules. – 10. Puis, avec mon goûter, je *(voir)* entrer la Sœur-aux-piqûres qui *(faire)* mal. » – 11. Pendant qu'elle parle, Tistou *(s'affairer)* autour du lit et ses pouces ne *(chômer)* pas. – 12. « – Moi, je *(croire)* que tu vas guérir », *(dire)*-il. – 13. « – Tu le *(croire)* ? – 14. – Oui, oui, je t'*(assurer)*. Au revoir. » – 15. « – Alors, que *(savoir)*-tu de la médecine ? » demande le docteur Mauxdivers après la visite. – 16. « – Je *(savoir)* que la médecine ne peut pas grand-chose contre un cœur triste. » (D'après M. Druon, *Tistou les pouces verts.*)

6. Mettez la terminaison convenable. Attention au groupe. Pensez à l'infinitif.
1. Je reçoi... une lettre, je la renvoi... à l'expéditeur. – 2. Tu te noi... dans un verre d'eau. – 3. Tu doi... dix francs à Rémi. – 4. Il boi... du vin : il broi... du noir. – 5. Tu emploi... – 6. Tu t'assoi... – 7. Je voi... – 8. Je vouvoi...

7. Mettez la terminaison convenable. Attention au groupe. Pensez à l'infinitif.
1. Le chien aperçoi... un étranger, croi... qu'il va entrer et aboi... – 2. Je nettoi... les cendres, entrevoi... un tison qui rougeoi... et croi... que le feu va repartir. – 3. Tu sai... que tu es faible et tu essai... de faire des progrès. – 4. On doi... mettre une ceinture de sauvetage, sinon on se noi... – 5. Je m'assoi... au cinéma et je revoi... un film que j'ai beaucoup aimé. – 6. Tu rudoi... tellement ton frère qu'il doi... être couvert de bleus. – 7. Tu voi... ta grand-mère souvent et tu la choi...

DICTEE A CHOIX MULTIPLES

Le goût • du silence. – 1. Moi, si je me *(taie/tais)*, *(ces/ses/c'est)* pour le plaisir • de me taire. – 2. *(Ce/Se)* plaisir n'exclu*(e, s, t)* pas quelque*(s)* pensées ; toutefois *, *(ce/se)* ne *(son/sont)* que des pensées oisives, qui flân*(e, es, ent)*, err*(e, es, ent)* •, vagabond*(e, es, ent)*, *(ou/où)* bien entr*(e, es, ent)* dans *(ce/se)* demi*(e)* •-sommeil si favorable aux *(vaines/veines)* • songeries. – 3. Je ne fai*(s, t)* pas alors * de réflexions, mais je poursui*(s, t)* nonchalamment le reflet des figure*(s)* vague*(s)* qui me pleupl*(e, es, ent)*, *(et/est)* si je gard*(e, es, ent)* le silence, *(ces/ses/c'est)* qu'il facilit*(e, es, ent)* *(a/à)* *(ces/ses)* ombre*(s)* fugitive*(s)* l'accès • d'une âme enchantée • par *(leur/leurs)* apparitions. (D'après H. Bosco, *L'Enfant et la rivière.*)

LES MOTS DE LA FAMILLE : À VOS DICTIONNAIRES !

le goût → goûter, le goûter, un avant-goût, un arrière-goût – gustatif, la gustation, la dégustation, déguster – le dégoût, dégoûter, dégoûtant, dégoûté – le ragoût, ragoûtant. (L'origine de l'accent circonflexe est un -s- latin.)

plaire → le plaisir, plaisant, plaisamment, la plaisance, un plaisancier → plaisanter, la plaisanterie, un plaisantin – complaire, complaisant, la complaisance – déplaire, déplaisant, le déplaisir.

errer → l'erreur, l'errance, errant(e), erratique, un errement, erroné, l'erre – aberrant, une aberration.

vain, vaine, en vain → la vanité, un vaniteux(-euse) – s'évanouir, un évanouissement, évanescent.

l'accès → accéder, accessible, l'accession – le succès, succéder, un succédané, la succession, successif(-ive), un successeur, successivement, successoral – un excès, excéder, excédé, excédant, un excédent, excessif, excessivement – le décès, décéder – le procès, procéder, un procédé, une procédure, une procession, processionnellement, un processus – un abcès.

FICHE 23

ACCORD DU VERBE AVEC SON SUJET

IL Y A UN PRONOM PERSONNEL COMPLÉMENT DEVANT LE VERBE

LEÇON

► Le mot qui est placé juste avant le verbe n'est pas forcément le sujet. En particulier, il y a souvent des pronoms personnels compléments entre le sujet et le verbe :
– **le, la, l', les, lui, leur :** pronoms de la **3ᵉ** personne
– **me, m', nous :** pronoms de la **1ʳᵉ** personne
– **te, t', vous :** pronoms de la **2ᵉ** personne.

► Posez bien la question « Qui est-ce qui ? » pour trouver le sujet du verbe et accorder le verbe avec lui.

Ex. 1 : *J'ai cueilli des cerises bien noires et* ***je*** *les mange.*
Qui est-ce qui mange ? *je* → *mange* est à la 1ʳᵉ personne du sing. (***les*** est C.O.D. = *je mange* ***les cerises***).

Ex. 2 : ***Tu*** *m'****invites*** *à ton anniversaire ?*
Qui est-ce qui invite ? *Tu* → *invites* est à la 2ᵉ personne du sing. (*m'* = *me* = C.O.D. de *invites*).

EXERCICES

1. Dites la fonction du groupe souligné et remplacez-le par un pronom personnel : le, la, les, l', il, elle, ils, elles.

1. Madame Misère est notre concierge. – 2. Lorsque je rencontre Madame Misère, je salue Madame Misère très poliment. – 3. Papa appelle Madame Misère ainsi parce que Madame Misère ne cesse de gémir : « Misère, misère ! » – 4. Nous ne jouons pas dans la cour de notre maison parce que la cour est trop petite et que Madame Misère a peur qu'on salisse la cour. – 5. Alors, un jour, Armand lance son ballon par-dessus le mur et demande à notre voisin, le charbonnier, s'il peut aller chercher son ballon. – 6. Nous faisons comme si nous ne trouvions pas le ballon pour rester plus longtemps. – 7. Quand enfin nous avons le ballon et que nous remercions le charbonnier, le charbonnier nous dit : « Eh ! les enfants, restez donc dans ma cour. – 8. J'aime voir les enfants et cela me distrait d'entendre les enfants lorsque les enfants jouent. » (D'après C. Vivier, *La Maison des petits bonheurs*.)

2. *a*) Faites un tableau des pronoms personnels le, la, les, il, elle, ils, elles, **rencontrés dans le texte précédent ; classez-les d'après leur genre, leur nombre et leur fonction.**

***b*) Quels pronoms** l' **remplace-t-il ? Regardez la première lettre du mot suivant. Que constatez-vous ?**

3. Recopiez le sujet et accordez le verbe au présent de l'indicatif.

1. Nous *(jouer)* aux petits papiers. – 2. On *(marquer)* beaucoup de noms sur des papiers et on les *(tirer)* au hasard. – 3. Chacun en *(tirer)* trois. – 4. Les trois mots *(indiquer)* votre avenir. – 5. Voici les trois papiers qu'Armand *(tirer)* : « Prince, endives, poissons. » – 6. « Les endives, je les *(détester)* ! Mais les poissons ! – 7. Je

les *(pêcher)* sur mon yacht de prince et je les *(attraper)* par centaines ! – 8. – Peuh ! Ils ne te *(redouter)* pas beaucoup, les poissons ! *(se moquer)* Estelle. – 9. – Estelle *(raconter)* n'importe quoi, *(s'écrier)* Armand. – 10. Les filles *(raconter)* n'importe quoi, je les *(détester)* ! – 11. – Et les langoustes ? Tu te les *(rappeler)* ? – 12. Tu ne l'*(avoir)* peut-être pas dit au maître, en classe, que les langoustes *(se pêcher)* avec un asticot ! Non ? » – 13. Jacqueline et Estelle *(pouffer)* de rire et le *(taquiner)* de plus belle : – 14. « Votre Majesté, le Prince des Asticots, nous *(autoriser)*-elle ? » – 15. Et elles le *(saluer)* jusqu'à terre. (D'après C. Vivier, *La Maison des petits bonheurs.*)

4. Soulignez le sujet et complétez la terminaison du verbe au présent.

1. Monsieur Copernic détest... les marrons glacés. – 2. Les enfants l'apprenn... avec la plus grande surprise. – 3. Ils lui demand... s'il en gard... souvent chez lui. – 4. « Bien sûr ! Des quantités ! leur assur... M. Copernic. – 5. C'est le père Noël qui me les donn... ! – 6. Il sait bien pourtant que je ne les aim... pas. – 7. Et c'est pour se venger de mes plaisanteries qu'il m'en apport... chaque année. – 8. Mais il ne les dépos... pas dans ma cheminée, non, il les lanc... à toute volée par la fenêtre, sans même prendre la peine de quitter son traîneau : Pim ! Pam ! Poum ! » – 9. Les enfants le regard... avec stupeur. *(Ibid.)*

5. Complétez les points par la terminaison convenable, au présent.

1. Je te parl... – 2. Tu me parl... – 3. Ils te regard... – 4. Tu nous envi... – 5. Il t'admir... – 6. Je vous surveill... – 7. Elles m'examin... – 8. Il nous trouv... méfiants.

6. Complétez les points par la terminaison convenable, au présent.

1. Cette nuit, Estelle m'appell... tout bas : « Liline, est-ce que Riquet est très malade ? Est-ce que tu le pens... ? » – 2. « Mais non, qu'est-ce que tu me raconte... ! » – 3. Elle se jett... sur moi, cach... sa tête sur mon épaule et sanglot... : – 4. « Ce n'est pas tant ça, mais tu ne m'aim... plus, non, tu ne m'aim... plus du tout ! » – 5. Je l'appell... « nigaude », « sotte ». – 6. Quand je la trait... d' « idiote », elle se calm... tout à fait : – 7. « Je vois que tu m'aim... encore un peu. – 8. Oh ! Liline, je sais bien comme je suis : je ne pens... qu'à moi. – 9. J'ai besoin que tu m'aid..., je t'en pri... » (D'après C. Vivier, *La Maison des petits bonheurs.*)

DICTEE A CHOIX MULTIPLES

Le businessman. – 1. « Et que fai*(s, t)*-tu de cinq cents millions • d'étoiles ? – 2. – *(Ce/Se)* que j'en fai*(s, t)* ? Rien. – 3. Je les possèd*(e, es, ent)*. – 4. – Tu possèd*(e, es, ent)* les étoiles ? – 5. – Oui. – 6. – Mais j'*(es/est/ai)* déjà vu un roi qui... – 7. – Les rois ne possèd*(e, es, ent)* pas, il*(s)* “ règn*(e, es, ent) sur* ”. – 8. *(Ces/Ses/C'est)* très **diff**érent. – 9. – Et *(a/à)* **quoi** *cela* te *(serre/sers/sert)*-il de posséd*(é, er, és, ées)* les étoiles ? – 10. – *Ça* me *(serre/sers/sert)* *(a/à)* être riche. – 11. Je les gèr*(e, es, ent)*, je les *(conte, es, ent* ou *compte, es, ent)* et les recompt*(e, es, ent)* • : – 12. Je suis un homme • sér**ieux,** moi. » (D'après A. de Saint-Exupéry, *Le Petit Prince.*)

LES MOTS DE LA FAMILLE : À VOS DICTIONNAIRES !

mille → millier, million, milliard, millionnaire, milliardaire, millième, millionième, milliardième, millénaire, millésime, millimètre, -gramme, -litre, -bar.

compte → comp**t**er, recomp**t**er, décomp**t**er, escomp**t**er, comp**t**e-rendu, comp**t**able, comp**t**abilité, comp**t**ant, comp**t**oir, comp**t**ine.

PRÉSENT DE L'INDICATIF, 3e GROUPE
4. POUVOIR, VOULOIR, VALOIR

LEÇON

pouvoir	vouloir	valoir
je **peux**	je **veux**	je **vaux**
tu **peux**	tu **veux**	tu **vaux**
il **peut**	il **veut**	il **vaut**
nous **pouvons**	nous **voulons**	nous **valons**
vous **pouvez**	vous **voulez**	vous **valez**
ils **peuvent**	ils **veulent**	ils **valent**

Pouvoir, vouloir et *valoir* sont les trois seuls verbes du 3e groupe qui font **-x, -x, -t** au singulier (au lieu de *-s, -s, -t*).

EXERCICES

1. Mettez au singulier.
1. vous pouvez – 2. nous voulons – 3. ils valent – 4. nous pouvons – 5. ils veulent – 6. vous valez – 7. ils peuvent – 8. vous voulez – 9. nous valons.

2. Remplacez les points par le verbe pouvoir **au présent de l'indicatif.**
1. Je n'y ... rien. – 2. Tu ... beaucoup. – 3. Il ... pleuvoir. – 4. Nous ... le faire. – 5. Vous le ... – 6. Ils n'en ... plus. – 7. Cela se ... – 8. Je ... perdre la partie. – 9. Ils ... promettre ce qu'ils veulent, personne ne ... les croire. – 10. Vous jouez du mieux que vous ... – 11. Tu ne ... quand même pas me refuser cela.

3. Remplacez les points par le verbe vouloir **au présent de l'indicatif.**
1. Je ... boire. – 2. Tu en ... trop. – 3. Il ne ... rien faire. – 4. Nous ... du pain. – 5. Vous ... bien. – 6. Ils ... ma mort. – 7. Qu'est-ce que vous ... ? – 8. Fais ce que tu ... – 9. Je n'en ... plus. – 10. Tu lui ... du bien. – 11. Nous ne ... pas de toi.

4. Remplacez les points par le verbe valoir **au présent de l'indicatif.**
1. Je ne ... rien en mathématiques. – 2. Avec ta tenue bariolée, tu ... le déplacement ! – 3. Ce sac à main ... son prix. – 4. Nous ... mieux que vous. – 5. Vous ... la peine d'être connus. – 6. Ces deux pistolets ... dix mille francs. – 7. C'est trop cher pour ce que ça ... – 8. Tu ... ton pesant d'or. – 9. Il ... mieux tenir que courir. – 10. En musique, deux noires ... une blanche. – 11. Mieux ... rire que pleurer. – 12. Vous ne ... pas cher. – 13. Nous montrerons ce que nous ...

DICTEE A CHOIX MULTIPLES

Comment se débarrasser • d'une sorcière • ? – 1. « Je veu*(t, x)* la grenouille *(a/à/as)* chev**eux** ! – 2. Tu n'*(a/à/as)* pas le droit de me demand*(er, é)* *(sa/ça)* ! di*(e, s, t)* la sorcière. – 3. Tu ne peu*(t, x)* pas me donn*(er, é)* la grenou**ille** *(a/à/as)* chev**eux** ? – 4. Je peu*(t, x)* *(mais/mes)* *(ce/se)* n'*(ai/es/est/et)* pas de **jeu** ! – 5. Alors, tu ne veu*(t, x)* pas ? En ce cas •, retire-toi. Je *(suie/suis)* ici chez moi ! – 6. *(Ah/À)*, *(ces/ses/c'est)* comme *(sa/ça)* ! *(Eh/Et)* bien la voilà *, puisque tu la veu*(t, x)*, ta grenouille, *(a/à/as)* chev**eux** ! » (D'après P. Gripari, *Contes de la rue Broca*.)

PEU/PEUX/PEUT

LEÇON

▶ **peu :** adverbe invariable = **pas beaucoup.**
Ex. : *un père **peu** riche.*
Locutions : *à peu près, depuis peu, peu à peu, quelque peu, tant soit peu, pour peu que.*
On le trouve aussi sous la forme : *le peu, ce peu, un peu,* suivis d'un complément.
Ex. : *Je veux un **peu** de crème Chantilly.*

▶ **peux, peut :** 1re-2e, 3e personnes du singulier du verbe **pouvoir** (présent de l'indicatif).
On peut le mettre à l'imparfait :
je, tu peux → je, tu pouvais ; il peut → il pouvait.
Ex. : *Je **peux** te donner un **peu** de fromage.*
Essayons l'imparfait :
« Je pouvais te donner... » Cela a un sens : il s'agit donc bien du verbe *pouvoir* ⇒ **peux.**
« ... un pouvait de fromage. » Cela n'a pas de sens : il s'agit de l'adverbe ⇒ **peu.**

EXERCICES

1. Remplacez les points par peux, peut **ou** peu.
1. ... de gens sont venus au mariage de Julia et de Léo. – 2. La mère du marié a un air ... réjoui : son mari, quelque ... ému et distrait, est parti en pantoufles. – 3. Il ne ... rester ainsi et doit retourner à la maison mettre des souliers un ... plus convenables ! – 4. Il s'en est fallu de ... que le cortège ne soit en retard.

2. Remplacez les points par peux, peut **ou** peu.
1. Sur le chemin de l'église, un petit garçon d'honneur ne ... tenir en place, il a depuis ... quitté le rang et essaie de faire tomber des noix d'un noyer ... élevé. – 2. « Cesse de jeter des pierres sur ce noyer, lui dit sa mère, le fermier ... surgir à tout instant et te gronder. » – 3. Mais l'enfant ... s'éloigner content, car il a à ... près rempli ses poches de noix. – 4. « Tu as fait de bonnes provisions en ... de temps ! – 5. ...-tu m'en donner une ? » lui demande son grand-père qui ne ... décemment se permettre d'en faire autant.

3. Remplacez les points par peux, peut **ou** peu.
1. Les invités sont partis ... à ... – 2. Le père de la mariée ... retirer ses souliers. – 3. La mère demande à sa fille : « ...-tu encore tenir debout ? » – 4. « Je suis à ... près morte de fatigue, répond la jeune femme. – 5. Il s'en est fallu de ... que je ne me sauve pour me reposer un ... ! – 6. Je ne suis « madame » que depuis ..., mais je ne ... pas dire que ce soit reposant ! – 7. C'est un tant soit ... fatigant ! – 8. Tu ... me préparer un bain. – 9. Cela ... me faire du bien et me remettre un ... les idées en place. »

FICHE 26

ACCORD DU VERBE AVEC LE SUJET

LEUR ET LUI DEVANT LE VERBE

LEÇON

leur et **lui** sont des pronoms personnels, de la 3e personne, invariables. Ils sont compléments d'objet indirect ou compléments d'attribution. Ils ne sont **jamais sujets**.
Avant d'écrire la terminaison du verbe, posez donc bien la question « qui est-ce qui ? » pour trouver le sujet et accorder correctement le verbe.
Ex. : *Mes amis,* ***je*** *leur* ***raconte*** *tout.*
Qui est-ce qui raconte ? *Je* ⇒ *raconte* est à la 1re pers. du sing.

EXERCICES

1. Mettez le verbe entre parenthèses au présent de l'indicatif.
1. Marc *(cacher)* son cartable à Vincent. – 2. Vincent *(pardonner)* à Marc. – 3. La maman *(donner)* à goûter aux enfants. – 4. Marc *(désobéir)* à ses parents. – 5. Ces parents ne *(refuser)* rien à leur fils. – 6. Marie et Jeanne *(montrer)* à Paul ce qu'elles *(avoir)* fait. – 7. Paul *(présenter)* ses félicitations à Marie et à Jeanne. – 8. Le maître *(demander)* aux élèves de se taire.

2. Recopiez les phrases précédentes en remplaçant les mots soulignés par un pronom personnel (leur **ou** lui).

3. Conjuguez les verbes soulignés au présent de l'indicatif.
Pour emmener les enfants en promenade, (leur donner) la main et (leur chanter) des chansons.

4. Recopiez le sujet et mettez au présent de l'indicatif les verbes entre parenthèses.
1. Les Dupont *(être)* invités à dîner ce soir. – 2. Je leur *(accrocher)* leur manteau au vestiaire. – 3. Tu leur *(verser)* un jus de fruit. – 4. Je leur *(raconter)* les dernières nouvelles de la région. – 5. Tu leur *(parler)* de la pluie et du beau temps. – 6. Puis les enfants leur *(proposer)* de faire le tour du jardin. – 7. Je leur *(annoncer)* que le dîner est prêt. – 8. L'odeur du poulet leur *(chatouiller)* agréablement les narines. – 9. Mais Luc leur *(enlever)* le pain de la bouche. – 10. En revanche, Marc leur *(donner)* gentiment à boire. – 11. Heureusement que Christine ne leur *(faire)* pas le pied de nez. – 12. Les chattes leur *(frôler)* les jambes. – 13. Je *(trembler)* à la pensée de leur réaction. – 14. Heureusement la soirée leur *(avoir)* plu !

5. Remplacez mes frères **par un pronom personnel pour éviter la répétition de ce mot, et mettez au présent de l'indicatif les verbes entre parenthèses.**
1. Mes frères *(être)* à la maison. – 2. Mes frères *(travailler)*. – 3. J'appelle mes frères, car un ami a sonné à la porte et *(demander)* mes frères. – 4. L'ami *(raconter)* à mes frères sa dernière équipée. – 5. Il *(révéler)* à mes frères son projet. – 6. Il *(apporter)* à mes frères des cartes routières. – 7. Il *(proposer)* à mes frères de faire une randonnée.

FICHE 27

LEURS/LEUR

LEÇON

- **leur(s)** : est adjectif possessif quand il est placé devant un nom. Il s'accorde avec le nom et prend un *s* au pluriel.
  Ex. : *Leur**s** oiseau**x** ne sont pas dans la cage.*
- **leur** : pronom personnel invariable quand il est placé devant le verbe ou juste derrière le verbe, précédé d'un trait d'union. C'est le pluriel de *lui*.
  Ex. : ***Ces enfants** sont sages. Donnez-**leur** des bonbons.*

UN TRUC
Mettez au singulier → ***Cet enfant** est sage. Donnez-**lui** un bonbon.*

EXERCICES

1. Accordez leur, **adjectif, avec le nom auquel il se rapporte.**

1. Romain et Thierry ont prévu une sortie à la piscine pour occuper ... après-midi. – 2. Ils ont déposé ... vêtements au vestiaire. – 3. Ils ont pris ... douche. – 4. Ils nagent ... premières brasses. – 5. Ils ont retrouvé dans l'eau quelques-uns de ... camarades en pleine compétition. – 6. Ils prennent part à ... course chronométrée.

2. Mettez au pluriel les noms soulignés et faites les transformations nécessaires.

1. Cet enfant a faim : donnez-lui à manger. – 2. Le soldat se met au garde-à-vous devant son capitaine ; celui-ci lui donne ses instructions. – 3. Le voyageur a manqué son train ; il lui faudra attendre le suivant. – 4. L'employé fait la queue à la cantine pour que le serveur lui remette le plat de son choix.

3. Remplacez les points par leur, leurs.

1. Les enfants ont rendu visite à ... oncles Benjamin et Antoine. – 2. Les plus jeunes ont pris ... tricycle pour que ... oncle Benjamin ... fasse faire une promenade le long du lac. – 3. Ils pédalent chacun à ... rythme. – 4. Ensuite, appuyant de toutes ... forces sur ... pédales, ils foncent tête baissée. – 5. L'oncle Benjamin, craignant quelque chute, ... conseille de ralentir.

4. Remplacez les points par leur, leurs.

1. Les élèves ont obtenu de ... professeur une visite au musée du cinéma. – 2. Ils attendent impatiemment que ... accompagnateurs ... donnent le signal du départ. – 3. Quelques-uns regardent ... montre. – 4. D'autres discutent des derniers films qu'ils ont vus, échangent ... impressions et comparent ... goûts. – 5. Certains emploient même des termes techniques que ... a appris ... professeur.

5. Remplacez les points par leur, leurs.

1. Monsieur et madame Gilbreth et ... douze enfants habitent dans ... maison de Montclair, dans le New Jersey. – 2. Deux d'entre eux racontent ... vie dans ... livre, *Treize à la douzaine*. – 3. ... père est expert en rendement et ... donne une éducation assez spéciale. – 4. Il ... enseigne toutes les techniques nouvelles. – 5. Il ... a acheté un phonographe et des disques pour ... apprendre le français pendant qu'ils prennent ... bain et qu'ils brossent ... dents.

FICHE 28

PRÉSENT DE L'INDICATIF, 3e GROUPE
5. VERBES EN -DRE (SAUF -INDRE ET -SOUDRE)

LEÇON

Ils conservent le **-d-** aux trois personnes du singulier.

rendre	**répondre**	**mordre**	**coudre**
je ren**ds**	je répon**ds**	je mor**ds**	je cou**ds**
tu ren**ds**	tu répon**ds**	tu mor**ds**	tu cou**ds**
il ren**d**	il répon**d**	il mor**d**	il cou**d**
nous ren**dons**	nous répon**dons**	nous mor**dons**	nous cou**sons**
vous ren**dez**	vous répon**dez**	vous mor**dez**	vous cou**sez**
ils ren**dent**	ils répon**dent**	ils mor**dent**	ils cou**sent**

ATTENTION

– *coudre* → *je couds, nous cou**s**ons* (participe passé : *cou**s**u*)
– *moudre* → *je mouds, nous mou**l**ons* (participe passé : *mou**l**u*).
– *prendre* →

je	pren**ds**	nous	pre**n**ons
tu	pren**ds**	vous	pre**n**ez
il	pren**d**	ils	pre**nn**ent

UN CONSEIL

Rapprochez des verbes en *-dre* qui gardent leur *-d* devant *-s* : *vaincre* qui garde son *-c-* : *je vain**cs**, tu vain**cs**, il vain**c***, et *rompre* qui garde son *-p-* et ajoute un *-t-* à la 3e personne du singulier : *je rom**ps**, tu rom**ps**, il rom**pt***.

UN TRUC

Les verbes terminés par le son « **endre** » s'écrivent tous avec un **-e-**, sauf *ép**a**ndre* et *rép**a**ndre*.

EXERCICES

1. Sur le modèle de rendre, **mettez au présent de l'indicatif les verbes entre parenthèses.**

1. J'*(étendre)* le linge. – 2. Nous *(attendre)* Noël avec impatience. – 3. Les élèves *(se détendre)* un instant à l'interclasse. – 4. Il *(entendre)* mal, car il est presque sourd. – 5. L'Indien *(tendre)* son arc. – 6. Vous *(prétendre)* que l'autobus avait du retard, mais ce n'est pas vrai. – 7. À force de remuer, le prisonnier *(distendre)* ses liens. – 8. Tu *(sous-entendre)* des tas de choses.

2. Mettez les verbes entre parenthèses au présent de l'indicatif.

1. Nous vous *(défendre)* de monter sur le cerisier. – 2. Je *(fendre)* du bois pour en faire des bûchettes. – 3. Vous *(pourfendre)* les méchants à grands coups de sabre. – 4. Dans la scierie, on *(refendre)* les troncs : on les coupe dans le sens de la longueur. – 5. Elle *(condescendre)* à chanter après s'être bien fait prier. – 6. Le fermier *(épandre)* du fumier dans les champs.

3. Composez de courtes phrases avec les verbes suivants.

1. prendre – 2. dépendre – 3. rependre – 4. suspendre – 5. descendre – 6. redescendre – 7. vendre – 8. revendre – 9. répandre – 10. perdre.

4. Sur le modèle de répondre, **mettez au présent de l'indicatif les verbes entre parenthèses.**

1. Tu *(confondre)* tout ! – 2. Le chocolat *(fondre)* tout doucement dans la casserole. – 3. Nous *(se morfondre)* au froid à vous attendre. – 4. Ces ouvriers *(refondre)* de vieilles pièces pour en faire des lingots.

5. Mettez les verbes entre parenthèses au présent de l'indicatif.

1. Cette poule *(pondre)* des œufs d'or ! – 2. Ils *(tondre)* les moutons. – 3. Cet alcool *tordre)* les boyaux ! – 4. Ce chien *(mordre)* les visiteurs. – 5. Vous *(correspondre)* avec vos amis. – 6. Tu *(remordre)* dans la pomme que tu as déjà entamée. – 7. Sa bouche *(se distordre)* dans un rictus de haine. – 8. Je ne *(répondre)* plus de rien. – 9. Je *(détordre)* une roue de vélo. – 10. Nous sommes têtus : nous n'en *(démordre)* pas. – 11. Une machine *(retordre)* les fils de laine pour les rendre plus résistants.

6. Mettez au pluriel (attention au changement de radical).

1. je couds – 2. tu découds – 3. il recoud – 4. tu mouds.

7. Mettez à la 2ᵉ personne du singulier, puis du pluriel.

1. interrompre – 2. corrompre – 3. convaincre – 4. recoudre.

8. Mettez le verbe entre parenthèses au présent de l'indicatif.

1. Le speaker *(convaincre)* les téléspectateurs d'acheter du Coca-Cola. – 2. La publicité *(corrompre)* les esprits en créant sans cesse de nouveaux besoins. – 3. Mais une panne de courant *(interrompre)* le flot de paroles. – 4. Le charme *(se rompre)*.

9. Remplacez les points par le présent de l'indicatif du verbe prendre.

1. Il ... du bout des doigts. – 2. Ils ... à travers champs. – 3. Vous les ... tous en grippe. – 4. Tu ... froid. – 5. Nous nous ... les pieds dans le tapis. – 6. Je le ... sur mes genoux. – 7. Mes souliers ... l'eau. – 8. L'envie me ... de voyager.

10. Remplacez les points par le présent de prendre **à la personne qui convient.**

1. Vous ... la mouche ! – 2. Vous ... la vie du bon côté. – 3. Elle ... son courage à deux mains. – 4. Les Peaux-Rouges le ... pour cible. – 5. Ils ... le taureau par les cornes. – 6. Nous ... cela sous notre bonnet. – 7. Tu ... les vessies pour des lanternes.

11. Mettez au présent les composés de prendre **entre parenthèses.**

1. Ces nouvelles me *(surprendre)* beaucoup, je ne m'y attendais pas du tout ! – 2. Le voleur *(prendre)* ses jambes à son cou pour échapper à ses poursuivants. – 3. Vous ne vous *(méprendre)* pas : Jacques est bien mon cousin. – 4. Tu *(apprendre)* l'anglais. – 5. Tu le *(comprendre)* bien, mais tu le parles mal. – 6. Et quand on ne parle pas une langue, on la *(désapprendre)*. – 7. Quand on l'a oubliée, on la *(réapprendre)*. – 8. Jules *(s'éprendre)* de Julie. – 9. J'avais maigri, mais maintenant je *(reprendre)* des kilos. – 10. Ils *(entreprendre)* trop de choses à la fois.

12. Donnez l'infinitif et remplacez les points par la terminaison convenable.

1. Ils fon... du patin à roulettes. – 2. La neige fon... – 3. La cane pon... son œuf. – 4. Elle peu... être contente. – 5. Il per... de l'argent au loto. – 6. Elle serr... ta main très fort. – 7. Tu mor... une pomme – 8. Tu dévor... le poulet. – 9. Il répon... au téléphone. – 10. Elles refon... le monde. – 11. Tu cou... l'ourlet. – 12. Tu secou... le tapis. – 13. Je mou... le café. – 14. Je jou... aux osselets. – 15. Je veu... commencer.

FICHE 29

ACCORD DU VERBE AVEC LE SUJET QUI

LEÇON

Lorsque le sujet du verbe est le pronom relatif **qui,** il faut chercher le mot qu'il remplace en posant la question « Qui est-ce qui ? ».

▶ **qui** peut représenter un nom ou un pronom singulier.
Ex. : *Je vois* ***un clown*** *qui* ***tremble*** *de tous ses membres.*
Qui est-ce qui tremble ? *qui = un clown* ⇒ 3e pers. du singulier.

▶ **qui** peut représenter un nom (ou pronom) pluriel.
Ex. : *Je vois* ***deux clowns*** *qui trembl****ent*** *de tous leurs membres.*
Qui est-ce qui tremble ? *qui = deux clowns* ⇒ 3e pers. du pluriel.

▶ **qui** peut représenter un pronom personnel de la 1re ou de la 2e pers. du singulier ou du pluriel. Il faut mettre le verbe à la personne voulue.
Ex. : *C'est* ***moi*** *qui regarde. C'est* ***nous*** *qui regard****ons****.*
C'est ***toi*** *qui regard****es****. C'est* ***vous*** *qui regard****ez****.*

EXERCICES

1. Mettez le verbe entre parenthèses au présent de l'indicatif. Remplacez le mot souligné par le pronom relatif qui.

Ex. : *Voyez ces clowns ; ils* (pleurer) → *Voyez ces clowns qui pleurent.*

1. Je vois un lion ; il *(obéir)* au dompteur. – 2. J'admire un chien savant ; il *(poser)* la patte sur un tabouret pour répondre à son maître. – 3. Je tremble pour les trapézistes ; ils se *(lâcher)* complètement dans le vide. – 4. Puis ce sont les acrobates ; ils *(former)* une pyramide humaine à trois étages. – 5. Voici un funambule ; il *(marcher)* sur un fil tendu très haut.

2. Soulignez le mot que remplace qui, **et accordez le verbe au présent.**

1. Les poneys qui *(trotter)* autour de la piste *(avoir)* tous une cavalière. – 2. Les écuyères, qui *(porter)* un maillot rouge éclatant, *(avoir)* la tête ornée d'une aigrette blanche qui *(contraster)* avec le maillot. – 3. L'écuyère qui *(s'avancer)* en tête *(se dresser)* soudain debout. – 4. Les écuyères suivantes, qui l'*(imiter)* tour à tour, *(former)* comme une vague rouge et blanche qui *(onduler)* tout autour de la piste.

3. Remplacez les points par le verbe être **au présent de l'indicatif.**

1. C'est moi qui ... trapéziste. – 2. C'est toi qui ... magicien. – 3. C'est lui qui ... clown. – 4. C'est nous qui ... sur la piste. – 5. C'est vous qui ... dans les coulisses. – 6. Ce sont eux, les spectateurs, qui ... sur les gradins.

4. Remplacez les points par le verbe avoir **au présent de l'indicatif.**

1. C'est moi qui ... un maillot argenté. – 2. C'est toi qui ... un chapeau haut-de-forme. – 3. C'est lui qui ... un gros nez rouge. – 4. C'est nous qui ... le trac. – 5. C'est vous qui ... un temps de repos. – 6. Ce sont eux qui ... le plaisir du spectacle.

5. Mettez le verbe entre parenthèses au présent de l'indicatif.

1. C'est moi qui *(voler)* d'un trapèze à l'autre. – 2. C'est toi qui *(scier)* en deux le coffre où une femme est enfermée. – 3. C'est lui qui *(tomber)* assis par terre. –

4. C'est nous qui *(stupéfier)* les spectateurs. – 5. C'est vous qui *(préparer)* les accessoires. – 6. Ce sont eux qui *(crier)* bravo.

6. Remplacez les points par ai, es, est.

1. Moi qui ... horreur des clowns et qui ... peur des lions, je ne vais guère au cirque. – 2. Toi, en revanche, qui ... fasciné par les fauves, tu y vas volontiers. – 3. Quant à Maurice, qui ... décidé à devenir dompteur, il y passe tous ses dimanches. – 4. Aujourd'hui, pour vous faire plaisir, je vous accompagne, ce qui ... un effort considérable de ma part. – 5. Toi qui ... toujours impatient, tu nous fais partir très en avance. – 6. Alors Maurice, qui ... au cirque comme chez lui, nous conduit dans les coulisses. – 7. Moi qui n'... guère de sympathie pour les fauves, j'... la joie de les voir – et de les sentir – de tout près !

7. Mettez les verbes entre parenthèses au présent de l'indicatif.

1. C'est toi qui *(raconter)* une histoire ; c'est ton tour. – 2. C'est l'histoire d'un homme qui *(s'engager)* dans un cirque. – 3. Le directeur lui explique : « C'est vous qui *(porter)* une peau de singe et qui *(divertir)* les spectateurs par vos grimaces. » – 4. Lors de la représentation, le brave homme *(grimacer)* à côté des cages qui *(enfermer)* les lions. – 5. Le faux singe, qui *(gesticuler)* et *(se contorsionner)* dans tous les sens, *(soulever)* le loquet qui *(fermer)* la cage des lions. – 6. Ceux-ci *(se précipiter)* sur lui. – 7. Il va crier quand il entend l'un des lions lui dire : « N'aie pas peur de nous qui *(jouer)* aux lions, comme toi tu *(jouer)* au singe ! »

DICTEE A CHOIX MULTIPLES

Des vacances • de rêve • ! – *(Ces/Ses/C'est) (cors/corps)* • nu*(s)* qui rou**ge***(oie, oient), (ce/se)* sol**eil** qui flamboi*(e, ent), (ces/ses/c'est)* ballon*(s)* • que l'on reçoi*(s, t, ent), (ces/ses)* transistor*(s)* qui péror*(e, es, ent), (ce/se)* vent qui transperc*(e, es, ent), (ces/ses/c'est)* haut-parl**eur***(s)* qui parl*(e, es, ent) (eau/haut), (ces/ses/c'est)* monit**eur***(s, es)* qui, sifflets • *(au/aux)* lèvres, remuscl*(e, es, ent)* des citadins flasque*(s)*, flapi*(s)*, flagada*(s)* et flanchant*(s)*, *(ces/ses/c'est)* chien*(s)* qui mordill*(e, es, ent), (ces/ses/c'est)* enfant*(s)* qui saut**ill***(e, es, ent)* • : l'enfer – sans parl*(é, er)* de *(ce/se)* sable, si bête, si insipide •, si inféri**eur** à la belle herbe tendre et vivante, *(ce/se)* sable *(ou/où)* ne pouss*(e, es, ent)* aucune fl**eur**, même pas un petit liseron des *(mers/mères)*, un fr**ê**le myosotis des rêve*(s)* •, une menu*(e)* rose de noroît et d'écume. (D'après C. Guépard, *Elle*, 25 août 1973.)

LES MOTS DE LA FAMILLE : À VOS DICTIONNAIRES !

le rêve → r**ê**ver, r**ê**veur(-euse), r**ê**veusement, la r**ê**verie – r**ê**vasser, la r**ê**vasserie, r**ê**vasseur(-euse).

le corps → **corp**orel, **corp**orellement, la **corp**ulence, **corp**ulent, une **corp**oration, **corp**oratif(-ive) – un cor**s**et, un cor**s**age – le **corpus**, un **corpus**cule, **corpus**culaire.

la balle → le ba**ll**on, ba**ll**onné, un ba**ll**onnet, un ba**ll**onnement.

insipide → sapide / sapience / savoir.

vaquer → vacant(e), les vac**a**nces, une vac**a**nce, un vac**a**ncier – une vac**a**tion, un vac**a**taire, la vacuité – évacuer, l'évacuation.

Le suffixe **-iller** indique que l'action est faite « à petits coups » ; ex. : sauter → saut**iller**, mordre → mord**iller**. Cf. **-illon** •

PRÉSENT DE L'INDICATIF, 3e GROUPE
6. VERBES EN -INDRE ET -SOUDRE

LEÇON

peindre		joindre		craindre		résoudre	
je	**peins**	je	**joins**	je	**crains**	je	**résous**
tu	**peins**	tu	**joins**	tu	**crains**	tu	**résous**
il	**peint**	il	**joint**	il	**craint**	il	**résout**
nous	**peignons**	nous	**joignons**	nous	**craignons**	nous	**résolvons**
vous	**peignez**	vous	**joignez**	vous	**craignez**	vous	**résolvez**
ils	**peignent**	ils	**joignent**	ils	**craignent**	ils	**résolvent**

▶ Ils perdent leur *-d-* et font : **-s, -s, -t** aux trois personnes du singulier.
▶ **Les verbes en « indre »** s'écrivent **-eindre,** avec un ***-e-*, sauf** *craindre, plaindre* et *contraindre,* qui s'écrivent avec un ***-a-*.**

EXERCICES

1. Mettez à la 1re personne du singulier, puis du pluriel.
1. dépeindre – 2. contraindre – 3. déteindre – 4. dissoudre – 5. peindre – 6. atteindre – 7. rejoindre – 8. disjoindre.

2. Mettez à la 3e personne du singulier, puis du pluriel.
1. teindre – 2. repeindre – 3. plaindre – 4. geindre – 5. résoudre – 6. adjoindre.

3. Mettez les verbes entre parenthèses au présent de l'indicatif.
1. Gaston *(feindre)* d'avoir très mal. – 2. Il *(geindre).* – 3. Tout le monde le *(plaindre).* – 4. Le médecin met une poudre dans un verre, y *(adjoindre)* un peu d'eau. – 5. Le produit *(se dissoudre).* – 6. Le médecin *(contraindre)* le faux malade à boire. C'est très mauvais. Tant pis pour lui !

4. Mettez les verbes entre parenthèses au présent de l'indicatif.
1. Tu *(dépeindre)* Pulchérie comme une vieille femme qui veut faire la jolie. – 2. Elle *(se teindre)* les cheveux. – 3. Mais cela ne *(résoudre)* rien, car ils *(déteindre).* – 4. Tous les matins elle *(repeindre)* aussi ses pommettes en vermillon. – 5. Mais dans la journée les plaques de fard *(se disjoindre),* et la malheureuse Pulchérie *(atteindre)* les sommets de la laideur.

5. Même exercice que le n° 3. Attention, ne confondez pas verbes en -dre **et verbes en** -indre **et** -soudre.
1. Tu *(tendre)* à bloc la corde de l'arc. – 2. Tu *(atteindre)* le point de rupture. – 3. Tu *(craindre)* qu'elle ne casse. – 4. Je *(teindre)* votre robe. – 5. J' *(attendre)* que la couleur imprègne bien le tissu. – 6. Ils *(peindre)* au bord de la rivière. – 7. Je t'*(enjoindre)* d'éteindre la lampe. – 8. Tu *(répondre)* poliment, tu *(tendre)* la main.

6. Même exercice que le n° 3.
1. Renart *(feindre)* d'être mort. – 2. Le marchand *(descendre)* de sa charrette, le *(prendre)* et l'*(étendre)* sur ses paniers d'anguilles. – 3. Renart *(atteindre)* les anguilles, se sauve et *(rejoindre)* sa tanière où Dame Renart l'*(attendre).*

7. Complétez les verbes. Attention ! Pensez bien à l'infinitif.

1. Je recou... un bouton, je résou... le problème de ma fille qui ne sait quelle robe mettre, je mou... le café, je jou... aux cubes avec le petit, je dissou... une aspirine pour mon mari qui a la migraine. – 2. J'avou... que je fais de tout !

8. Mettez le verbe entre parenthèses au présent de l'indicatif.

1. Les petites *(s'installer)* sur le pré avec leurs boîtes de peintures. – 2. « – Je *(peindre)* l'âne, *(dire)* Marinette, tandis que Delphine *(entreprendre)* le portrait d'une sauterelle. – 3. – Je *(pouvoir)* aller voir ? *(demander)* l'âne au bout d'un moment. – 4. – Non, tu *(attendre)* un peu. Je *(faire)* les oreilles. – 5. – Ah ! bon... À propos des oreilles, elles sont longues, c'est entendu, mais tu *(savoir)*, pas tellement. – 6. – Tu ne *(craindre)* rien, *(répondre)* Marinette : je *(faire)* juste ce qu'il *(falloir)*. » – 7. Marinette *(achever)* le portrait et l'âne *(s'empresser)* d'aller voir. Ce qu'il *(voir)* le *(surprendre)* : – 8. « – Mais ! Je n'*(avoir)* que deux pattes ! *(se plaindre)*-il. – 9. – Bien sûr ! De profil, je ne *(voir)* que deux pattes », *(se défendre)* Marinette. – 10. L'âne *(feindre)* de bien prendre la chose, mais en fait il est très froissé. – 11. Quant à la sauterelle verte, elle *(se fondre)* dans la prairie, également verte et on ne la *(voir)* pas. (D'après M. Aymé, *Les Contes du chat perché*.)

9. Même exercice que le n° 8 *(suite)*.

1. Puis Delphine *(peindre)* le cheval, et Marinette le coq. – 2. Le portrait du cheval *(occuper)* à peine la moitié de la feuille, tandis que l'image du coq *(prendre)* toute la place et *(atteindre)* le haut du papier. – 3. Le cheval *(se répandre)* en gémissements : – 4. « – Je *(craindre)* que tu aies commis une erreur, Delphine. – 5. Je *(prétendre)* être plus gros que le coq ! – 6. – Tu *(confondre)* nos tailles respectives ! – 7. – Mais oui ! je *(être)* plus gros que toi ! *(exulter)* le coq. – 8. – Tu l'*(apprendre)* enfin ! – 9. – Je te *(plaindre)* d'être si têtu ! » – 10. Delphine *(se confondre)* en excuses, mais *(ajouter)* maladroitement : – 11. « – Tu *(geindre)* pour rien ! – 12. – C'est sans importance. Tu ne le *(prendre)* pas mal, au moins ? »
(Mais les animaux, très froissés, le prennent mal et se conforment à la peinture...)

DICTEE A CHOIX MULTIPLES

La souri*(e, s)*. – 1. Comme, *(a/à)* la clarté d'une lampe, je fai*(s, t)* ma **quotidienne** page d'écri**ture,** j'enten*(s, ds, ts)* un lég**er** bruit. – 2. *(Ces/Ses/C'est)* une souri*(e, s)* qui *(c'/s')*éveille. – 3. Elle passe *(près/prêt)* de la chemin**ée,** sous l'évier, *(ce/se)* per*(e, d, ds)* dans la vaiss**elle,** *(et/est)* par une sér**ie** de reconnaissance*(s)* • qu'elle pouss*(e, es, ent)* de plus en plus loin *, elle *(ce/se)* **rapp**roche • de moi. – 4. Chaque *(foi/foie/fois)* * que je pose mon porte-plume, *(ce/se)* silence l'in**quiè**te • – 5. Chaque *(foi/foie/fois)* * que je m'en *(sers/serre)*, elle croi*(s, t)* peut-être qu'il y *(a/à)* une autre sour*(ie, is)* **quelque** part * *(et/est)*, elle *(ce/se)* rassure • – 6. Je continu*(e, s)* d'écrire et j'écri*(e, s, t)* des signes, des riens, petitement, menu, menu, comme elle grign**ote.** (D'après J. Renard, *Histoires naturelles*.)

LES MOTS DE LA FAMILLE : À VOS DICTIONNAIRES !

connaître → la co**nn**aissance, co**nn**u, co**nn**aissable, un co**nn**aisseur – un inco**nn**u, inco**nn**aissable – méco**nn**aître, la méco**nn**aissance, méco**nn**u, méco**nn**aissable – reco**nn**aître, la reco**nn**aissance, reco**nn**u, reco**nn**aissable, reco**nn**aissant(e).

quiet(-ète) → la **qui**étude – in**qui**et, l'in**qui**étude, in**qui**éter, in**qui**étant(e).

FICHE 31

PRÉSENT DE L'INDICATIF, 3ᵉ GROUPE
7. VERBES EN -TRE

LEÇON

battre		mettre		naître		décroître	
je	**bats**	je	**mets**	je	**nais**	je	**décrois**
tu	**bats**	tu	**mets**	tu	**nais**	tu	**décrois**
il	**bat**	il	**met**	il	**naît**	il	**décroît**
nous	**battons**	nous	**mettons**	nous	**naissons**	nous	**décroissons**
vous	**battez**	vous	**mettez**	vous	**naissez**	vous	**décroissez**
ils	**battent**	ils	**mettent**	ils	**naissent**	ils	**décroissent**

Les verbes en **-tre** perdent un *-t-* de leur radical au singulier :
– *battre* et *mettre,* qui en ont deux à l'infinitif, n'en ont plus qu'un ;
– *naître* et *décroître,* qui n'en avaient qu'un, n'en ont plus du tout.

ATTENTION !

1. Les verbes en *-aître* et *-oître* prennent un accent circonflexe sur le *î* à chaque fois qu'il est devant un *-t.* Ex : ***il naît, il croît.***

2. *croître* porte aussi un accent circonflexe aux 3 personnes du singulier ***(je croîs, tu croîs, il croît)*** pour le différencier du verbe *croire* *(je crois, tu crois, il croit).*

EXERCICES

1. Conjuguez.
1. Je promets la lune. – 2. Je disparais dans un trou.

2. Mettez à la 1ʳᵉ personne du singulier, puis du pluriel.

1. abattre	3. admettre	5. connaître	7. combattre	9. permettre
2. reconnaître	4. accroître	6. s'ébattre	8. promettre	10. disparaître.

3. Mettez à la 2ᵉ personne du singulier, puis du pluriel.

1. transmettre	3. rabattre	5. commettre	7. soumettre
2. reparaître	4. émettre	6. croître	8. omettre

4. Mettez au présent de l'indicatif les verbes entre parenthèses.
1. Tu *(trouver)* qu'on nous *(rebattre)* les oreilles avec la cruauté de la chasse. – 2. Heureusement, dis-tu, nous ne *(combattre)* aucun ennemi. – 3. Tu ne *(débattre)* guère du pour et du contre : tu *(abattre)* tranquillement lièvres et perdrix. – 4. Et moi, en bon rabatteur, je *(battre)* les fourrés et je *(rabattre)* le gibier vers toi. – 5. Ainsi, nous *(s'ébattre)* le dimanche, dans la campagne en habit d'automne.

5. Mettez au présent de l'indicatif les verbes entre parenthèses.
1. Fumeurs, lorsque vous *(émettre)* de la fumée, vous *(soumettre)* votre entourage à des vapeurs nocives. – 2. Vous *(transmettre)* votre vice par votre exemple. – 3. Pour toi, Éric, j'*(admettre)* que tu sois tenté de fumer, mais est-ce que tu *(admettre)* de ton côté que tu fumes pour faire comme tout le monde ? – 4. Tu *(commettre)* une imprudence en commençant à fumer, car tu sais que le tabac *(compromettre)* gra-

vement la santé. – 5. Lorsque le buraliste *(remettre)* aux fumeurs leur drogue, il *(omettre)* de leur rappeler les méfaits du tabac : ce n'est pas son rôle. – 6. Mais tu sais aussi que les fumeurs *(promettre)* toujours de s'arrêter de fumer et *(remettre)* toujours au lendemain l'exécution de ce projet. – 7. La décision de ne pas commencer à fumer *(permettre)* de ne pas devenir esclave de la cigarette.

6. Mettez au présent de l'indicatif les verbes entre parenthèses.

1. Beaucoup de gens te *(méconnaître)*, mais moi, je *(connaître)* bien ton caractère. – 2. Tu *(paraître)* godiche, mais tu ne l'es pas. – 3. Seulement, lorsque tu *(comparaître)* devant le cercle de famille, tu es paralysé. – 4. Par ailleurs, ton caractère enjoué *(transparaître)* facilement sous ta timidité. – 5. Il ne *(disparaître)* jamais tout à fait et *(réapparaître)* pleinement à la première occcasion. – 6. Tes parents, dans le fond, *(reconnaître)* que j'ai raison et que je te vois comme tu es. Oncle Georges.

7. Mettez les verbes entre parenthèses au présent de l'indicatif.

1. Les moutons *(paître)* dans les prés. – 2. Tu *(croire)* tout ce qu'on te dit. – 3. Tu *(croître)* en âge, mais non en sagesse. – 4. La lune *(décroître)*. – 5. Les vampires *(apparaître)* sur l'écran de télévision. – 6. Tu *(se repaître)* de films d'épouvante.

8. Mettez la terminaison convenable. Attention à l'infinitif !

1. Je parai... – 2. Tu disparai... – 3. Je me noi... – 4. Tu accroi... tes revenus. – 5. Il décroi... – 6. Je balai... – 7. Tu pai... tes impôts. – 8. Je croi... cela. – 9. Il emploi... – 10. J'essai... – 11. Je croi.... en taille. – 12. Tu choi... ta grand-mère. – 13. Je nai... – 14. Il méconnai... – 15. Tu m'effrai... – 16. Il rai... – 17. Tu envoi... – 18. Il aboi...

DICTEE A CHOIX MULTIPLES

Un traducteur très spécial. – 1. « Tu perm*(et, aies, ets)* que j'**interr**og*(e, es, ent)* tes petit*(s)* poisson*(s)* ? » – 2. Bachir retourn*(e, es, ent)* cherch*(er, é)* le boc**al,** le pos*(e, es, ent)* sur le comptoir • *(et/est) (ce/se)* m*(ais, et, ets) (a/à/as)* chant*(er, é) :* – 3. « Petite sour*(i, ie, is)*, Petite am*(i, ie, is)*, Viens par ici, Parle avec mes petit*(s)* poisson*(s)*, *(Et/Est/Es)* tu auras du saucisson ! » – 4. La petite sour*(i, ie, is)* **accour***(e, t)*, je la m*(ais, et, ets)* au courant • elle tradu*(i, ie, is, it)*, puis re**cueill***(e, es, ent)* • la réponse *(et/est)* transm*(ait, et, ets) (a/à/as)* Bachir : « Pipi pirripipi hippi hippi hip ! » – 5. « Qu'*(es, est, ai)*-*(ce/se)* qu'elle d*(i, ie, is, it)* ? » – 6. *(Et/Es/Est/Ai)* Bachir me tradu*(i, ie, is, it)* : – 7. « Demande *(a/à/as)* la sorcière • une branche de l'arbre *(a/à/as)* macaroni, *(et/est)* repique-la dans ton jardin pour *(voir/voire)* si elle*(s)* pouss*(e, es, ent)* ! » (P. Gripari, *Contes de la rue Broca,* « La sorcière du placard aux balais ».)

LES MOTS DE LA FAMILLE : À VOS DICTIONNAIRES !

courir : → un coureur(-euse), courant(e), le courant (électrique), être au courant, couramment – accourir – recourir, un recours – secourir, un secours, secourable, un secouriste, le secourisme – concourir, le concours – parcourir, le parcours – discourir, le discours, un discoureur – encourir.

Mais : le courrier, la chasse à courre – un concurrent, la concurrence, concurrencer, concurrentiel – occurrent(e), une occurrence – récurrent, la recurrence.

le sorcier(-ère) → sorcellerie, ensorceler, ensorcellement, ensorcelant, ensorceleur. **/sort** → sortilège.

PRÉSENT DE L'INDICATIF, 3e GROUPE
8. VERBES EN -IR (SAUF -TIR ET -OIR)

LEÇON

tenir	venir	courir	acquérir
je **tiens**	je **viens**	je **cours**	j' **acquiers**
tu **tiens**	tu **viens**	tu **cours**	tu **acquiers**
il **tient**	il **vient**	il **court**	il **acquiert**
nous **ten**ons	nous **ven**ons	nous **cour**ons	nous **acqué**rons
vous **ten**ez	vous **ven**ez	vous **cour**ez	vous **acqué**rez
ils **tienn**ent	ils **vienn**ent	ils **cour**ent	ils **acquiè**rent

▶ Ils font **-s, -s, -t** aux trois personnes du singulier.

▶ **Ils se caractérisent par un changement de radical à la 1re et à la 2e personne du pluriel (sauf** *courir : je cours → nous courons*).

servir : *je sers → nous ser**v**ons*
dormir : *je dors → nous dor**m**ons*
bouillir : *je bous → nous bou**ill**ons*
mourir : *je meurs → nous mourons → ils meurent*
fuir : *je fuis → nous fu**y**ons → ils fuient*

▶ Notez le redoublement du **-n** à la 3e personne du pluriel de *tenir* et *venir,* et le changement d'accent d'*acquérir.*

Attention à *courir* et *mourir* qui ne prennent qu'un **-r**.

Un truc : « *On ne meurt qu'une fois et, tous, nous courons à la mort.* »

EXERCICES

1. Conjuguez.

1. J'appartiens à la classe de ... – 2. Je deviens grand. – 3. Je dors debout.

2. Mettez à la 2e personne du singulier, puis du pluriel.

1. appartenir	3. mourir	5. devenir	7. fuir	9. obtenir	11. servir
2. intervenir	4. retenir	6. détenir	8. dormir	10. acquérir	12. parcourir

3. Mettez les verbes entre parenthèses au présent de l'indicatif.

a) 1. Tu *(s'endormir)* au soleil. – 2. Des oiseaux chanteurs *(parcourir)* tes rêves. – 3. Une fourmi *(survenir)* et *(parcourir)* ton nez. – 4. Tu *(crier)* et elle *(s'enfuir)*. – 5. Tu *(se rendormir)*.

b) 1. Je *(se souvenir)* des vacances que j'ai passées chez toi l'été dernier. – 2. Je te *(prévenir)* : je *(revenir)* cette année, si cela te *(convenir)*. – 3. J'*(accourir)* à l'instant. – 4. Je *(redevenir)* amoureux de la nature. – 5. Je *(s'enfuir)* de la ville.

4. Mettez au présent de l'indicatif les verbes entre parenthèses.

1. La nouveauté de la vapeur *(conquérir)* tous les esprits. – 2. Les fermiers n'*(accourir)* plus en longues files porter leur blé à moudre aux moulins à vent, et *(s'abstenir)* maintenant de le leur donner. – 3. Les pauvres moulins à vent ne *(parvenir)* plus à trouver de l'ouvrage et *(mourir)* l'un après l'autre. – 4. Un seul *(se*

maintenir) : celui qui *(appartenir)* à Maître Cornille. – 5. Ce dernier *(bouillir de colère)* et *(devenir)* de plus en plus maigre, déguenillé et misérable ; mais il *(soutenir)* que ses commandes *(provenir)* de l'étranger. – 6. Il *(entretenir)* jalousement son secret en ne laissant personne pénétrer dans son moulin. – 7. Par hasard, sa petite-fille Vivette *(découvrir)* son secret : il ne *(détenir)* pas la moindre farine dans son moulin ! Vivette *(prévenir)* le village. – 8. Les villageois *(intervenir)* et *(accourir)* porter du blé au vieux meunier. – 9. Son moulin *(redevenir)* un moulin vivant. (D'après A. Daudet, *Les Lettres de mon moulin.*)

5. Indiquez l'infinitif et mettez les terminaisons convenables.

1. Je redor... la reliure de ce vieux livre. – 2. Quand mon réveil sonne, je redor... encore un peu avant de me lever. – 3. Il se ser... d'une fourchette. – 4. Elle se ser... tendrement contre lui.

6. Même exercice.

1. Tu cour... comme un lièvre. – 2. J'acquier... de nouvelles terres. – 3. Il meur... de faim. – 4. Tu fui... devant l'ennemi. – 5. Il sui... la rivière. – 6. Tu bourr... ta pipe. – 7. Je per... la boule. – 8. Elle beurr... sa tartine. – 9. Tu t'appui... sur ton fusil. – 10. Je sui... jolie. – 11. Je m'essui... les mains.

7. Écrivez correctement la fin de l'infinitif (-r **ou** -re). (*Voir* fiche 20 **Truc**).

1. deveni... – 2. fui... – 3. se reprodui... – 4. couri... – 5. détrui... – 6. sédui... – 7. condui... – 8. cui... – 9. suffi... – 10. inscri... – 11. dormi... – 12. obteni... – 13. tradui... – 14. servi... – 15. préveni... – 16. acquéri... – 17. nui... – 18. prédi...

DICTEE A CHOIX MULTIPLES

Le théâtre de marionnettes. – 1. L'enfant *(ce/se)* faufil*(e, es, ent)* dans l'enclos • – 2. Il **att***(eins, ains, eint, aint, eind)* la maison, trouv*(e, es, ent)* la porte *(et/est)*, *(a/à/as)* tâtons • il cherch*(e, es, ent)* la serrure • . – 3. Mais *(ces/ses/c'est)* main*(s)* ne rencontr*(e, es, ent)* que le vide... – 4. *(Cet/Cette/C'est)* étrange maison, sans souci des voleur*(s)*, repos*(e, es, ent)* en *(plaine/pleine)* nu*(i, is, it)*, la porte grande ouverte... – 5. Le mauvais garnement hésit*(e, es, ent)* • trembl*(e, es, ent)*... – 6. Il avanc*(e, es, ent)* • cependant *, *(par/part)* amour-propre ; mais il *(a/à/as)* chaud, sa gorge brûl*(e, es, ent)*, il meur*(e, s, d, t)* de soif. – 7. Soudain, il découvr*(e, es, ent)* une chambre. – 8. Un vieil*(le)* homme y *(dore/dort)* sur le dos. – 9. *(Et/Es/Est/Ai)* *(près/prêt)* de lui, *(a/à/as)* *(son/sont)* chevet, sur une assiette peinte, il y a une pêche, juteuse *(a/à/as)* *(poing/point)*. – 10. L'enfant voleur *(tend/tant)* sa main *(vers/verre/vert/vair)* le fruit *(et/est)* le port*(e, es, ent)* *(a/à/as)* sa bouche. Quel*(le)* goût ! quel*(le)* douce**ur** • ! Mais *(ce/se)* n'*(et/es/est/ai)* pas un fruit ! Cela vous empli*(e, s, t)* tout le *(cor/corps)* • , cela vous tir*(e, es, ent)* toute l'âme ! *(Ou/Où)* suis-je ?... Il cr*(i, ie, is, it)* !... (H. Bosco, *L'Enfant et la rivière.*)

LES MOTS DE LA FAMILLE : À VOS DICTIONNAIRES

tâter → **tâ**tonner, à **tâ**tons, un **tâ**tonnement.

serrer → un se**rr**ement, le se**rr**age, une se**rr**e, se**rr**é(e), une se**rr**ure, le se**rr**urier, la se**rr**urerie – dess**err**er, le dés**err**age – ress**err**er, une ress**err**e, un ress**err**ement.

emplir → **empl**issage – r**empl**ir, r**empl**issage – dés**empl**ir ; ≠ **ample** → **ampl**ement, l'**ampl**eur, l'**ampl**itude, **ampl**ifier, un **ampl**ificateur, l'**ampl**ification.

hésiter → l'**h**ésitation, **h**ésitant.

PRÉSENT DE L'INDICATIF, 3e GROUPE
9. VERBES EN -TIR

LEÇON

- Les verbes en **-tir** perdent leur *-t* de l'infinitif au singulier.
  Sauf : *vêtir* et ses composés → *je vêts, nous vêtons.*
- A l'infinitif, ils s'écrivent toujours **t.i.r.**

sentir	**sortir**
je sens	je sors
tu sens	tu sors
il sen**t**	il sor**t**
nous sen**tons**	nous sor**tons**
vous sen**tez**	vous sor**tez**
ils sen**tent**	ils sor**tent**

EXERCICES

1. Conjuguez.
1. Je pars de bonne heure le matin. – 2. Je ne mens jamais.

2. Mettez à la 2e personne du singulier, puis du pluriel.

1. consentir 3. démentir 5. repartir 7. se repentir
2. ressortir 4. revêtir 6. pressentir 8. se dévêtir

3. Mettez les verbes entre parenthèses au présent de l'indicatif.
1. Jacques me *(mentir)*. – 2. Je le *(sentir)*. – 3. J'en *(ressentir)* de la colère. – 4. Je *(sortir)* un instant pour me calmer et le laisser réfléchir. – 5. Quand je *(revenir)*, il *(repartir)* dans les mêmes mensonges. – 6. Mais voici que ses professeurs *(démentir)* ses histoires. – 7. Je le *(dévêtir)* et je lui donne une fessée. – 8. Il *(se repentir)*.

4. Ne confondez pas les verbes en -tir **du 3e groupe et ceux du 2e groupe. Mettez les verbes suivants à la 3e personne du pluriel.**

1. avertir 3. se dévêtir 5. aboutir 7. bâtir 9. consentir 11. rôtir
2. ressortir 4. réassortir 6. aplatir 8. mentir 10. ralentir 12. polir

5. Remplacez les points par les terminaisons convenables. Pensez à l'infinitif.
1. Je par... en voyage. – 2. Il par... à virer sur son voilier. – 3. Tu essor... le linge. – 4. Tu sor... de la pièce. – 5. Tu te mor... la langue. – 6. Je revê... mon uniforme. – 7. Je vai... au marché. – 8. Je fai... les courses. – 9. Ton nez dépar... ton visage.

6. Même exercice que le no 5.
1. Je descen... l'escalier. – 2. Je sen... le courant d'air. – 3. J'enten... du bruit. – 4. Il pressen... ce qui va arriver. – 5. Ensuite, il atten... les événements. – 6. Tu repen... ton imperméable au portemanteau. – 7. Tu te repen... de n'avoir pas pris plutôt ton parapluie. – 8. Tu éten... la main, et tu sen... des gouttes.

7. Même exercice que le n° 5.
1. Tu rev... ton déguisement de vampire. – 2. Tu m... tes fausses dents. – 3. Tu f... des gestes de chauve-souris. – 4. Tu ess... ton air « assoiffé de sang ». – 5. Tu s... y faire. – 6. Tout cela f... vrai. – 7. Tu effr... les passants.

8. Remplacez les points par les terminaisons convenables. Pensez à l'infinitif.
1. Elle décor... le sapin de Noël. – 2. Elle ressor... les guirlandes de l'an dernier. – 3. Elle détor... l'étoile. – 4. Elle sen... un manque. – 5. Elle suspen... les cadeaux.

DICTEE A CHOIX MULTIPLES

(L'aviateur répare son avion et les questions du Petit Prince le dérangent !)
Une réponse hâtive • – 1. « – Un mouton mange tout ce qu'il rencontre, même * les **fleurs** qui *(on/ont)* des épines. – 2. – Alors, les épines, *(a/à)* **qu**oi serv*(e, es, ent)*-elle*(s)* ? – 3. – Les épines, *(ça/sa)* ne *(serre/sers/sert)* *(a/à)* rien. – 4. *(Ces/Ses/ C'est)* de la pure méchance**té** de la *(par/pare/part)* des **fleurs** ! – 5. – *(Ô/Oh/Ho)* ! Je ne te croi*(e, es, s, t)* pas ! – 6. Les **fleurs** *(son/sont)* faibles. – 7. Elle*(s)* *(ce/se)* rassur*(e, es, ent)* • comme elle*(s)* peuv*(e, es, ent)*. – 8. Elle*(s)* *(ce/se)* croi*(e, es, ent, t, s)* terribles • avec leurs épines... – 9. *(Et/est)* tu *(crois/croîs)*, toi, que les **fleurs**... – 10. – Mais non ! Mais non ! Je ne *(crois/croîs)* rien ! – 11. J'*(ai/es/est)* répondu n'importe quoi. Je m'**occ**upe, moi, de choses sérieuses ! – 12. – De choses sérieuses ! Tu parl*(e, es, ent)* comme les grandes personnes • ! – 13. Tu confon*(d, ds, t, s)* tout ! – 14. Tu mélang*(e, es, ent)* tout ! – 15. Je connai*(s, es, t, ts)* une plan**è**te *(ou/où)* il y *(a/à)* un Monsieur cramoisi. – 16. Il n'*(a/à)* jamais rien fait d'autre que des **add**itions, et toute la journ**ée,** il répète comme toi : " Je *(suie/suis)* un homme • sér**ieux** ! " – 17. Mais *(ce/se)* n'*(et/ai/est)* pas un homme, *(ces/ses/c'est)* un champignon • ! »
(D'après A. de Saint-Exupéry, *Le Petit Prince.*)

LES MOTS DE LA FAMILLE : À VOS DICTIONNAIRES

la hâte → hâter, hâtif(-ive), **hâ**tivement.

part : expressions avec « part » → de **part** et d'autre, nulle **part**, autre **part**, quelque **part**, d'une **part**... d'autre **part**, de **part** en **part**, de toutes **parts** – avoir **part** à, prendre **part** à, faire **part** de, pour ma **part**, faire la **part**.

sûr, sûre → la **sû**reté, **sû**rement, à coup **sûr**, pour **sûr**, bien **sûr** – assurer, une ass**ur**ance, un ass**ur**eur, ass**ur**ément, ass**ur**able, un ass**ur**é – rassurer, rass**ur**ant. (Pas d'accent circonflexe dans les mots à préfixe.)

la terreur → ter**r**ible, ter**r**iblement, ter**r**ifier, ter**r**ifiant(e), ter**r**ifié(e) – ter**r**oriser, un ter**r**oriste, le ter**r**orisme.

une personne (être humain, individu) → perso**nn**el(-elle), le perso**nn**el, perso**nn**ellement, perso**nn**ifier, la perso**nn**ification, la perso**nn**alité, perso**nn**aliser, la perso**nn**alisation, le perso**nn**age - imperso**nn**el(-elle), l'imperso**nn**alité, imperso**nn**ellement – déperso**nn**aliser, déperso**nn**alisation.

un homme → un bonho**mm**e, un surho**mm**e, un gentilho**mm**e, un prud'ho**mm**e → des bonsho**mm**es, des surho**mm**es, des gentilsho**mm**es, des prudho**mm**es – la gentilho**mm**erie, une gentilho**mm**ière – un ho**mm**age, ho**mm**asse.
Mais : la bonho**m**ie, la prud'ho**m**ie – un ho**m**icide, un ho**m**inien, les ho**m**inidés — hu**m**ain, hu**m**ainement, l'hu**m**anité, hu**m**aniser, l'hu**m**anisation, l'hu**m**anisme, un hu**m**aniste, hu**m**anitair(e) – inhu**m**ain, inhu**m**anité, inhu**m**ainement – déshu**m**anisé(e) – surhu**m**ain.

ACCORD DU VERBE AVEC LE SUJET INVERSÉ

LEÇON

Le sujet est généralement placé avant le verbe, mais il peut arriver que le sujet soit inversé, c'est-à-dire qu'il soit placé après le verbe. En général, le sujet est inversé lorsque l'auteur cherche un effet de style en plaçant en tête de phrase un autre groupe que le sujet.

UN TRUC

Avant d'écrire la terminaison du verbe, demandez-vous toujours : **« Qui est-ce qui ? »** pour accorder le verbe avec son sujet.

Ex. : *« Au bord d'un clair ruisseau buv**ait** **une colombe.** »*
(La Fontaine)
Qui est-ce qui buvait ? *une colombe* = sujet de *buvait.*
La phrase commence par un complément circonstanciel de lieu.

EXERCICES

1. Soulignez le groupe sujet. Accordez le verbe (au présent). Analysez le groupe qui suit le verbe. Puis inversez l'ordre de la phrase en mettant le complément en tête de phrase.

Ex. : *Une immense forêt* (se trouver) *dans ces contrées lointaines.*
sujet — verbe — compl. circonstanciel de lieu
→ *Dans ces contrées lointaines se trouve une immense forêt.*

1. Une cheminée *(fumer)* aux environs. – 2. De pauvres bûcherons *(habiter)* dans cette pauvre maison. – 3. Des jours très difficiles *(arriver)* à la fin de l'hiver. – 4. La famine *(régner)* en ces temps-là. – 5. Les parents *(se diriger)* vers la forêt. – 6. Leurs sept garçons *(marcher)* derrière eux à la queue leu leu. – 7. Le Petit Poucet *(traîner)* derrière ses frères. – 8. Des cailloux blancs *(tomber)* de sa main.

2. Soulignez le sujet et accordez le verbe au présent de l'indicatif.

1. A nos pieds *(s'incurver)* la vallée de Chamonix. – 2. De la montagne où nous *(être),* bien petites me *(sembler)* les maisons dans la vallée ! – 3. Et sur la route *(rouler)* de minuscules autos ! – 4. Au milieu des maisons *(pointer)* un clocher. – 5. A notre gauche *(s'élever)* les Aiguilles Rouges au-dessus desquelles *(régner)* le ciel le plus serein. – 6. A notre droite, nous *(dominer)* le mont Blanc sur lequel *(commencer)* à se former ce nuage blanc caractéristique que les gens d'ici *(appeler)* « l'âne ». – 7. Puis, très vite *(arriver)* des nuages. – 8. A peine *(être)* nous à l'abri que *(gronder)* le tonnerre.

3. Accordez le verbe entre parenthèses au présent. Puis insistez sur le complément du verbe en utilisant la locution c'est... que (**ou** ce sont... que).

Ex. : *Patricia est née au Kenya → C'est au Kenya qu'est née Patricia.*

1. Patricia *(être)* née au Kenya. – 2. La petite fille *(habiter)* dans une réserve d'animaux sauvages. – 3. Son père, Bullit, *(observer)* les animaux. – 4. La petite fille ne *(jouer)* pas avec des jouets. – 5. Cette petite sauvage *(préférer)* jouer avec un lionceau. – 6. Des tribus sauvages *(chasser)* aussi dans la brousse. – 7. Des chasseurs orgueilleux *(rêver)* de tuer le lion de Patricia. (D'après J. Kessel, *Le Lion.*)

4. Soulignez le sujet et accordez le verbe au présent de l'indicatif.

1. C'est dans les contrées les plus chaudes d'Amérique, entre les tropiques que *(se trouver)* toutes les espèces d'oiseaux-mouches. – 2. C'est la lumière et la chaleur qu'*(aimer)* cet oiseau, et surtout les fleurs dont il *(avoir)* besoin toute l'année pour se nourrir. – 3. En effet, les oiseaux-mouches *(sucer)* les fleurs où *(abonder)* le pollen qu'ils *(pomper)* avec leur petite langue en forme de tuyau. – 4. Minuscule *(être)* cet oiseau. – 5. Certains *(être)* plus petits qu'un bourdon.

DICTEE A CHOIX MULTIPLES

(Tom, un enfant pauvre, se trouve à la place du jeune roi Edouard VII d'Angleterre.)

La *(cour/cours/court)*. – 1. Au*(x)* *(fond/fonds/font)* des vestib**ules** sonores • retenti*(e, s, ent, t)* une sonnerie • de tromp**ette** *(et/est)* le cortège s'avance • majestueusement •. – 2. D'abord * vienn*(e, es, ent)* les gentil*(s)*homme*(s)* • baron*(s)*, *(contes/comtes • /comptes)*, chevalier*(s)* ; – 3. ensuite * march*(e, es, ent)* le Chancelier précéd*(é, er)* • d'un gentilhomme qui port*(e, es, ent)* le sceptre roy**al** ; – 4. derrière * lui, un autre gentilhomme • port*(e, es, ent)* le glaive • de l'*(État/état)* dans un fourreau • rouge orn*(é, er)* de fleu*(r, rs)* de lis. – 5. Enfin * par*(ais, ait, aît)* le Roi lui-même. – 6. À *(son/sont)* entr*(é, ée, er)*, douze tromp**ette***(s)* *(et/est)* plusieurs * tamb**our***(s)* le salu*(e, es, t, ent)* tandis * que dans la tribune tous les assistant*(s)* debout * pouss*(e, es, ent)* le cri : « Dieu sauv*(e, es, ent)* le Roi ! » – 7. Derrière * le Roi entr*(e, es, ent)* les gentil*(s)*homme*(s)* • **att**ach*(é, er, és)* *(a/à)* *(son/sont)* service*(s)*, et *(a/à)* sa droite *(et/est)* *(a/à)* sa gauche, march*(e, es, ent)* *(ces/ses/c'est)* garde*(s)* du *(cor/corps)*. – 8. Tout cela *(et/est)* très beau*(x)*. – 9. Le cœur de Tom ba*(s, t)* *(a/à)* *(ce/se)* rompre *(et/est)* *(ces/ses/c'est)* yeux brill*(e, es, ent)* de **joie.** (M. Twain, *Le Prince et le pauvre.*)

LES MOTS DE LA FAMILLE : À VOS DICTIONNAIRES !

le son → son**n**er, une son**n**ette, une son**n**erie, un son**n**eur, un son**n**et, les son**n**ailles. Mais : une sonate ; → asson**n**er. Mais : une asso**n**ance ; conso**nn**er, une conso**nn**e. Mais : une conso**n**ance ; → disso**n**er, une disso**n**ance – sonore, la sonorité, la so**n**orisation (in)so**n**oriser – mal**sonn**ant – superso**n**ique – un so**n**ar – à l'unis**son**.

avant → avancer, avancé, l'avance, une avancée, l'avancement – avantage, avantager, av**a**ntageux(-euse), avantageusement – désav**a**ntage, désav**a**ntager, désav**a**ntageux(-euse), désav**a**ntageusement – auparav**a**nt – doréna**v**ant – dev**a**nt → devancer, la dev**a**nture, un devancier.

la majesté → majestueux, majestueusement – majeur(e), majorer, la majorité, majoritaire, une majoration, un major, un majordome, une majorette – une majuscule.

un comte → un **com**té, une **com**tesse, **com**tal(e) – la Franche-**Com**té : **comp**tois(e), le **com**té ou conté (fromage) – un vi**com**te, une vi**com**tesse, la vi**com**té, vi**com**tal(e).

céder → précéder – accéder (voir accès *) – procéder – concéder – succéder – décéder – intercéder – excéder.

le glaive (*gladius* = épée) → le gladiateur – le glaïeul.

fourrer → un fou**rr**é, fou**rr**é(e), la fou**rr**ure, un fou**rr**eau, un fou**rr**eur, le fou**rr**ier, le fou**rr**age, fou**rr**ager, fou**rr**ager(-ère), une fou**rr**agère, la fou**rr**ière, un fou**rr**e-tout.

PRÉSENT DE L'INDICATIF, 3e GROUPE
10. CUEILLIR, OUVRIR, OFFRIR ALLER ET S'EN ALLER

LEÇON

▶ Certains verbes du 3e groupe se conjuguent, au présent, comme des verbes du 1er groupe, et font **-e, -es, -e** au singulier.

▶ Le verbe **aller**, lui, a une terminaison en **-er** à l'infinitif. Il ressemble à un verbe du 1er groupe, mais c'est un verbe irrégulier du 3e groupe.

cueillir		aller		s'en aller	
je	cueill**e**	je	**vais**	je	m'en **vais**
tu	cueill**es**	tu	**vas**	tu	t'en **vas**
il	cueill**e**	il	**va**	il	s'en **va**
nous	cueill**ons**	nous	**allons**	nous	nous en **allons**
vous	cueill**ez**	vous	**allez**	vous	vous en **allez**
ils	cueill**ent**	ils	**vont**	ils	s'en **vont**

ATTENTION !
Le **en** du verbe *s'en aller* est **invariable** et se place toujours juste devant le verbe.

EXERCICES

1. Mettez à la 1re personne du singulier puis du pluriel.

1. ouvrir une lettre – 2. bien se couvrir – 3. offrir des fleurs – 4. assaillir les ennemis – 5. souffrir des dents – 6. tressaillir de joie – 7. défaillir de faim.

2. Mettez les phrases suivantes à la 2e personne du singulier, puis du pluriel.

1. accueillir les invités – 2. rouvrir une blessure – 3. découvrir le pot aux roses – 4. recouvrir un fauteuil – 5. recueillir une orpheline – 6. entrouvrir les yeux.

3. Mettez à la personne convenable du présent le verbe entre parenthèses.

1. Tu *(cueillir)* des prunes. – 2. Tu en *(offrir)* à ta maman. – 3. Elle les *(accueillir)* avec joie. – 4. Elle les *(ouvrir)*, pour voir s'il n'y a pas d'asticot. – 5. Elle *(tressaillir)* parce que, justement, il y en a un. – 6. Les guêpes *(assaillir)* le pot de confiture et *(recueillir)* le jus sucré. – 7. Le matin, il *(entrouvrir)* sa fenêtre. – 8. S'il fait beau, il l'*(ouvrir)* toute grande. – 9. S'il fait froid, il la *(refermer)* et *(se couvrir)* bien pour sortir. – 10. Ensuite, il ne la *(rouvrir)* plus.

4. Mettez le verbe entre parenthèses au présent. Attention au groupe !

1. Un poulet *(rôtir)* dans le four. – 2. J'*(ouvrir)* la porte du four. – 3. Je *(se roussir)* les sourcils en approchant mon visage trop près du gaz. – 4. Je *(réussir)* pourtant à attraper le poulet. – 5. J'en *(offrir)* aux invités. – 6. Ils *(remplir)* leur assiette. – 7. Ils *(se réjouir)*. – 8. Je *(souffrir)* encore un peu de ma brûlure.

5. Mettez les verbes entre parenthèses au présent de l'indicatif.

1. Je *(cueillir)* tranquillement des fleurs. – 2. Tu *(survenir)* et tu *(tirer)* mes nattes. – 3. Je *(tressaillir)* et je *(s'enfuir)*. – 4. Je *(courir)* aussi vite que je le *(pouvoir)*. –

5. Tu me *(rattraper)*. – 6. Je *(mourir)* de peur. – 7. Je *(fermer)* les yeux. Rien ne *(venir)*. – 8. Je les *(rouvrir)*. – 9. Tu *(rire)* et m'*(offrir)* la paix.

6. Remplacez les points par le présent de l'indicatif du verbe aller.

1. Je ... au cinéma. – 2. Tu ... à bicyclette. – 3. Il ... doucement. – 4. Nous ... à fond de train. – 5. Vous ... bien. – 6. Ils ... très mal. – 7. Ce plat ... au feu. – 8. Je ... me coucher. – 9. Ils ... trop loin. – 10. Nous ... bien ensemble. – 11. Cela ... tout seul. – 12. Les joueurs y ... de bon cœur. – 13. Tu ... en Angleterre. – 14. Vous ... votre petit bonhomme de chemin. – 15. Tous les chemins ... à Rome.

7. Remplacez les points par le présent de l'indicatif du verbe s'en aller.

1. Je ... demain. – 2. Tu ... gaiement. – 3. Vous ... de bonne heure. – 4. Les taches ... avec ce produit. – 5. Ses efforts ... en fumée. – 6. Je ... partir. – 7. Le temps ..., le temps ..., Madame/Las, le temps, non, mais nous ... (Ronsard.)

8. Mettez les verbes entre parenthèses au présent de l'indicatif.

1. Dona Severuba *(venir)* surveiller la papaye énorme qui *(mûrir)* dans son jardin. – 2. C'est aujourd'hui qu'elle la *(cueillir)*. Si elle *(attendre)* demain, elle *(aller)* s'en repentir. – 3. Dona Severuba *(regarder)* le fruit, *(hésiter)*, *(réfléchir)* et *(décider)* d'attendre encore un jour. – 4. Après le dîner, je *(prendre)* mon couteau, je *(retenir)* ma respiration et *(ouvrir)* ma fenêtre sans faire de bruit. – 5. Je *(partir)* déjà quand je *(penser)* à une chose. – 6. Je *(revenir)* jusqu'à la porte de ma chambre, l'*(entrouvrir)* et *(caresser)* mon chien Tulu, qui *(dormir)* sur un petit tapis : – 7. « Surtout tu ne *(faire)* pas de bruit. Je *(aller)* sortir. » – 8. Je *(se laisser)* glisser dans la cour, je *(grimper)* sur les branches de notre figuier, je *(descendre)* sur le mur, *(s'asseoir)* et *(se laisser)* tomber dans le jardin voisin. – 9. De là à la papaye, il n'y a qu'une seconde : je l'*(atteindre)*, la *(tordre)* avec soin et la *(serrer)* sur mon cœur qui *(se mettre)* à battre. Pas de peur, mais de joie. (D'après José Mauro de Vasconcelos, *Allons réveiller le soleil.*)

DICTEE A CHOIX MULTIPLES

***Un (âne* • */Anne)* mystérieux.** – Je pren*(d, ds, s)* mon courage *(a/à)* deux mains : « Et d'*(ou/où)* il vien*(t, s)*, Anselme, ce*(t, tte)* *(âne/Anne)* avec *(ces/ses/c'est)* couffin*(s)* de genêt sauvage ?
– D'*(ou/où)* il vien*(t, s)* ?... Mais de là-haut *, parbleu ! De chez M. Cyprien. »
J'ouvr*(e, es, ent)* de grand*(s)* yeux.
« Tu ne connai*(t, ts, s)* pas M. Cyprien ? »
Je fai*(t, s)* signe que non.
« Et tu ne sai*(t, s)* pas *(ou/où)* *(ai/es/est)* le mas [1] de Belles-Tuiles ? » Anselme me désign*(e, es, ent)* un bois de *(pains/pins)* d'*(ou/où)* mont*(e, es, ent)* une minuscu**le** • fum**ée** bleu*(e)*.
« *(Ces/Ses/C'est)* *(la/là)* », me d*(is, it)*-il. (D'après H. Bosco, *L'Âne Culotte.*)

LES MOTS DE LA FAMILLE : À VOS DICTIONNAIRES !

un âne → une **â**nerie, un **â**nier, une **â**nesse, un **â**non, **â**nonner, un **â**nonnement – asinien(-enne). L'accent circonflexe remplace le -s- latin (*asinus* = âne).

Le suffixe **-ule** (ou **-cule**) indique la petitesse ; ex. : mont → monti**cule**, partie → parti**cule**, minus (= plus petit) → minus**cule**,...

1. Mas : *maison, ferme en Provence.*

ACCORD DU VERBE AVEC LE SUJET INVERSÉ DANS L'INTERROGATION

LEÇON

Le sujet est aussi inversé dans certaines interrogations directes :
Ex. : *Où partez-vous ?* – Qui est-ce qui part ? *vous* = sujet de *partez*.
L'inversion du sujet entraîne des modifications d'orthographe si le sujet est un pronom personnel :

- On relie le verbe et le pronom personnel qui le suit par un trait d'union.
  Ex. : *Partez-vous ?*
- Si le verbe se termine par un *-e* ou par un *-a*, on ajoute un **-t-** entre deux traits d'union entre le verbe et le pronom sujet *il*, *elle* ou *on*. Ce *-t-* rend le son plus agréable à l'oreille.
  Ex. : *Arrive-**t**-il ? Comment va-**t**-elle ?*
- L'inversion du sujet *je* avec un verbe du 1er groupe transforme le *-e* muet de la 1re personne en *-é*, avec un accent aigu.
  Ex. : *Rêv**é**-je ?*
  Cette tournure appartient à la langue soutenue *(= Est-ce que je rêve ?).*
- Pour interroger directement à la 3e personne, le sujet nominal doit être repris après le verbe sous forme de pronom personnel sujet, de même genre et de même nombre que le sujet *(il, ils, elle, elles).*
  N'oubliez pas d'accorder ce pronom personnel avec le sujet.
  Ex. : ***Les éléphants** ont-**ils** la peau grise ?*

EXERCICES

1. Questionnez avec le verbe être. **N'oubliez pas le trait d'union.**
1. ... je réveillé ? – 2. ... tu lavé ? – 3. ... il prêt ? – 4. ... nous partis, oui ou non ? – 5. ... vous pressés maintenant ? – 6. ... ils à l'heure ? – 7. ... tu coquette ? – 8. ... nous à la mode ? – 9. ... je en retard d'un siècle ? – 10. ... vous allées chez le coiffeur ? – 11. ... elles satisfaites de leur coupe ? – 12. ... elle bien maquillée ?

2. Questionnez avec le verbe avoir **au présent de l'indicatif.**
1. ... je bon caractère ? – 2. ... tu envie d'assommer ton voisin ? – 3. ... il des colères fréquentes ? – 4. ... nous l'air dans la lune ? – 5. ... vous l'humeur gaie ? – 6. ... ils des sautes d'humeur ? – 7. ... vous faim ? – 8. ... je le courage de préparer le dîner ? – 9. ... nous de quoi dîner ? – 10. Y ... il encore des nouilles dans le placard ? – 11. ... tu le temps de mettre le couvert ? – 12. ... ils vraiment besoin de manger ?

3. Remplacez les points par le verbe penser **au présent de l'indicatif.**
1. Que pens... tu de ce film ? – 2. Qu'en pens... Valérie ? – 3. Qu'en pens... tes amis ? – 4. Et vous, qu'en pens... vous ? – 5. Et moi, au fond, qu'en pens... je ?

4. Supprimez est-ce que **et interrogez directement, en inversant le sujet.**
1. Est-ce que vous allez à la piscine cet après-midi avec Marc et Robert ? – 2. Est-ce qu'ils sont gentils ? – 3. Est-ce qu'on s'amuse bien avec eux ? – 4. Est-ce que

vous irez chez Chantal et Claire mercredi ? – 5. Est-ce qu'elles ont tout préparé ? – 6. Et toi, Frédéric, est-ce que tu acceptes mon invitation pour dimanche ?

5. Supprimez est-ce que **et interrogez directement, en inversant le sujet.**
1. Est-ce que nous avons encore le temps de bavarder ? – 2. Est-ce qu'il arrive ? – 3. Est-ce que tu as fait ton exercice ? – 4. Est-ce qu'il nous rapporte la dictée ? – 5. Est-ce que j'ai fait beaucoup de fautes ? – 6. Est-ce qu'il a la même cravate qu'hier ? – 7. Est-ce qu'il va m'interroger ? Chut ! Le voilà !

6. Exercice oral. Supprimez est-ce que **et interrogez directement, en reprenant le sujet par le pronom personnel qui convient, comme au § 4 de la leçon.**
1. Où est-ce que les éléphants vivent, en Australie, en Afrique, en Amérique du Sud, en Russie, aux Indes ? – 2. Quelle nourriture est-ce que les éléphants mangent, des fruits, du petit gibier, de l'herbe, des gazelles ? – 3. Pendant combien de temps est-ce que l'éléphante porte son petit, 5 mois, 9 mois, 2 ans ? – 4. Comment est-ce que le petit de l'éléphant s'appelle ? – 5. Combien est-ce que les défenses d'un grand éléphant adulte peuvent peser, 3 kg, 70 kg, 250 kg, 450 kg ? – 6. Est-ce que les éléphants peuvent être domestiqués ? – 7. Pourquoi est-ce qu'on chasse l'éléphant ? (Il n'est pas défendu d'essayer de répondre aux questions.)

7. Même exercice qu'au n° 6.
1. Où est-ce que les chamois habitent ? en Beauce, dans les Alpes, dans l'Himalaya, dans les Pyrénées ? – 2. Est-ce que c'est vrai que le chamois s'appelle « isard » dans les Pyrénées ? – 3. Est-ce qu'un chamois a des cornes ? – 4. Est-ce qu'un chamois a une longue queue ? – 5. Comment est-ce que les chamois se nourrissent ? – 6. Est-ce que le chamois rumine comme une vache ? – 7. Est-ce que les chamois vivent isolés ou est-ce qu'ils vivent en petites troupes, en « hardes » ? – 8. Pourquoi est-ce qu'on chasse les chamois ? – 9. Qu'est-ce qu'on fabrique avec leur peau ? – 10. Est-ce que la couleur « chamois » est rouge, jaune, marron ?

DICTEE A CHOIX MULTIPLES

Lettre de vacances • – 1. Rien n'*(ai/es/est)* plus beau que la source. – 2. Que n'*(ai/es/est)*-tu *(la/là)* ! – 3. Il y *(a/à)* des martins-pêcheurs qui frôl*(e, es, ent) l'(étang/étant)*. 4. Tout sen*(s, t)* la verd**ure** et la viol**ette.** – 5. Et *(ou/où) (ai/es/est)*-tu ? – 6. Dans quel*(le)* train ? Dans quel*(le)* bateau ? Dans quel*(le)* maison ? *(A/As/À)*-tu un patio [1] plein d'orang**er***(s)*, pavé de d**alle***(s)* sur lesquelle*(s)* claqu*(e, es, ent)* les pieds nus des serviteurs et les babouches des intendants ? – 7. **Cueill***(es, ent)*-tu des citrons *(a/à/as)* l'arbre ? – 8. *(Voies/Vois)*-tu la mer ? – 9. Mang*(e, es, ent)*-tu le « méchoui [2] » ? 10. Boi*(e, es, s, t)*-tu l'eau des alcarazas [3], qui sen*(d, s, t)* la rose *(ai/es/et/est)* le moisi ? – 11. Bien *(sur/sûr)*, tu *(a/à/as)* du sol**eil,** du vent tiède, des fleurs partout * ! 12. Il me tard*(e, es, ent)* de te retrouv*(é, er, ée)* et de t'entendre parl*(é, er, ée)* de l'Espagne. (D'après M. Moreno, *Colette, Lettres à M. Moreno.*)

1. Patio : *cour intérieure.* – 2. méchoui : *mouton entier cuit à la broche.* – 3. alcarazas : *cruche de terre poreuse.*

AUTRES CAS D'ACCORD DU VERBE AVEC LE SUJET INVERSÉ

LEÇON

Le sujet est encore inversé dans deux autres cas :

- Toujours dans les **propositions incises** (petites propositions intercalées entre deux virgules généralement pour indiquer qui parle) :
  Ex. : *Je ne sais rien, pleurnich**e-t-il.***
  Qui est-ce qui pleurniche ? *Il* = sujet de *pleurniche.*
- Toujours, **en langue soutenue**, après quelques adverbes placés en tête de phrase comme : *ainsi, à peine, encore, peut-être, sans doute, aussi (= c'est pourquoi), tout au plus.*
  Ex. : *Sans doute vous décider**ez-vous** à la dernière minute...*
  Qui est-ce qui « déciderez » ? = *vous,* sujet de *déciderez.*

EXERCICES

1. Faites apparaître ce qu'a vraiment dit le personnage.
Ex. : *Le directeur de la colonie nous dit que nous allons faire un jeu de nuit → « Vous allez faire un jeu de nuit », nous dit le directeur de la colonie.*
N'oubliez ni les guillemets ni les virgules.
1. Calixte crie qu'il cherche sa lampe électrique. – 2. Il dit qu'elle sera utile. – 3. Bertin s'écrie que, lui, il a besoin de sa boussole. – 4. Mais il ajoute qu'il ignore comment s'en servir. – 5. Le chef nous recommande de ne pas nous éparpiller. – 6. Il nous conseille de nous arrêter et de réfléchir. – 7. Il précise qu'il faut aller vers l'est. – 8. Calixte demande où est l'est. – 9. Le chef, pour l'aider, lui demande de quel côté se lève le soleil. – 10. Calixte réplique aussitôt qu'il se lève du côté du lit de Gualbert. (D'après R. Goscinny, *Les Vacances du petit Nicolas.*)

2. Même exercice que le n° 1.
1. Le surveillant, nommé le Bouillon, nous annonce que la maîtresse est malade. – 2. Les grands m'expliquent qu'il doit son nom aux yeux du bouillon. – 3. Il demande sans cesse aux élèves de le regarder dans les yeux. – 4. Aujourd'hui, il nous demande qui est le meilleur élève de la classe. – 5. Les copains répondent que c'est Agnan. – 6. Le Bouillon lui ordonne de surveiller ses camarades. – 7. Agnan, tout content, nous propose de faire un problème. – 8. Les copains le menacent de lui casser la figure. *(Ibidem.)*

3. Réécrivez les phrases suivantes en langue soutenue.
1. Il sait sa leçon ? – 2. Peut-être il s'imagine la savoir. – 3. Sans doute il sera interrogé. – 4. A peine il a ouvert son livre. – 5. Tout au plus il l'a feuilleté.

4. Même exercice que le n° 3.
1. Nicolas voit un petit chien qu'il croit perdu. – 2. Il pense : « Peut-être papa et maman seront contents si je le ramène à la maison. – 3. Sans doute il va garder la maison. – 4. Encore il faudrait qu'il ne déchire pas les fauteuils. » – 5. Mais tout au plus il peut l'introduire dans le jardin. – 6. A peine son père commence à lui construire une niche qu'un monsieur vient le réclamer. *(Ibidem.)*

FICHE 38

PLURIEL DES NOMS ET DES ADJECTIFS (1)

LEÇON

RÈGLE GÉNÉRALE

Pour mettre au pluriel un nom ou un adjectif, on ajoute un **-s** au singulier.
Ex. : *un chien méchant → des chien**s** méchant**s**.*

ATTENTION AUX EXCEPTIONS !

► **1.** Les noms et les adjectifs qui finissent au singulier par **-s, -x,** ou **-z** ne changent pas au pluriel.
Ex. : *un jus exquis → des jus exquis*
un époux grincheux → des époux grincheux
un nez → des nez (il n'y a pas d'adjectif en *-z*).

UN TRUC

Pour savoir s'il y a un **-s** à la fin de l'adjectif masculin singulier, pensez au féminin.
Ex. : *des maris soumi**s** → une femme soumi**se** ⇒ un mari soumi**s**.*
*des maris endormi**s** → une femme endormi**e** ⇒ un mari endormi.*

► **2.** Les noms et les adjectifs en **-au**, **-eau** et **-eu** ont le pluriel en **-x** (sauf *pneu* et *bleu* qui prennent un **-s**).
Ex. : *le beau château → les beau**x** château**x***
*un noyau → des noyau**x***
*un feu → des feu**x***
(mais : *les pneu**s** sont rarement bleu**s**.*)

UN TRUC

– Les noms masculins terminés par le son « **eu** » s'écrivent tous **e.u.**
Sauf : *un nœ**ud**, des bœu**fs**, des œu**fs***. – Retenez : *un v**œu**.*
– Les adjectifs terminés par le son « **eu** » s'écrivent tous **e.u.x. sauf** ***bleu.***

► **3.** Les noms et les adjectifs en **-al** ont le pluriel en **-aux**.
Ex. : *un animal amical → des anim**aux** amic**aux**.*
Sauf :
– six noms qui prennent un **-s :** *bal, carnaval, chacal, festival, récital, régal.*
Pour un 7ᵉ : *idéal,* on peut dire *des idéal**s*** ou *des idé**aux**.*
– cinq adjectifs qui prennent un **-s :** *bancal, fatal, final, natal, naval.*

EXERCICES

1. Mettez au pluriel.

1. un cinéma ouvert – 2. un garçon adroit – 3. un nez pointu – 4. une souris grise – 5. un palais splendide – 6. un tapis gris – 7. un écho joyeux – 8. une brebis laineuse – 9. un net progrès – 10. un riz collant – 11. un gaz toxique – 12. le colis

promis – 13. un puits inconnu – 14. un match nul – 15. un pays conquis – 16. un orteil velu – 17. un paradis perdu – 18. un os blanchi – 19. un lichen roux – 20. un regard narquois – 21. un succès inouï – 22. un gros radis.

2. Dans l'exercice précédent, faites la liste des noms puis des adjectifs qui se terminent par -s, -x **ou** -z **au singulier.**

3. Mettez au singulier.

1. des villageois indécis – 2. les mois vécus dans l'attente – 3. des bois touffus – 4. des chiffres précis – 5. des ventres rebondis – 6. les succès promis – 7. des enfants incompris – 8. des logis exigus – 9. de jolis pays – 10. des os pointus – 11. des bourgeois narquois – 12. des radis crus – 13. des puits perdus – 14. des chats gris – 15. les progrès accomplis – 16. des tapis bien battus.

4. Complétez votre liste de l'exercice n° 2 avec les adjectifs de l'exercice n° 3 qui ont un -s **au singulier.**

5. Mettez au pluriel.

1. le noyau du pruneau – 2. le morceau de boyau – 3. offrir un beau joyau comme cadeau – 4. serrer le tuyau avec l'étau – 5. le jeu dangereux – 6. un feu joyeux – 7. un veau, un agneau – 8. un nouveau taureau dans un troupeau – 9. un corbeau, un étourneau, un vanneau, un moineau et un gros oiseau – 10. un château sur un coteau – 11. un adieu silencieux – 12. un préau – 13. l'eau du ruisseau – 14. un pneu coûteux – 15. un seau – 16. un fléau.

6. Mettez au singulier les phrases suivantes.

1. Tapez sur les poteaux avec des marteaux. – 2. J'ai pris des peaux de blaireaux pour me faire des chapeaux – 3. Je veux de beaux tableaux dans mes nouveaux bureaux. – 4. Les sureaux sont des arbrisseaux – 5. Quittez les bateaux sur des radeaux. – 6. Apportez les gâteaux sur des plateaux.

7. *a*) Mettez au pluriel les noms ci-dessous. *b*) Dites de quels animaux ils sont les petits.

1. le lionceau – 2. le souriceau – 3. le dindonneau – 4. le pigeonneau – 5. le renardeau – 6. le lapereau – 7. le vipereau.

8. En vous reportant aux exercices n°s 5 et 6, faites la liste des noms masculins qui se terminent par le son [o] **et qui s'écrivent** -au. **Y en a-t-il beaucoup ?**

9. Mettez au singulier.

1. des vœux affectueux – 2. des neveux courageux – 3. des milieux luxueux – 4. des lieux affreux – 5. des dieux envieux – 6. des essieux boueux – 7. des cheveux roux et savonneux.

10. Mettez au pluriel.

1. un hôpital chirurgical – 2. un bocal spécial – 3. un total anormal – 4. dans le journal local, on parle d'un festival musical, d'un récital vocal, d'un bal original et d'un régal frugal – 5. un amiral génial sur un canal fluvial – 6. un cheval brutal – 7. un chacal bancal – 8. un caporal jovial et son rival déloyal au tribunal départemental – 9. un cristal idéal – 10. un jour fatal – 11. un meurtre final.

FICHE 39

PLURIEL DES NOMS ET DES ADJECTIFS (2)

LEÇON

ATTENTION AUX EXCEPTIONS ! *(suite)*

▶ **4.** Les noms et les adjectifs en **-ou** prennent un **-s** au pluriel :
Ex. : *Un toutou complètement fou → des toutou**s** complètement fou**s**.*
Sauf sept noms qui prennent un **-x** :
bijou, caillou, chou, genou, hibou, joujou, pou.

▶ **5.** Les noms en **-ail** prennent un **-s** au pluriel :
Ex. : *un détail → des détail**s**.*
Sauf six noms qui ont le pluriel en **-aux** :
bail, corail, émail, soupirail, travail, vitrail.

▶ **6.** Il y a quatre pluriels irréguliers très courants :
œil → ***yeux*** *ciel* → ***cieux*** *aïeul* → ***aïeux*** *vieil* → ***vieux.***
Attention : ***monsieur** → **messieurs***
madame** → **mesdames
mademoiselle** → **mesdemoiselles.

UN TRUC

Pour savoir si un pluriel est en **-aux** ou **-eaux**, pensez au singulier :
– un nom ou un adjectif en **-al** a le pluriel en **-aux** ;
– un nom ou un adjectif en **-eau** a le pluriel en **-eaux** ;
– un nom en **-au** a le pluriel en **-aux** ; ce sont : *noyau, boyau, joyau, tuyau, étau, préau, fléau.*

EXERCICES

1. Mettez au pluriel les noms suivants.
1. un coucou – 2. un pou – 3. un matou – 4. un kangourou – 5. un hibou – 6. un toutou tout doux – 7. un caribou – 8. un sapajou – 9. un filou – 10. un époux – 11. une nounou – 12. un voyou – 13. un bambou – 14. un houx – 15. un chou – 16. un acajou – 17. un caillou – 18. un cachou tout mou – 19. un sou – 20. un trou – 21. un bijou – 22. un clou – 23. un écrou – 24. un cou – 25. un genou – 26. une toux.

2. Ajoutez à votre liste de l'exercice n° 2 (fiche 38) les nouveaux noms et adjectifs de l'exercice ci-dessus qui ont un -x **au singulier.**

3. Mettez au singulier.
1. de doux joujoux en peluche – 2. des toux – 3. des hiboux – 4. des poux – 5. des choux – 6. des houx – 7. des bijoux – 8. des époux – 9. des genoux – 10. des cailloux roux – 11. des beurres mous.

4. Mettez au pluriel.
1. le détail du travail – 2. le bercail de la brebis – 3. le chandail de l'amiral – 4. le gouvernail du bateau – 5. le corail sous l'eau – 6. le poitrail du cheval – 7. l'épouvantail pour le corbeau – 8. le soupirail du caveau – 9. le bel éventail – 10. l'émail du joyau – 11. le vitrail de la cathédrale.

5. Mettez au singulier.

1. des canaux – 2. des émaux – 3. des maréchaux – 4. des égaux – 5. des journaux – 6. des soupiraux – 7. des hôpitaux – 8. des maux – 9. des coraux – 10. des vitraux.

6. Écrivez les terminaisons convenables : eaux **ou** aux.

1. des chap... origin... – 2. des drap.... nation... – 3. des ét... – 4. des ann... – 5. des hôpit... – 6. de b... poir... – 7. des provinci... jovi... – 8. des boc... pleins de noy... – 9. des pinc... – 10. des chât... féod... – 11. des berc... – 12. des mét... – 13. des rât... spéci...

7. Mettez au pluriel les groupes nominaux.

Madame, Mademoiselle, Monsieur, votre aïeul gâteux est au ciel et regarde de son œil chassieux le vieil olivier ombreux.

DICTEE A CHOIX MULTIPLES

Les hibou*(s, x)*. – 1. Ce *(son/sont)* les *(mers/mères)* des hibou*(s, x)*
Qui désiraient cherch*(é, er)* les pou*(s, ls, x)*
De *(leur/leurs)* enfants, *(leur/leurs)* petits chou*(s, x)*,
En les tenant sur les genou*(s, x)*.
2. *(Leur/Leurs)* yeu*(s, x)* *(dort/d'or/dorent)* val*(e, es, ent)* des bijou*(s, x)*
(Leur/Leurs) bec*(s)* *(et/est)* dur*(s)* comme caillou*(s, x)*,
Ils (son/sont) dou*(s, x)* comme des joujou*(s, x)*
Mais *(au/aux/haut/eau)* hibou*(s, x)* point de genou*(s, x)* !
3. Votre histoire *(ce/se)* passait *(ou/où)* ?
4. Chez les Zoulou*(s, x)* ? Les Andalou*(s, x)* ?
5. Dans une cabane en bambou*(s, x)* ?
6. À Moscou ?
7. *(Ou/Où)* *(a/à)* Tombouctou ?
8. En Anjou *(ou/où)* dans le Poitou ?
9. *(Au/aux/haut/eau)* Pérou *(ou/où)* chez * les Mandchou*(s, x)* ?
(Hou/Houe/Hou/Houx) !
10. Pas du tout, c'était chez * les fou*(s, x)* ! (D'après R. Desnos, *Chantefables*.)

LES MOTS DE LA FAMILLE : À VOS DICTIONNAIRES !

le bec → la be**cq**uée, un bé**q**uet, bé**q**ueter, bé**q**uetage - une bé**c**asse, une bé**c**assine - un blanc-bec - une bé**q**uille.

fou → fol, fo**ll**e, fo**ll**et(-te), fo**ll**ement – folâtre, folâtrer, folie, folichon, folichonner – a**ff**olant, a**ff**olé, a**ff**oler, a**ff**olement – ra**ff**oler.

FICHE 40

LE FÉMININ (1)

LEÇON

Le problème du féminin concerne surtout les adjectifs, qui ont presque tous un féminin, mais il concerne aussi un certain nombre de noms qui forment leur féminin sur le masculin.

RÈGLE GÉNÉRALE

Pour mettre au féminin un adjectif, on ajoute un **-e** au masculin.
Ex. : *grand* → *grand**e**.*

▶ Les adjectifs qui se terminent par **-e** au masculin ne changent pas.
Ex. : *obligatoire, magnifique, utile.*

▶ Trois adjectifs gardent la même forme au féminin et au masculin : *chic, fat, témoin.* Ex. : *une robe chic.*

▶ Le **-e** du féminin entraîne quelquefois l'apparition d'un accent :
a) Les adjectifs en **-er** et **-ier** prennent un accent grave au féminin.
Ex. : *léger* → *lég**è**re ; entier* → *enti**è**re.*
b) Les adjectifs en **gu-** prennent un tréma sur le **-e** au féminin.
Ex. : *aigu* → *aigu**ë**.*

▶ Retenez 5 adjectifs irréguliers :

masculin devant consonne ou « h » aspiré	*masculin devant voyelle ou « h » muet*	*féminin*
un beau fruit	un bel arbre	une belle pomme
un nouveau costume	un nouvel habit	une nouvelle robe
un vieux hibou	un vieil orang-outang	une vieille chouette
un travail fou	un fol enthousiasme	une folle ardeur
un travail mou	un mol enthousiasme	une molle ardeur

EXERCICES

1. Selon la règle générale, écrivez au féminin l'adjectif entre parenthèses.
1. une ligne *(droit)* – 2. une somme *(important)* – 3. une bouteille *(plein)* – 4. une chevelure *(brun)* – 5. une route *(national)* – 6. une plaisanterie *(idiot)* – 7. une ligne *(médian)* – 8. une *(vilain)* mine – 9. une brise *(marin)* – 10. une robe *(original).*

2. Même exercice que ci-dessus.
1. la religion *(musulman)* – 2. une légende *(castillan)* – 3. la maison *(voisin)* – 4. Julie est bien *(fiérot)* – 5. une ronde *(enfantin)* – 6. une fête *(familial)* – 7. on se moque souvent des femmes *(dévot)* et *(bigot)* – 8. une planche bien *(plan)* – 9. une brume *(matinal)* – 10. une poule *(faisan)* – 11. *(Attention !)* une chambre *(exigu).*

3. Repérez, dans les exercices nos 1 et 2, la terminaison des adjectifs.
1. masculin en **-al** → féminin en ...
2. masculin en **-in** → féminin en ...
3. masculin en **-an** → féminin en ...
4. masculin en **-ot** → féminin en ...

*Pour former le féminin des noms en **-in** et **-an** (s'il existe) on ajoute un **-e** au masculin (sauf : paysan → paysa**nne**, avec **2 n**).*

4. Mettez au féminin les groupes suivants.

1. un voisin grossier – 2. un sultan fier et altier – 3. un gamin toujours dernier – 4. un cousin toujours premier – 5. un paysan hospitalier – 6. un benjamin grimacier – 7. un lapin polonais – 8. un orphelin anglais – 9. un coquin princier – 10. *(Attention !)* un parrain lointain – 11. un copain étranger.

5. Mettez au féminin les groupes suivants.

1. le premier épicier à droite – 2. le dernier poissonnier à gauche – 3. un boulanger sincère – 4. un charcutier serviable – 5. un fermier gaucher – 6. un crémier cher – 7. un cuisinier unique – 8. un couturier chic – 9. un infirmier africain remarquable – 10. un ouvrier toulousain énergique – 11. un écolier américain – 12. un romancier témoin de son temps.

6. Quel féminin correspond aux noms suivants et vérifiez leur signification.

1. un glacier – 2. un cordelier – 3. un chevalier – 4. un charnier – 5. un cantinier – 6. un plombier – 7. un boutonnier – 8. un verrier – 9. un carnassier – 10. un portier – 11. un meurtrier – 12. un poudrier.

7. Complétez les points avec la forme convenable des adjectifs beau, nouveau, vieux, fou **et** mou.

1. un cheval fo... – 2. une vie... sorcière – 3. une bel... princesse – 4. le nouv... an – 5. une pâte mo... – 6. un nouv... professeur – 7. un mo... oreiller – 8. une tête fo... – 9. un vie... ours – 10. un nouv... élève – 11. un fo... entêtement – 12. un bonbon mo... – 13. un b... homme – 14. un vie... héron.

8. Même exercice que le n° 7.

1. Ils ont une fo... envie de be... exploit dans leur nouve... automobile. – 2. Le viei... artisan fit un mo... effort de nouve... organisation. – 3. Voilà un be... exemple de votre mo... approbation. – 4. D'un côté une fo... ambition de viei... arriviste, de l'autre une viei... habitude de be... égoïste : il y eut une nouve... aggravation d'un viei... antagonisme. – 5. Un be... embouteillage de nouve... an s'est produit devant le nouve... antiquaire de be... apparence. – 6. J'ai eu un fo... espoir de me libérer d'une viei... angoisse.

9. Mettez au féminin les adjectifs entre parenthèses et au présent de l'indicatif les verbes entre parenthèses.

1. Athéna, la toute *(divin)*, *(apparaître)* en songe à Nausicaa et lui *(parler)* d'une voix *(amical)* : – 2. « Tu *(dormir)*, Nausicaa !... Ton mariage *(approcher)* ; il *(falloir)* que tu sois *(beau)*. – 3. Vite, pars te laver aux *(premier)* lueurs *(matinal)*. – 4. Presse ton noble père de te faire apprêter la voiture *(léger)* et les mules *(docile)* pour emporter draps, étoffes *(fin)*, ceintures *(brodé)* et robe *(nuptial)*. – 5. Tu *(savoir)* que les lavoirs sont bien loin de la ville. » (...) – 6. Avec la voiture *(plein)* de linge, Nausicaa *(atteindre)* le fleuve aux *(beau)* eaux *(courant)*. – 7. Une eau *(clair)* *(couler)* à flots de sous les roches *(poli)*. – 8. Les femmes *(prendre)* le linge sur la voiture, le *(porter)* vers les trous d'eau sombre et *(rivaliser)* d'ardeur pour le fouler. – 9. Elles *(laver)* et *(rincer)* la corbeille *(entier)*. – 10. Elles l'*(étendre)* sur une plage bien *(plan)*, dont les vagues *(marin)* quelquefois *(aller)* battre le bord et *(laver)* le gravier. – 11. Puis elles *(se baigner)* et *(se frotter)* d'huile *(fin)* et, tandis que le linge *(sécher)* sur la grève *(ensoleillé)*, elles *(prendre)* leur repas sur les berges aux herbes *(fou)*. – 12. Puis servantes et maîtresse *(jouer)* à la balle et la grève *(retentir)* de voix *(féminin)* *(aigu)* et *(cristallin)*. (D'après Homère, *L'Odyssée*, chant VI.)

FICHE 41

LE FÉMININ (2)

LEÇON

<u>Redoublement de consonne</u>

Le **-e** du féminin peut faire redoubler la consonne finale du masculin.

- Le **-e** du féminin fait redoubler le **-l** dans les noms et adjectifs en **-el** et en **-eil,** ainsi que dans *nul* → ***nulle, gentil*** → ***gentille.***
  Ex. : ***un colonel paternel*** → ***une colonelle maternelle*** (cf. Fiche 107)
  un soleil pareil → ***une merveille pareille*** (cf. Fiche 107).
  (Les adjectifs en **-al** ne redoublent pas le **-l**) (cf. Fiche 107).
- Le **-e** du féminin fait redoubler le **-n** dans les noms et adjectifs en **-en** et en **-on** (cf. Fiche 110 : noms en **-onne).**
  Ex. : *un lycéen moyen* → *une lycéenne moyenne*
  un lion glouton → *une lionne gloutonne.*
  (Les adjectifs en **-an, -in** et **-ain** ne redoublent pas le **-n**, sauf *paysan* → *paysanne.*)
- La plupart des adjectifs en **-et** redoublent le **-t** final au féminin. Ex. : *violet* → *violette.*
  Mais sept adjectifs ont un accent grave sur le **-e :** *(in)complet, concret, (in)discret, inquiet, secret, replet, désuet.* Ex. : *une femme discrète.*
  (Cf. verbes en **-eter :** *je jette* et *j'achète.*)
- Parmi les adjectifs en **-ot,** seuls *sotte, vieillotte* et *pâlotte* redoublent le **-t.**
- Cinq adjectifs terminés par un **-s** redoublent ce **-s** au féminin : *gros, gras, bas, las* et *épais.* Ex. : *une table basse.*

EXERCICES

1. Dites le genre du nom auquel se rapporte l'adjectif et remplacez les points par -al **ou** -ale.

1. Dans un harem orient..., une femme d'une beauté idé..., douée d'une voix music..., était liée à un sultan brut... par le lien conjug... et souffrait d'un ennui fat... – 2. Il suffit d'un réveil matin..., d'une brume automn... sur le Bosphore, d'une chaleur anorm..., d'une présence amic... pour que naisse une histoire sentiment...

2. Dites le genre et le nombre du nom auquel se rapporte l'adjectif et remplacez les points par -el, -elle, -els **ou** -elles.

1. L'amour matern... s'occupe aussi bien des petits détails matéri... que des préoccupations spiritu... – 2. D'un ton solenn..., il lui murmura que la confiance devait être mutu... et qu'elle devait lui communiquer les renseignements confidenti... auxqu... elle avait eu accès grâce à ses fonctions offici... – 3. Sous une pluie torrenti..., ils gagnèrent leur restaurant habitu... où ils consommaient des nourritures substanti... et des vins parfaitement natur...

3. Mettez au féminin l'adjectif masculin entre parenthèses.

1. L'époque *(actuel).* – 2. C'est une pratique *(illégal), (cruel)* et *(criminel).* – 3. Préférez-vous la façon *(habituel)* ou une méthode *(original)* et *(nouvel)* ? – 4. Je voudrais une fête *(annuel),* puis *(trimestriel),* enfin *(continuel)* dans cette école *(maternel).*

4. Mettez au féminin les groupes suivants.

1. un beau damoiseau – 2. un beau chameau – 3. un nouvel agneau – 4. un tel tourtereau – 5. un colonel – 6. quel criminel !

5. Remplacez les points par -el **ou** -elle.

1. La sentin... de la citad... a une mémoire visu... exceptionn... – 2. J'ai acheté du mi... pour faire du caram... – 3. Avez-vous déjà mis du s... sur la queue d'une tourter... ou sur c... d'une hirond... ? – 4. Le miss... est sur l'aut... – 5. Ce fut une dispute accident... dans une amitié sensationn... – 6. Est-il natur... que dans cet hôt... je lave la vaiss... d'une manière usu... et que je descende la poub... ?

6. Remplacez les points de suspension par -eil **ou** -eille.

1. L'os... et la gros... – 2. Une corn... et une ab... au sol... – 3. Ce vi... appar... est une merv... – 4. Un somm... par... depuis la ve..., après une seule bout... ! – 5. Un rév... sous la tr... – 6. Suis le cons... que Mireille t'a donné à l'or... – 7. Hector a une joue verm... et, tiens, c'est curieux, l'autre est par... !

7. Mettez au féminin les groupes suivants.

1. un pharmacien canadien – 2. un magicien indien – 3. un citoyen italien – 4. un physicien autrichien – 5. un collégien alsacien – 6. un académicien vendéen – 7. un musicien pyrénéen – 8. un ancien gardien – 9. ce chien est le mien – 10. cet opticien est le tien – 11. cet électricien est le sien.

8. Mettez au féminin les groupes suivants.

1. un espion poltron – 2. un Gascon fanfaron – 3. un patron fripon – 4. un baron maigrichon – 5. un bûcheron berrichon – 6. un vigneron bourguignon – 7. un forgeron lapon – 8. *(Attention)* un bon compagnon – 9. un garçon polisson et mignon.

9. Mettez au féminin les groupes suivants.

1. Mon cousin maigrichon a tué un faisan. – 2. Un comédien fin joue le rôle d'un paysan bougon. – 3. Un tragédien divin joue le rôle d'un musulman païen. – 4. Mon voisin méditerranéen mange son lapin quotidien. – 5. *(Attention)* Mon parrain taquin m'a donné un vilain cochon.

10. Remplacez les points par la terminaison -ette **ou** -ète.

1. C... attente longu... fut pour finir inqui... – 2. Une amélioration n... et compl... – 3. Une poire bl... – 4. Une blondin... gentil... – 5. Une fill... jeun..., flu... et même maigrel..., discr... et mu..., mais seul..., secr... et pauvr... – 6. Une vieille dame grassouill..., rondel... et repl... – 7. Une brun... propr... et simpl... – 8. Une cape viol..., un peu désu..., mais très douill... – 9. Une boisson clair...

11. Dites le sens habituel du suffixe -et. **On le retrouve aussi dans les noms, toujours au féminin** (-ette). **Attention, si le nom se termine par** -on **le** -n **se redouble devant le suffixe** -ette. **Comment appelez-vous :**

1. une petite chambre – 2. une petit pièce – 3. une petite bûche – 4. une petite couche – 5. une petite hache – 6. une petite planche – 7. une petite langue – 8. une petite boule – 9. une petite poule – 10. une petite fille – 11. une petite chanson – 12. une petite maison – 13. un petit savon – 14. un petit appareil pour sonner.

12. Remplacez les points par -s **ou** -ss. **Puis écrivez les groupes au masculin.**

1. une gro...e souris gri...e. – 2. une mauvai...e plai...anterie a...ez épai...e et niai...e. – 3. une Anglai...e très la...e. – 4. une tigna...e fila...e et blonda...e. – 5. une plaine ra...e et ba...e.

LE FÉMININ (3)

LEÇON

CHANGEMENT DE CONSONNE

Dans un certain nombre d'adjectifs, le **-e** du féminin fait changer la dernière consonne du masculin :

- Les adjectifs en **-f** ont le féminin en **-ve** : *neuf* → ***neuve.***
- Les adjectifs en **-eux** font **euse** au féminin : ***heureux*** → ***heureuse.***
- Les adjectifs en **-eur** ont le féminin :
  - Le plus souvent en **-euse** :
  Ex : *vol**eur*** → *vol**euse** ; ment**eur*** → *ment**euse.***
  Quelques-uns ont seulement un **-e** : *meilleur, majeur, mineur, antérieur, postérieur, ultérieur, supérieur, inférieur, extérieur, intérieur.*
  *Ex. : une fille major**e**.*
  - Un certain nombre d'adjectifs en **-teur** font **-trice** :
  Ex. : *révéla**teur*** → *révéla**trice.***

Il faut apprendre un certain nombre d'adjectifs isolés :

blanc, franc	→ *blanche, franche*
sec	→ *sèche*
turc, grec, public, caduc	→ *turque, grecque, publique, caduque*
frais	→ *fraîche*
favori, coi	→ *favorite, coite*
bénin, malin	→ *bénigne, maligne*
doux, jaloux, roux, faux	→ *douce, jalouse, rousse, fausse*

EXERCICES

1. Mettez au féminin les groupes suivants.

1. un vendeur actif – 2. un voleur furtif – 3. un blanchisseur veuf – 4. un joueur vif – 5. un travailleur productif – 6. un voyageur inventif – 7. un nageur sportif – 8. un tricheur craintif – 9. un fraudeur fugitif – 10. un rêveur naïf.

2. Mettez au féminin les groupes suivants.

1. un explorateur courageux et audacieux – 2. un traducteur scrupuleux – 3. un éducateur astucieux – 4. un électeur capricieux – 5. un examinateur sérieux – 6. un inspecteur curieux – 7. un acteur gracieux et délicieux – 8. un protecteur affectueux – 9. un lecteur attentif et consciencieux – 10. un narrateur expéditif – 11. un orateur persuasif – 12. un visiteur désapprobateur – 13. le meilleur aviateur – 14. un joyeux farceur – 15. *(Attention)* un vieux flatteur – 16. un professeur malchanceux – 17. un docteur chaleureux – 18. un ingénieur tapageur.

3. Dites le genre du nom auquel se rapporte l'adjectif et remplacez les points par -eur **ou** -eure.

1. une patte postéri... – 2. un membre antéri... – 3. une fille min... et un garçon maj... – 4. une mine extéri... réjouie qui cache une grande angoisse intéri... – 5. De l'étage inféri... on entendait tout ce qui se passait dans l'appartement de l'étage supéri... – 6. Ce fait min... est-il antéri... ou postéri... au crime ? – 7. La maj... partie

du dossier a mystérieusement disparu – 8. L'expertise est remise à une date ultéri... pour parvenir à un meill... résultat – 9. Le commissaire, qui est d'une intelligence supéri..., ne sera pas inféri... à sa tâche.

4. Mettez au féminin l'adjectif masculin qui est entre parenthèses.

1. une camarade *(tricheur)* – 2. une fillette *(cajoleur)* – 3. une patte *(antérieur)* – 4. une vitrine *(tentateur)* – 5. l'apparence *(extérieur)* – 6. une ressemblance *(trompeur)* – 7. une réponse *(rageur)* – 8. une imagination *(créateur)* – 9. une sœur *(boudeur)* – 10. une œuvre *(mineur)* – 11. une invitée *(bon mangeur)* – 12. une date *(ultérieur)* – 13. une pie *(voleur)* – 14. une préoccupation *(majeur)* – 15. une voix *(grondeur)*.

5. Remplacez les points de suspension par -eur, -eure, -eurre (voir fiche n° 108 pour les noms).

1. un taill... travaill... – 2. un bonh... intéri... – 3. une h... chaude – 4. une bonne od... – 5. une maigr... inquiétante – 6. un fum... incorrigible – 7. un b... sans sav... – 8. une haut... inféri... – 9. un aut... raisonn... – 10. une coul... indécise – 11. une longu... supéri... – 12. une froid... extéri... – 13. sa dem... antéri...

6. Mettez au féminin l'adjectif masculin entre parenthèses.

1. Une plaisanterie *(neuf)* et *(fin)*. – 2. Après une *(long)* attente, j'ai vu la chute *(bref)* d'une feuille *(mort)*, *(roux)* et *(sec)*. – 3. Une femme *(discret)* dans une boutique *(chic)*. – 4. Une âme *(sensible)* écoutait la Marche *(turc)* de Mozart. – 5. La *(dernier)* année ne sera pas *(pareil)*. – 6. Une fermière *(malin)*, mais *(poltron)*. – 7. Une nounou *(grognon)* en robe *(violet)*.

7. Mettez au féminin l'adjectif entre parenthèses.

1. une barrière *(blanc)* – 2. une *(beau)* partie *(final)* avec ma joueuse *(favori)* – 3. une infirmière *(gentil)* soignait sa tumeur *(bénin)* – 4. une brise *(frais)* sur une île *(grec)* – 5. une école *(public)* – 6. une rencontre à ski *(bref)* mais *(brutal)* – 7. une *(ancien)* blessure – 8. une joie *(secret)* – 9. ma fille est *(sain)* et *(sauf)*.

DICTEE A CHOIX MULTIPLES

(Colombine s'est enfuie avec Arlequin. Pierrot lui écrit.)

Vérité *(ou, où)* bel*(les)* apparence*(s)* • trompeuse*(s)* ? – 1. « Ne te laisse pas sé**duire** par les coul**eur***(s)* chimi**que**(s) et **super**ficie*(l, ll)*es d'Arlequin ! – 2. *(Ce, Se)* *(son, sont)* des coul**eurs** toxi**que***(s)*, malodorante*(s)* et qui s'écaill*(e, es, ent)*. – 3. Mais moi aussi j'ai mes coul**eur***(s)*. – 4. Seulement *(ce, se)* *(son, sont)* des cou**leur***(s)* vrai*(e, s, es)* et profonde*(s)*. – 5. Écoute bien *(ces, ses)* merveilleu*(s, x)* secret*(s)* : – 6. Ma **nuit** n'est pas noi*(r, re)*, elle est bleu*(e)* ! Et c'est un bleu*(e)* qu'on respire. – 7. Mon **four** n'est pas noi*(r, re)*, il est doré*(e)* ! Et c'est un *(or/hors)* qui se mange. – 8. La coul**eur** que je fai*(s, t)* réjoui*(e, s, t)* l'œil, mais en outre elle est épaisse, substantie*(l, le, lle)* • elle sen*(s, t)* bon, elle est chaude, elle nourri*(e, s, t)* • – 9. Je t'aim*(e, es, ent)* et je t'**atten***(s, ds)* » Pierrot. (Michel Tournier, *Pierrot ou les secrets de la nuit.*)

LES MOTS DE LA FAMILLE : À VOS DICTIONNAIRES !

stare (latin) = se tenir debout → la st**a**tion, st**a**tionner, st**a**tionnaire, la st**a**tue, st**a**tique - dist**a**nt, dist**a**nce - const**a**nt(e), const**a**mment, const**a**nce - inconst**a**nt(e) - un inst**a**nt, inst**a**ntané, inst**a**mment, l'inst**a**nce - la subst**a**nce, subst**a**ntiel, un subst**a**ntif - la circonst**a**nce, circonst**a**ncié, circonst**a**nciel(le) - la prest**a**nce.

FICHE 43

ACCORD DE L'ADJECTIF AVEC LE NOM (1)

LEÇON

▶ L'adjectif s'accorde en genre et en nombre avec le nom auquel il se rapporte.
Ex. : *un manteau bleu* → ***des manteaux bleus***
une robe bleue → ***des robes bleues.***

▶ Si l'adjectif se rapporte à deux noms singuliers, il se met au pluriel et le masculin l'emporte sur le féminin.
Ex. : ***un** foulard et **un** chapeau **bleus*** :
masc. sing. + masc. sing. = masc. plur.
une** robe et **une** capeline **bleues :
fém. sing. + fém. sing. = fém. plur.
une** robe et **un** chapeau **bleus :
fém. sing. + masc. sing. = masc. plur.

▶ Notez que la plupart des participes passés des verbes peuvent être pris comme adjectifs et suivent les règles d'accord de l'adjectif.
Ex. : *J'ai **des** gants **fourrés :** fourré* = participe passé pris comme adjectif, s'accorde avec *gants :* masc. plur. ⇒ **és.**

UN TRUC

Pour savoir si un nom est masculin ou féminin, lorsque l'article est *l', les, des, du, au, aux,* remplacez cet article par *un* ou *une.*
Ex. : ***les** tenailles* → ***une** tenaille* ⇒ féminin.

EXERCICES

Accordez les adjectifs (ou les participes) entre parenthèses.

a) 1. Je range mon panier à couture : voici le fil à bâtir et le fil à coudre *(jaune).* – 2. Voici la laine à repriser et la laine à tricoter *(blanc).* – 3. Voici un aimant et un passe-lacet *(collé)* ensemble, une ganse et une dentelle *(emmêlé),* un élastique et une cordelette *(noué).* – 4. Il y a un dé et un crochet *(égaré).* – 5. Je me blesse sur une aiguille à tricoter et une aiguille à laine *(piquant), (planté)* dans une pelote.

b) 1. Quel désordre ! Des outils mal *(rangé)* traînent. – 2. *(Seul)* le marteau et le tournevis *(pendu)* au mur sont à leur place. – 3. Il faudrait trier les clous et les punaises *(mélangé)* dans ce sac et mettre à la poubelle les chevilles et les vis *(tordu).* – 4. Il faut réparer l'établi et l'étau *(branlant),* chercher la chignole et les mèches *(égaré),* affûter la scie à bois et la scie à métaux *(édenté)* et tenter de récupérer la vrille et le burin *(caché)* sous un fouillis d'objets *(bizarre).*

c) 1. Mon *(joli)* jardin. – 2. Le mur extérieur et la façade *(blanchi)* à la chaux font un cadre *(propret)* aux allées et aux plates-bandes bien *(entretenu).* – 3. Les chardons et les orties *(arraché)* sont dans un coin. – 4. Du lierre et du liseron *(grimpant)* dissimulent un muret aux briques *(écorné).* – 5. Les lilas et l'aubépine, maintenant *(fané),* ont laissé place aux glaïeuls et aux iris *(multicolore).* – 6. L'escalier et la tonnelle *(fleuri)* de rosiers *(blanc)* sont vis-à-vis. – 7. Le portail aux gonds et aux serrures *(rouillé)* a été *(huilé).*

ACCORD DE L'ADJECTIF AVEC LE NOM (2)

L'ADJECTIF ATTRIBUT, L'ADJECTIF MIS EN APPOSITION

LEÇON

► Reconnaissez les adjectifs **attributs du sujet.**

• Après le verbe *être.*

Ex. : ***Ils** sont malades.*

Qui est-ce qui est malade ? *Ils* = masc. plur. *Malades* ⇒ **s.**

• Après les autres verbes d'état : *sembler, paraître, devenir, demeurer, rester.*

Ex. : ***Ils** semblent malades.*

Qui est-ce qui semble malade ? *Ils :* masc. plur. *Malades* ⇒ **s.**

• Après certains verbes intransitifs.

Ex. : ***Ils** tombent malades.*

Qui est-ce qui tombe malade ? *Ils :* masc. plur. *Malades* ⇒ **s.**

► Reconnaissez l'adjectif **mis en apposition** (entre virgules) qui peut être placé loin du nom auquel il se rapporte.

Ex. : *Bleu**ies** par le froid, **les mains** de l'alpiniste pendaient, gel**ées**.*

Qui est-ce qui est bleui ? *les mains :* fém. plur. ⇒ **ies.**

Qui est-ce qui est gelé ? *les mains :* fém. plur. ⇒ **ées.**

► Les participes passés pris comme adjectifs peuvent aussi occuper les fonctions d'apposition et d'attribut du sujet. Ils s'accordent.

Ex. : ***Elle** s'arrête essouffl**ée** :* apposition à *elle* ⇒ **ée.**

***Ils** semblent épuis**és** :* attribut du sujet *ils* ⇒ **és.**

ATTENTION !

Le verbe *être* ou le verbe d'état peuvent être à l'infinitif.

Ex. : ***Elles** veulent **être** gai**es**.*

Qui est-ce qui est gai ? *Elles* = fém. plur. ⇒ *gaies.*

EXERCICES

1. Posez bien la question qui est-ce qui est ? **devant les adjectifs entre parenthèses. Dites à quel nom (ou pronom) ils se rapportent et accordez-les.**

a) 1. Aline revient *(fatigué)* de l'école. – 2. Sa gorge est *(enflé).* – 3. Sa tête est *(chaud).* – 4. Ses yeux sont *(rouge).* – 5. Elle est *(grippé).* – 6. Pourtant elle semble *(ravi).* – 7. Le matin, elle reste *(couché)* dans son lit. – 8. Elle devient pour quelques jours la plus *(gâté).* – 9. Maintenant elle paraît *(guéri),* mais elle demeure bien *(fatigué).* – 10. De toute façon, elle reste *(enchanté)* de toutes les marques d'affection *(reçu)* pendant sa maladie. (D'après Colette Vivier, *La Maison des petits bonheurs.*)

b) *Le père de Camara Laye est un forgeron africain qui travaille l'or.*

1. Les femmes qui lui apportent de l'or à travailler sont demeurées *(courbé)* sur les rivières plusieurs mois de suite pour recueillir l'or. – 2. Ces femmes ne viennent jamais *(seul).* – 3. Elles n'ignorent pas qu'elles ne seront ni les *(premier)* à se présenter, ni par conséquent les *(premier)* à être *(servi).* – 4. Pour être plus rapidement *(servi),* elles amènent un « griot » qui chante les louanges du forgeron et de ses

ancêtres. – 5. L'enfant voit bien que l'amour-propre de son père est *(grisé)* et qu'il est *(disposé)* à se mettre rapidement au travail pour faire le bijou. – 6. Les femmes retournent *(rassuré)* à leurs occupations. (D'après Camara Laye, *L'Enfant noir.*)

2. Dites à quel nom (ou pronom) se rapporte l'adjectif et accordez-le.

1. Les enfants africains sont *(initié)* lorsqu'ils deviennent *(adolescent)*. – 2. Pendant leur enfance, ils ont vécu dans la crainte d'être *(livré)* à Kondén Diara, le « Lion des enfants », le Croquemitaine. – 3. Et voici que le temps est *(venu)* pour eux d'être *(confronté)* à Kondén Diara. – 4. Ils savent qu'ils doivent se montrer *(brave)*, s'ils ne veulent pas être *(montré)* du doigt et *(considéré)* comme *(lâche)*. – 5. Le petit Camara se sent *(angoissé)* lorsqu'il entend le tam-tam et la troupe des villageois qui viennent le chercher. – 6. Les autres enfants n'ont pas l'air d'être plus *(rassuré)* que lui. – 7. Les filles qui ont suivi le cortège regrettent de s'être *(mêlé)* à la troupe quand elles doivent retraverser la brousse *(seul)*. *(Ibidem.)*

3. Même exercice que le n° 2. *(Suite du texte précédent.)*

1. Les garçons marchent *(encadré)* par leurs aînés. – 2. Quand ils arrivent près d'un grand feu, ils se sentent déjà plus *(rassuré)*. – 3. Ils sont *(seul)* avec leurs aînés, *(livré)* à eux. – 4. Ils se tiennent *(agenouillé)*, la tête *(collé)* au sol. – 5. La terreur les tient *(cloué)* dans cette position. – 6. Ils entendent alors des lions rugir et se font tout *(petit)*. – 7. Aucun d'entre eux ne se risquerait à être *(téméraire)*. – 8. Au village, on entend aussi le lion : on s'assure que la porte de la case demeure bien *(fermé)* mais on reste *(inquiet)*. – 9. A l'aube, quand l'épreuve est *(terminé)*, les enfants se sentent très *(soulagé)* et ne comprennent plus comment ils ont pu être si *(effrayé)*, car les *(premier)* lueurs de l'aube tombent *(rassurant)* sur la clairière.

4. Même exercice que le n° 2.

1. *(Intrigué)* par l'histoire de Sophie, Thibaut lui pose des questions sur son emploi du temps. – 2. *(Agacé)* par ces questions, Sophie répond à peine. – 3. *(Amusé)* par ces réticences, Thibaut et Emmanuel taquinent Sophie. – 4. *(Révolté)* par leur ton taquin, Sophie et Virginie tournent le dos aux garçons. – 5. Les garçons, *(ennuyé)* de voir leurs taquineries *(pris)* au sérieux et *(peiné)* de la réaction de leurs amies, leur proposent de terminer une soirée mal *(commencé)* par une partie de Monopoly *(animé)*. – 6. Elles acceptent, *(content)* de jouer à ce jeu, qu'elles jugent très *(gai)*.

5. Accordez les adjectifs ou les participes entre parenthèses.

a) 1. Brunette, d'ordinaire si *(friand)* d'herbe *(frais)*, y touche à peine. – 2. *(Fatigué)*, elle ne supporte plus son veau. – 3. Le vétérinaire craint une fièvre de lait, souvent *(fatal)*, mais rappelle qu'il a sauvé des vaches qu'on croyait *(perdu)*. – 4. Brunette, *(couché)* sur la paille, tient encore sa tête *(droit)*. – 5. Elle souffle fort, par intervalles de plus en plus *(espacé)*. – 6. Le vétérinaire la saigne. Du front à la queue de Brunette *(soulagé)*, nous appliquons un drap *(mouillé)* d'eau. – 7. Brunette, comme *(dompté)*, ne bouge plus. (D'après J. Renard, *Histoires naturelles.*)

b) 1. *(Assis)* l'une à côté de l'autre en face de leurs cahiers, Delphine et Marinette cherchent la solution d'un problème et ne la trouvent pas. – 2. Les parents regardent leurs cahiers et, *(muet)* d'indignation, voient que les petites ont dessiné, l'une un pantin, l'autre une maison. – 3. *(Recroquevillé)* sur leurs chaises, les petites n'en mènent pas large. – 4. Les parents grondent les petites, puis *(soulagé)* d'avoir bien crié, partent aux champs. – 5. *(Penché)* sur leurs cahiers, Delphine et Marinette sanglotent. (D'après Marcel Aymé, *Les Contes du Chat perché.*)

LES ADJECTIFS DE COULEUR

LEÇON

► L'adjectif de couleur, s'il est seul, s'accorde avec le nom.
Ex. : ***une** robe bleue* → ***des** robes bleues.*
► Mais le mot qui exprime la couleur reste **invariable** :
– quand il y a **deux adjectifs** pour une seule couleur.
Ex. : *une robe bleu foncé* (= d'un bleu foncé)
– quand la couleur est exprimée par un **nom** qui fait image.
Ex. : *une robe marron* (= de la couleur d'un marron).
Attention : *vermeil, pourpre, mauve, fauve* et *rose* s'accordent.
Ex. : ***des** robes roses.*

EXERCICES

1. Écrivez correctement l'adjectif entre parenthèses.
1. Cette élégante portait : une jupe *(bleu clair),* une blouse *(vert foncé),* des bas *(jaune éclatant),* des chaussures *(havane),* des gants *(rouge criard),* une écharpe *(vert),* une ceinture *(violet sombre).* – 2. Des cheveux *(carotte),* des joues *(pourpre),* des lèvres *(mauve),* des ongles *(aubergine),* des cils *(noir),* des ombres *(bleuâtre)* sous les yeux complétaient l'harmonie de sa personne.

2. Accordez, s'il y a lieu, l'adjectif entre parenthèses.
1. Dans son jardin, les fraises sont déjà bien *(rouge),* les cerises sont déjà *(rose) ;* les pêches sont encore complètement *(vert).* – 2. Mes roses sont en fleur. Il y en a des *(rouge foncé),* des *(vermillon)* des *(jaune tendre),* des *(blanc),* des *(rose aurore),* des *(mauve).* – 3. Imagine-moi dans ce décor avec mes cheveux *(châtain),* mes joues *(abricot),* mes yeux *(bleu clair),* mes bras *(bronzé)* et ma robe *(bleu ciel).*

DICTEE A CHOIX MULTIPLES

Papillon*(s)*. – 1. Autour des souche*(s),* des campan**ule***(s)* mauve*(s),* des aigremoines jaune*(s)* *(on/ont)* jailli en fus**ée**s, et des chanvre*(s)* rose*(s)* au parfum • d'amande am*(er, ère).* – 2. Le papillon « citron » y tourn*(oi, oie, oit),* *(vert/vers/ver)* comme une **feuille** malade, *(vert/vers/ver)* comme un limon am*(er, ère).* – 3. Il*(s)* s'envol*(e, es, ent)* si je le sui*(e, s, t)* et surveill*(e, es, ent)* le moindre*(s)* mouvement de mes main*(s).* – 4. Les sylvain*(s)* rou*(e, s, x),* coul**eur** de sillon, *(ce/se)* lèv*(e, es, ent)* en nuage devant * mes pas, et leur*(s)* lun**ules** • fauve*(s)* sembl*(e, es, ent)* *(mes pieds/m'épier).* – 5. Le radi**eux** *(paon/pan/pend)* de jour, en vel**ours** cramoisi*(s),* fr**app***(é, er)* d'yeux bleu**âtre***(s)* • clout*(é, er)* de turquoises, plus frai*(s)* que la plus fraîche fleur, **att**en*(d)* la main qui l'empris**onne.** (Colette, *Histoires pour Bel-Gazou.*)

LES MOTS DE LA FAMILLE : À VOS DICTIONNAIRES !

parfum → parfu**m**er, un parfu**m**eur, une parfu**m**erie.

Le suffixe **-âtre** ajouté à un adjectif de couleur, lui donne une nuance indistincte. Valeur péjorative dans les autres noms et adjectifs : acari**âtre**, un bell**âtre**.

-EZ/-ER/-É
(DEUXIÈME APPROCHE)

LEÇON

Vous avez appris à distinguer *(fiche 18)* le participe passé en **-é** (des verbes du 1er groupe) de l'infinitif en **-er.**

▶ Le participe passé employé comme adjectif s'accorde avec le nom. Ex. : ***un** ami très aimé, **des** amis très aimés, **une** amie très aimée, **des** amies très aimées* (*cf.* Fiches 43 et 44).

▶ Ne confondez pas non plus la 2e personne du pluriel : **-ez** avec l'infinitif ou avec le participe passé. Utilisez le même « truc » que pour distinguer **-er** de **-é :** remplacez le verbe du 1er groupe par *prendre, vendre, mordre, courir...*

ATTENTION !

Avec *paraître, sembler, rester,* deux constructions sont possibles :
– un participe passé : *Philippe semble épuis**é*** = il est épuisé ;
– un infinitif : *Philippe semble épuis**er** tout son entourage* = il épuise.
Si vous hésitez, remplacez le verbe du 1er groupe par *prendre.*

EXERCICES

1. Remplacez les points par -er, -é **ou** -ée.

1. Charlotte rêve d'all... à un bal costum... – 2. Elle aimerait se déguis... – 3. Bientôt la voilà habill... en cuisinière. – 4. Elle fait du pain grill... – 5. Mais le pain brûl... enfume toute la maison. – 6. Ensuite, Charlotte veut lav... la vaisselle accumul... – 7. Mais la cuvette renvers... inonde la cuisine. – 8. Ensuite, Charlotte attrape le chaudron accroch... au mur de l'entrée. – 9. Astiqu..., le cuivre fait bel effet. – 10. Mais quand Charlotte le remet au clou rouill..., le clou casse. – 11. Maman entend Charlotte cri... – 12. Elle accourt et croit rêv... en la voyant toute barbouill... – 13. Charlotte doit chang... son tablier mouill...

2. Remplacez les points par la terminaison -er, -ez **ou** -é, -és **(à accorder).**

1. Vous imagin... que vous part... à la campagne pour vous aér... – 2. Chaudement habill..., vous enfourch... vos vélos. – 3. Pédal...-vous si vigoureusement pour vous entraîn... à la course organis... par la municipalité ? – 4. Dans la grande côte, fatigu..., vous dev... vous arrêt... pour souffl... – 5. Rest...-vous longtemps à vous repos... ou bien, un instant plus tard, repos..., repart...-vous sans tard... ? – 6. Dans les plats, vous respir... l'air froid à fond afin de vous décrass... les poumons. – 7. Vous vous laiss... déval... la grande descente, gris... par la vitesse. – 8. Enfin, saoul... d'air vif, gifl... par le vent, vous rentr... à la maison lav... de tous vos soucis, lav... des dictées à prépar..., lav... des schémas à trac..., lav... des leçons à repass... – 9. Et vous dévor... un énorme goûter bien mérit...

3. Remplacez les points par -er **ou** -é. **Attention aux verbes qui peuvent avoir deux constructions !**

1. Pour gagn... du temps, le chauffeur a voulu coup... par le bois, car il semble press... – 2. Mais le chemin du bois est détremp... et les roues se mettent soudain à

patin... – 3. Le camion passera-t-il ? Le chauffeur ne semble pas désespér... d'y arriv... – 4. Il semble d'ailleurs y arriv... : il avance de quelques centimètres. – 5. Il a tort de croire que c'est gagn... et se met à accélér... – 6. Les roues ne font que creus... l'ornière. – 7. Le chauffeur semble obstin... ; il essaie encore de dégag... les roues. – 8. Mais son camion reste enlis... – 9. Le cas paraît désespér... – 10. Il faut all... cherch... de l'aide à pied, s'il ne veut pas rest... couch... dans le bois !

DICTEE A CHOIX MULTIPLES

(Les animaux se sont vexés de la façon dont Delphine et Marinette les ont représentés, et ils se sont conformés à leur peinture maladroite. Le canard leur parle.)

Un discours • flatteur • – 1. « Mes cher*(s)* vieux ami*(s)*, vous n'imagin*(é, er, és, ez)* • pas combien * je suis pein*(é, er, ée, és, ez)* • de vous voir dans *(cet, cette)* situ**ation.** – 2. *(Quel/Quelle)* tristesse de pens*(é, er, ée, ez)* que *(ces/ses/c'est)* magnifi**que***(s)* *(bœuf/bœux/bœufs)* blanc*(s)* ne *(son/sont)* plus rien maintenant *, que *(cet/cette)* âne si gracieux • dans *(ces/ses)* évol**ution***(s)* *(ce/se)* traîn*(e, es, ent)* • misérablement sur deux *(pâtes/pattes)* et que notre beau grand cheval n'est plus qu'une pauvre petite chose ratatin*(é, er, ée, és, ez)*. – 3. *(On/Ont)* en *(a/à)* le cœur serr*(é, er, ez)* •, je vous assur*(e, es)* •. – 4. Les petites n'*(on/ont)* jamais * eu l'int**ention** de froiss*(é, er, ée, ez)* personne • au contraire. – 5. Ce qui vous **arriv***(e, es, ent)* leur*(s)* caus*(e, es, ent)* autant * de chagrin qu'*(a/à)* moi et je suis *(sur/sûr)* que, de votre côté •, vous êtes très * ennuy*(é, er, és, ez)* •. – 6. Ne vous entêt*(é, er, és, ez)* • donc * pas. – 7. Laiss*(é, er, és, ez)*-vous revenir **gentiment** *(a/à)* • votre asp**ect** • habituel*(le)* •. » (D'après Marcel Aymé, *Les Contes du Chat perché.*)

LES MOTS DE LA FAMILLE : À VOS DICTIONNAIRES !

flatter → flatteur(-euse), flatteusement, un flatteur, la flatterie.

la grâce → gracier, graciable, gracieux(-euse), gracieusement, une gracieuseté, gracile, la gracilité - la disgrâce → disgracier, disgracié(e), disgracieux(-euse). Seules la grâce et la disgrâce ont un accent circonflexe.
– la/l' (in)gratitude, un ingrat, gratifier, une gratification - gratuit, la gratuité, gratuitement, gratis - les congratulations, congratuler.

l'ennui → ennuyer, ennuyant, ennuyeux - désennuyer.

la tête → un têtard, un têt ou test - s'entêter, l'entêtement, entêtant(e), un en-tête - étêter, l'étêtement ou étêtage, étêté(e).

traîner → traînant(e), une traîne, une traînée, un traîneau, un traîneur, un traînard, traînasser, traînailler, le traînage, la traînerie, un traînement, un traîne-misère ou traîne-malheur, le train.
– entraîner, entraînant(e), un entraîneur(-euse), l'entraînement, entraînable, l'en-train (famille régulière).

l'aspect → le re**spect**, re**spect**er, re**spect**able, la re**spect**abilité, re**spect**ueux(-euse), re**spect**ueusement, re**spect**if(-ive), re**spect**ivement - l'irre**spect** - su**spect**(-ecte) - in**spect**er, l'in**spect**ion, un in**spect**eur - circon**spect**(-ecte), la circon**spect**ion - un **spect**acle, **spect**aculaire, un **spect**ateur, un **spect**re, **spect**ral(e) - l'e**xpect**ative - la per**spect**ive - la pro**spect**ive, un pro**spect**us - une rétro**spect**ive, rétro**spect**ivement.

VINGT, CENT, MILLE

LEÇON

Les nombres cardinaux sont **invariables**, sauf **un, vingt** et **cent.**

- **Un** a un féminin : *une.*
- **Vingt** et **cent** prennent un **s** quand ils sont multipliés et forment un nombre rond de vingtaines ou de centaines :
  Ex. : *quatre-vingt**s*** = 4 × 20 ; *deux cent**s*** = 2 × 100.
  Mais s'ils sont suivis d'un autre chiffre, ils perdent le *s* :
  Ex. : *quatre-vingt-trois ; deux cent cinq.*
  Notez le trait d'union des adjectifs numéraux inférieurs à cent.

  ATTENTION !
  cent vingt = *cent* + *vingt* → on ne met pas d'*s*.
- **Mille** est invariable, comme les autres nombres cardinaux.
  Mais *millier, million* (noms communs) prennent la marque du pluriel.
  Ex. : *Voici deux mille francs.* Mais : *plusieurs millier**s** de personnes.*

EXERCICES

1. Écrivez en toutes lettres les nombres indiqués.
1 sucre d'orge et 1 glace – les 7 jours de la semaine – les 9 muses – les 4 saisons – les 12 mois de l'année – j'ai 90 ans – la libération de 1945 – 100 – 120 – 220 – 280 – 400 – 420 – 480 – 485 – 1 000 – 1 400 – 1 480 – 1 487 – 2 000 – 10 000.

2. Même exercice que le n° 1.
« – Bonjour, dit le petit prince au businessman. Votre cigarette est éteinte.
– 3 et 2 font 5, 5 et 7, 12. 12 et 3, 15. Bonjour. 15 et 7, 22. 22 et 6, 28. Pas le temps de la rallumer. 26 et 5, 31. Ouf ! Ça fait donc 501 622 731. – 500 000 000 de quoi ? – Hein ? Tu es toujours là ? 500 000 000 de quoi ?... je ne sais plus... J'ai tellement de travail ! Je suis sérieux, moi, je ne m'amuse pas à des balivernes ! 2 et 5, 7... Depuis 54 ans que j'habite cette planète-ci, je n'ai été dérangé que 3 fois. La 1re fois ç'a été, il y a 22 ans, par un hanneton qui était tombé Dieu sait d'où. La seconde fois, ç'a été, il y a 11 ans, par une crise de rhumatisme. La 3e fois, la voici ! Je disais donc 501 000 000... (D'après A. de Saint-Exupéry, *Le Petit Prince.*)

DICTEE A CHOIX MULTIPLES

Problème. – 1. Un cavalier, co**mm**ence le maître en haussant • le ton comme pour dict*(é, ée, er) (ces/ses)* cond**ition***(s) (a/à)* une armée vaincu*(e)*, un cavalier et un cycliste qui**tt***(e, es, ent)* Paris pour Tonnerre, virg**ule** ;• l'un *(a, à)* cinq heure*(s)* trente*(s)*, virg**ule**, l'autre *(a, à)* neu*(f, ves)* heure*(s)* quarante-cinq, un point. – 2. La dist**ance** • entre *(ces/ses)* deux ville*(s) (et/est)* de cent quatre-vingt*(s)*-dix-sept kilomètre*(s)*, un point. – 3. Le cavalier fai*(t, s)* une moy**enne** de douze*(s)* kilomètre*(s)* *(a/à)* l'h**eure***(s) (et/est)* le cycliste une moy**enne** de vingt-neuf, virgule, cinq cent*(s)*, un point. – 4. « Ça finira mal », *(ce/se)* di*(s, t)* Bellavoine en lâchant *(son/sont)* porte-plume pour reprendre *(son/sont) (boue/bout)* de zan et choisir en vitesse un cheval convenable et un vélo en bon*(ne)* état. (J. Perret, *Objets perdus*)

FICHE 48

L'ADVERBE EN -MENT

LEÇON

Contrairement à l'adjectif, qui s'accorde, l'adverbe est **invariable**.

- Les adverbes en **-ment** ne prennent qu'un seul **m,** sauf s'ils sont formés sur un adjectif en *-ent* ou *-ant.*
  Ex. : *joli → joliment ; énorme → énormément ; résolu → résolument.*
  – Adjectifs en **-ent** → adverbes en **-emment :** *prudent → prudemment.*
  – Adjectifs en **-ant** → adverbes en **-amment :** *brillant → brillamment.*
- Lorsque l'adjectif se termine par une consonne, et autrement que par **-ent** ou **-ant,** l'adverbe se forme sur le féminin de l'adjectif.
  Ex. : *soigneux* (m) → *soigneuse* (f) → *soigneusement* (adv.).
- Cas particuliers à retenir : *gentil → gentiment ; gai → gaiement.*

EXERCICES

1. Formez des adverbes sur les adjectifs suivants.

a) 1. infini – 2. évident – 3. effronté – 4. différent – 5. abondant – 6. hardi – 7. insolent – 8. stupide – 9. décidé – 10. aveugle – 11. constant – 12. apparent – 13. rude – 14. suffisant – 15. précédent – 16. vrai – 17. fréquent – 18. bruyant – 19. étonnant – 20. carré – 21. impatient – 22. puissant – 23. indéfini – 24. utile.

b) 1. soudain – 2. scandaleux – 3. pareil – 4. gras – 5. rigoureux – 6. constant – 7. vaillant – 8. paresseux – 9. principal – 10. sot – 11. violent – 12. vigoureux – 13. grand – 14. mutuel – 15. public – 16. vain – 17. pur – 18. inconscient.

2. Remplacez les adjectifs entre parenthèses par des adverbes.

1. Maman prépare *(rapide)* une pâte à crêpes. – 2. Elle étale *(uniforme)* la pâte sur toute la plaque. – 3. Elle retourne la crêpe *(brusque)* et la fait cuire des deux côtés *(égal).* – 4. Elle répète les mêmes gestes *(patient).* – 5. Les enfants sucrent les crêpes *(abondant)* et se servent *(copieux).* – 6. Ensuite, ils proposent *(gentil)* à leur mère de les faire pour que celle-ci puisse les déguster *(tranquille).*

3. Dites sur quel adjectif est formé l'adverbe et remplacez les points par -m- **ou** -mm-.

1. Jonathan Livingstone le Goéland est un oiseau qui aime passionné...ent voler. – 2. Il ne s'intéresse plus suffisa...ent à la quête de sa nourriture, pensent les autres goélands, qui lui reprochent, d'abord genti...ent, puis mécha...ent, d'être différent. – 3. Mais lui s'entraîne consta...ent et assidu...ent au vol à haute vitesse. – 4. Mais invariable...ent, au sortir d'un piqué, son aile gauche décroche, il roule brutale...ent vers la gauche et part immanquable...ent en vrille. – 5. Il a alors l'idée de procéder différe...ent et de garder ses ailes absolu...ent immobiles. – 6. Il dépasse instantané...ent les 135 km/h, mais comme précéde...ent, cette fois à 135 km/h, il s'écartèle littérale...ent au milieu des airs et s'écrase si viole...ent sur la mer qu'il s'évanouit. – 7. Quand il revient à lui, il est tenté de rentrer humble...ent dans le rang. – 8. Soudaine...ent, il pense : « Évide...ent ! Des ailes courtes ! Il me faut replier presque complète...ent mes ailes et voler seule...ent avec les extrémités. » (D'après Richard Bach, *Jonathan Livingstone le Goéland.*)

FICHE 49

L'IMPARFAIT DE L'INDICATIF

LEÇON

être		avoir		chanter		*terminaisons*
j'	ét**ais**	j'	av**ais**	je	chant**ais**	**-ais**
tu	ét**ais**	tu	av**ais**	tu	chant**ais**	**-ais**
il	ét**ait**	il	av**ait**	il	chant**ait**	**-ait**
nous	ét**ions**	nous	av**ions**	nous	chant**ions**	**-ions**
vous	ét**iez**	vous	av**iez**	vous	chant**iez**	**-iez**
ils	ét**aient**	ils	av**aient**	ils	chant**aient**	**-aient**

CONSEILS

▶ Pour tous les verbes du 1er **groupe**, pensez bien à toutes les lettres du radical avant d'ajouter les terminaisons de l'imparfait :

*cré**er***	→ *je cré**ais***	*nous cré**ions***	*vous cré**iez***
*nettoy**er***	→ *je nettoy**ais***	*nous nettoy**ions***	*vous nettoy**iez***
*cri**er***	→ *je cri**ais***	*nous cri**ions***	*vous cri**iez***
*sign**er***	→ *je sign**ais***	*nous sign**ions***	*vous sign**iez***
*brill**er***	→ *je brill**ais***	*nous brill**ions***	*vous brill**iez***

▶ Les verbes en **-eler, -eter** ne prennent qu'un *-l-* et qu'un *-t-* à toutes les personnes et n'ont jamais d'accent sur le *e* qui le précède.
Ex. : *jeter → je jetais, nous jetions*
appeler → j'appelais, nous appelions.

▶ Les verbes en **-cer** prennent une *cédille* devant le *-a.*
Ex. : *commence → je commençais,* mais : *nous commencions.*

▶ Les verbes en **-ger** prennent un *e* devant le *-a.*
Ex. : *manger → je mangeais,* mais : *nous mangions, vous mangiez.*

▶ Les verbes en **-guer** et **-quer** gardent le *u* à toutes les personnes.
Ex. : *manquer → je manquais, nous manquions*
conjuguer → je conjuguais, nous conjuguions.

▶ Les verbes des **2e et 3e groupes** ont les mêmes terminaisons que ceux du 1er groupe. Pour former l'imparfait des verbes des 2e et 3e groupes, pensez à la 1re personne du pluriel du présent de l'indicatif.
Ex. : *finir → nous **finiss**ons → je **finiss**ais, nous **finiss**ions.*

Lorsque le radical se termine par *-gn-*, *-ill-*, ou *-y-*, n'oubliez pas le *-i-* aux 1re et 2e personnes du pluriel.
Ex. : *peindre → nous peignons → nous peign**ions,** vous peign**iez***
*recueillir → nous recueillons → nous recueill**ions,***
*vous recueill**iez***
*fuir → nous fuyons → nous fuy**ions,** vous fuy**iez.***

EXERCICES

1. Conjuguez.

a) être content, parler haut et avoir confiance en soi.
b) tuer le temps et veiller tard.
c) avant l'orage, nettoyer les rigoles, déplier le double toit et vérifier les tendeurs.
d) détailler les passants et cligner de l'œil.

e) commencer des puzzles et manquer de temps pour les finir.
f) naviguer en dériveur et longer la côte.
g) voir un fantôme, geindre et défaillir de peur.

2. Mettez à la 1re personne du singulier, puis du pluriel, de l'imparfait.
1. vouvoyer ses parents – 2. employer des tournures élégantes – 3. envoyer des cartes postales à ses professeurs – 4. choyer ses parents – 5. essayer de faire plaisir.

3. Mettez à la 2e personne du singulier, puis du pluriel, de l'imparfait.
1. être reporter – 2. identifier les vedettes – 3. manier la caméra – 4. étudier les cadrages – 5. télégraphier des nouvelles – 6. sacrifier tous ses loisirs.

4. Mettez à la 1re personne du singulier, puis du pluriel, de l'imparfait.
1. aligner les troupes – 2. se renseigner sur l'adversaire – 3. cogner sur l'ennemi – 4. baigner dans le sang – 5. gagner la bataille – 6. soigner les blessés – 7. grogner pour ranger les soldats – 8. rechigner à le faire – 9. désigner son petit frère.

5. Mettez à la 2e personne du singulier, puis du pluriel, de l'imparfait.
1. travailler son bronzage – 2. se dépouiller de ses vêtements – 3. conseiller la crème aux autres – 4. griller au soleil – 5. vaciller en se relevant – 6. se tortiller pendant la nuit – 7. fouiller l'armoire à pharmacie.

6. Mettez les verbes entre parenthèses à l'imparfait.
Attente à l'affût. – 1. Les petits oiseaux *(ramager)*. – 2. On aurait dit qu'une caille et un étourneau *(dialoguer)* ensemble. – 3. Ils *(s'entr'appeler)*, *(pépier)* chacun à leur tour et *(recommencer)*. – 4. Les corbeaux ne *(présager)* rien de bon. – 5. Ils *(rappliquer)* dès qu'ils *(déceler)* notre présence. – 6. Ils *(voleter)* à distance prudente, *(longer)* la ligne des chasseurs, *(zigzaguer)* entre les affûts. – 7. Puis ils *(s'élancer)* très haut dans le ciel, *(piquer)* sur les chasseurs, *(obliquer)* à la dernière minute. – 8. Ils *(narguer)* les chasseurs et les *(agacer)* prodigieusement. – 9. Ils ne *(risquer)* rien et *(renouveler)* leur jeu à plaisir.

7. Mettez à l'imparfait les verbes entre parenthèses.
Mœurs romaines. – 1. Les Romains *(avoir)* de belles maisons. – 2. Elles *(être)* divisées en deux parties : la première, près de la rue, *(accueillir)* les relations du maître. – 3. La seconde *(héberger)* sa famille. – 4. Les Romains *(aller)* dans le triclinium et ils *(s'étendre)* sur des lits pour prendre leurs repas. – 5. Ils *(recevoir)* volontiers des amis avec qui ils *(festoyer)*. – 6. Ils *(employer)* des esclaves pour se faire servir. – 7. Les esclaves ne *(valoir)* pas cher : en effet, les maîtres les *(acquérir)* à bas prix. – 8. Ils *(devoir)* exécuter les ordres reçus. – 9. Si les esclaves *(mentir)* ou *(voler)*, le maître *(pouvoir)* les battre et les mettre à mort s'il le *(vouloir)*. – 10. Quand un esclave *(s'enfuir)*, le maître le *(faire)* rattraper et le *(contraindre)* à rester à son service. – 11. Le fugitif *(finir)* par renoncer à la liberté. – 12. Mais certains d'entre eux ne *(se plaindre)* pas, car ils *(vivre)* auprès d'un bon maître.

8. Mettez à l'imparfait les verbes entre parenthèses.
Souvenirs d'enfance. – 1. Nous *(être)* sept enfants et nous ne *(s'ennuyer)* pas. – 2. Nous *(bouillir)* d'impatience avant de partir en vacances. – 3. Car, chaque année, nous *(revoir)* avec bonheur la grande maison. – 4. Nous y *(accueillir)* souvent amis et cousins. – 5. Au goûter, nous *(s'asseoir)* dans la roseraie et *(assaillir)* les visiteurs de questions. – 6. Nous *(se distraire)* facilement. – 7. A l'automne, nous *(cueillir)* les fruits, *(gauler)* les noix et *(atteindre)* les plus hautes en grimpant à l'arbre. – 8. Tous les trois ans, nous *(repeindre)* le portail ou *(élaguer)* les tilleuls de la grande allée.

9. Même exercice que le n° 8 *(suite).*

1. Nous *(jouer)* souvent à « cache-cache-premier-vu ». – 2. Nous *(s'enfuir)* dans le parc, nous *(se cacher)* et, entre les feuilles, nous *(entrevoir)* le « chat » qui nous *(chercher).* – 3. Nous *(tressaillir)* quand il *(s'approcher)* car nous *(craindre)* d'être pris. – 4. C' *(être)* au moment où nous *(croire)* l'être que, justement, un autre *(se faire)* prendre ! – 5. Alors, nous *(rejoindre)* le bouleau qui *(servir)* de but et *(revoir)* longuement ensemble les péripéties du jeu. – 6. Nous *(se plaindre)* des « chats » qui *(jeter)* des regards par en dessous pendant qu'ils *(coller)* et nous les *(contraindre)* à recommencer. – 7. Nous *(exulter)* quand nous *(atteindre)* le but sans être vus.

DICTEES A CHOIX MULTIPLES

Découverte de la rivière. – 1. Je ne voy*(ai, ais, ait, aient)* plus devant * moi que la rivière. – 2. Elle gliss*(ai, ais, ait, aient).* – 3. Plus * loin *, en aval •, l'**île**, prise dans les premiers rayons du jour, **comm**en*(cait, çait, caient, çaient) (a/à)* sortir des brumes matin**ales**. – 4. Peupliers, ormes et bouleaux form*(ait, aient)* une masse confuse d'*(ou/où) (peu/peut) (a/à) (peu/peut) (ce/se)* détach*(ait, aient)* de grands *(pans/paons/pends)* de feuillages qui pren*(ait, aient)* la lumière. – 5. A la pointe, un roc bleu émerg*(ait, eait)* au-dessus * de l'eau, qu'il bris*(ai, ais, ait, aient)* avec viol**ence**. – 6. Et l'eau bouill**onn***(ait, aient)* de colère. – 7. Mais la rive de l'île était si rose et, sous une légère brise, il en ven*(ait, aient)* de tels parfums • d'arbres, de plantes et de fleurs sauvages, que j'ét*(ais, ait, aient)* saisi d'émerveillement. (D'après H. Bosco, *L'Enfant et la rivière.*)

L'arrivée du simoun [1]. – *(Trois Anglais survolent le Sahara en ballon.)*

1. « *(La/Là)*-bas ! » – 2. La *(plaine/pleine) (c'/s')* agit*(ais, ait, aient)* comme une *(mer/mère)* en fur**eur** par un jour de tempête. – 3. Des vagues de sable déferl*(ais, ait, aient)* les une*(s)* sur les autre*(s)* au*(x)* milieu*(x)* d'une poussière intense. – 4. Une **imm**ense colonne • ven*(ais, ait, aient)* du sud-est en tournoyant avec une extrême • rapidit**é**. – 5. Le sol**eil** disparaiss*(ais, ait, aient)* derrière * un nuage opaque dont l'ombre démesur*(é, er, ée) (ç/s')* **all**ong*(ait, eait)* jusqu'au*(x)* ballon •. – 6. Les grains • de sable fin • gliss*(ais, ait, aient)* avec la facilit**é** de mol**écules** • **liquide***(s),* et cet*(te)* marée • montante gagn*(ait, iait) (peu/peut)* à *(peu/peut).* « Le simoun ! » (D'après Jules Verne, *Cinq Semaines en ballon.*)

LES MOTS DE LA FAMILLE : À VOS DICTIONNAIRES !

colonne → la colo**nn**ade, la colo**nn**ette ≠ la colonie, le colonel !

extrême → extrêmement, mais l'extrémité, un extrémiste, l'extrémisme et in extremis (mot latin, sans accent).

le grain → une gr**ai**ne, un gr**ai**netier, une gr**ai**neterie.
/gran- : un **gran**ule, **gran**uleux(-euse), **gran**ulé(e), la **gran**ulation - le **gran**ite, **gran**itique, **gran**ité, **gran**iteux(-euse) - une **gran**ge, engr**an**ger.
/gren- : un **gren**ier, une **gren**ade, la **gren**adine, un **gren**adier, la **gren**aille - un engr**en**age, engr**en**er - égr**en**er, une égr**en**euse, l'égr**en**age.

fin, fine → **fin**ement, la **fin**esse, **fin**aud(e), **fin**asser, une **fin**asserie, un **fin**asseur - af**fin**er, l'af**fin**age - raf**fin**er, raf**fin**é(e), une raf**fin**erie, le raf**fin**ement - **fign**oler.

---

1. *Simoun :* vent brûlant du désert.

FICHE 50

-ER, -AIS/-AIT/-AIENT, -É/-ÉE/-ÉES

LEÇON

Dans les verbes du 1er groupe (en **-er**), ne confondez pas :
- **-ais, -ait, -aient :** terminaisons de l'imparfait de l'indicatif
- **-é, -ée, -és, -ées :** terminaisons du participe passé
- **-er :** terminaison de l'infinitif.

UN TRUC

Si vous hésitez, remplacez le verbe par *prendre, vendre, mordre...*, puis posez la question « qui est-ce qui ? » pour l'accorder.

1. *Luc grignot**ait** le croûton du pain.*
On peut dire : *Luc prenait le croûton du pain :* c'est bien l'imparfait.
« Qui est-ce qui grignotait ? Luc » : 3e personne du singulier ⇒ **-ait.**

2. *Le pain grignot**é** avait diminué de moitié.*
On ne peut pas dire : *Le pain prenait...* Il faut dire : *Le pain pris.* C'est donc bien le participe passé.
« Qui est-ce qui est grignoté ? Le pain » : masculin singulier ⇒ **-é.**

3. *Pourtant sa maman lui avait défendu de le grignot**er**.*
On ne peut pas dire : *de le prenait,* ni *de le pris.* Il faut dire : *de le prendre.* C'est donc bien l'infinitif (après la préposition *de*) ⇒ **-er.**

EXERCICES

1. Remplacez les points par -ait, -é.

1. L'ogre habit... un palais hant... – 2. On arriv... par un chemin défonc... – 3. Un gazon pel... s'étend... devant le palais. – 4. L'ogre employ... un cheval efflanqu... pour voyager. – 5. L'ogre fum... beaucoup et aim... le poisson fum... et le ragoût bien épic... – 6. Mais ce qu'il préfér..., c'était la chair fraîche des petits enfants. – 7. Le Petit Poucet n'était pas rassur... d'être le plat préfér... de l'ogre. – 8. Tous les soirs, l'ogre aval... un mouton entier. – 9. Le mouton aval..., il songe... à compléter son repas.

2. Remplacez les points par les terminaisons d'imparfait (-ais, -ait, -aient) **ou par les terminaisons de participe passé** (-é, -ée, -és, -ées).

1. Mon patron me recommand... d'aller tout de suite chercher à la poste les lettres recommand... – 2. Ma grand-mère qui brod... a fait ce napperon brod... – 3. Les pommes de terre épluch..., mes sœurs épluch... la salade. – 4. La cassette où j'enferm... mes bijoux ét... bien ferm... – 5. Dans l'immeuble où tu lou... un appartement, tous les appartements sont maintenant lou...

3. Remplacez les points par les terminaisons de l'imparfait, du participe passé ou de l'infinitif de son « é » ou « è ».

1. Christine a été retard... – 2. Elle a eu très peur de se faire grond... – 3. Car, jusqu'à présent, tu la grond... chaque fois qu'elle oubli... l'heure. – 4. Et Christine, grond..., boud... pendant longtemps. – 5. Mais aujourd'hui, comme ta montre retard.., tu es arrivé encore plus tard qu'elle. – 6. Voilà un drame évit... ! – 7. Car, avec elle, les fautes sont tout de suite oubli... et elle n'aura aucune raison de boud...

DICTEES A CHOIX MULTIPLES

1. L'oiseau fut***(é, er, ait).***
2. A quoi *(bon, bond)* me fracass*(é, er, ait)* •
dit l'oiseau sachant chant*(é, er, ait)* •
(au/aux) chasseur sachant chass*(é, er, ait)*
qui voul*(é, er, ait, aient)* le fricass*(é, er, ait).*
3. Si tu me f*(ais, ait)* trépass*(é, er, ait)* •
Chasseur au cœur desséch*(é, er, ait)* • ,
tu n'entendras plus chant*(é, er, ait)* • ,
l'oiseau que tu pourchass*(é, er, ais, ait).*
4. Mais le chasseur très froiss*(é, er, ait)*
dit *(a/à)* l'oiseau tracass*(é, er, ait)* • :
Je n'aime pas la musique
et tire un *(cou/coup)* de fusique [1].
5. Le chasseur manqu*(e, es, ent)* l'oiseau
qui *(c'/s')* envol*(e, es, ent)* *(et/est)* qui *(ce/se)* moque.
6. Le chasseur *(ce/se)* sen*(s, d, t)* bien *(sot/seau/saut)*
(et, est) l'oiseau lui fai*(s, t)* la nique.
7. Après tout, *(dis/dit)* le chasseur,
j'aime beaucoup * la musique.
8. Moi-z-aussi [2] *(dis/dit)* le siffleur •
(ce/se) perchant sur le fusique [1]. (D'après Claude Roy, *Enfantasques.*)

Les oranges. – 1. Quelquefoi*(e, s)* *, au meilleur*(e)* moment de la sieste, des éclats de tamb**our** me réveill*(ais, ait, aient)* en sursaut • . – 2. C'*(était/étaient)* de malheureu*(s, x)* tapin*(s)* [3] qui ven*(ais, ait, aient)* *(c', s')* exerc*(é, er, és, aient)* en bas, sur la route. – 3. Pour *(ç/s')* abrit*(é, er, és, aient)* • un *(peut, peu)* de la lumière aveuglante que la route leur*(s)* renvoy*(ais, ait, aient)* impitoyablement, les pauvre*(s)* diable*(s)* ven*(ais, ait, aient)* *(ce, se)* mettre dans l'ombre courte de la h**aie**. – 4. Et il*(s)* **tap***(ais, ait, aient)* • ! et il*(s)* av*(ais, ait, aient)* chaud ! – 5. Alors, je m'amus*(ais, ait, aient)* à leur*(s)* jet*(é, er, és, aient)* quelque*(s)*-un*(s)* de *(ces, ses)* beau*(s, x)* fruit*(s)* rouge*(s)* qui pend*(ais, ait, aient)* près de ma main. – 6. Le tamb**our***(s)* vis*(é, er, ait)* *(ç/s)*'**arrêt***(er, ait, aient)* • . – 7. Il y av*(ais, ait, aient)* une minute d'hésitation • ; puis il*(s)* le ramass*(ais, ait, aient)* bien vite * et mord*(ais, ait, aient)* à *(plaines/pleines)* dents sans enlev*(é, er, ait)* l'écorce. (D'après A. Daudet, *Les Lettres de mon moulin.*)

LES MOTS DE LA FAMILLE : À VOS DICTIONNAIRES !

le saut → **saut**er, un **saut**eur, une **saut**erelle, un **saut**oir, **saut**iller, le **saut**illement - le sur**saut**, sur**saut**er - le **sauter** - le soubre**saut** - l'as**saut** - tres**saut**er.

une tape → ta**p**er, une ta**p**ette, un ta**p**in, ta**p**ant(e), ta**p**é(e), une ta**p**ée, ta**p**oter, un ta**p**eur(-euse), le ta**p**age, ta**p**ageur(-euse) - reta**p**er – to**p**er.

un arrêt → arr**ê**ter, un arr**ê**té - une arre**s**tation. *(L'accent circonflexe correspond à un -s latin.)*

le fracas → fraca**sser** ; trépa**s** → trépa**sser** : Tous les noms en **-a** qui correspondent à un verbe en **-asser** s'écrivent **-as**. Attention : *verglas* → *verglacé.*

1. Mot inventé par C. Roy. – 2. Liaison fantaisiste. – 3. Joueur de tambour.

FUTUR DE L'INDICATIF

1. ÊTRE, AVOIR, VERBES DU 1er GROUPE

LEÇON

	être		**avoir**		**chanter**		**crier**	*terminaisons*
je	ser**ai**	j'	aur**ai**	je	chanter**ai**	je	crier**ai**	-(er)**ai**
tu	ser**as**	tu	aur**as**	tu	chanter**as**	tu	crier**as**	-(er)**as**
il	ser**a**	il	aur**a**	il	chanter**a**	il	crier**a**	-(er)**a**
nous	ser**ons**	nous	aur**ons**	nous	chanter**ons**	nous	crier**ons**	-(er)**ons**
vous	ser**ez**	vous	aur**ez**	vous	chanter**ez**	vous	crier**ez**	-(er)**ez**
ils	ser**ont**	ils	aur**ont**	ils	chanter**ont**	ils	crier**ont**	-(er)**ont**

DES TRUCS

- Pour trouver le futur d'un verbe, commencez la phrase par : « *Demain, je...* »
- Pour former le futur des verbes du 1er groupe, ajoutez à l'infinitif *-ai, -as,* etc., pour ne pas oublier le **-e-** dans les verbes à voyelle.
  Ex. : *crier → je crierai.*

ATTENTION !

- Les verbes en **-yer** changent le *-y-* en *-i-* devant le **-e-** du futur.
  Ex. : *je nettoierai, j'essuierai, j'essaierai.*
  N'oublierez pas le *-e-* après le *-i-* du radical.
  Attention au futur irrégulier : *envoyer → j'enverrai.*
- Les verbes en **-eler, -eter** qui redoublent le *-l* ou le *-t* devant le *e* muet le redoublent aussi au futur.
  Ex. : *je jetterai, j'appellerai, mais j'achèterai, je gèlerai.*
- Les verbes qui ont un *e* sans accent à l'avant-dernière syllabe de l'infinitif prennent un accent grave sur ce *e* au futur.
  Ex. : *se promener → je me promènerai.*
  Mais les verbes qui ont un *é* accent aigu sur l'avant-dernière syllabe de l'infinitif le gardent aigu au futur, malgré la prononciation.
  Ex. : *digérer → je digérerai.*

EXERCICES

1. Conjuguez au futur de l'indicatif.

1. Demain, je ne *(bavarder)* plus avec mon voisin. – 2. Demain, je *(être)* riche et *(avoir)* des caramels. – 3. Demain, je *(jouer)* de la guitare. – 4. Demain, j'*(envoyer)* des invitations et je ne *(s'ennuyer)* pas. – 5. Demain, je *(acheter)* un cochon entier. – 6. Demain, je *(appeler)* des amis et *(banqueter)*.

2. Mettez à la 2e personne du singulier, puis du pluriel, du futur de l'indicatif.

1. être en forme – 2. se charger d'un sac – 3. commencer par le glacier – 4. sauter une crevasse – 5. marcher longtemps – 6. longer une paroi – 7. escalader une fissure – 8. planter un piton – 9. forcer le passage – 10. arriver au sommet – 11. prolonger ces instants agréables – 12. avoir des courbatures.

3. Mettez à la 3e personne du singulier, puis du pluriel, du futur de l'indicatif.
1. copier l'énoncé du problème – 2. multiplier les astuces – 3. simplifier ses calculs – 4. vérifier ses opérations – 5. n'oublier rien – 6. stupéfier le professeur.

4. Mettez à la 2e personne du singulier, puis du pluriel, du futur de l'indicatif.
1. balayer la salle à manger – 2. nettoyer les carreaux – 3. employer un détergent – 4. essayer d'atteindre le haut des carreaux – 5. ne pas effrayer les voisins par ses acrobaties – 6. ne pas rayer les vitres – 7. déployer une activité fébrile.

5. Conjuguez au futur de l'indicatif.
1. relever la tête et espérer faire mieux – 2. se démener et s'exaspérer – 3. ne pas se surmener et ne pas s'inquiéter.

6. Mettez au futur à la 3e personne du singulier.
1. fureter dans son antre – 2. épousseter ses vieux livres – 3. les feuilleter – 4. épeler des formules magiques – 5. modeler une figurine – 6. la piqueter d'aiguilles – 7. appeler les esprits – 8. grommeler des paroles incompréhensibles – 9. jeter un sort – 10. ensorceler ses ennemis.

7. Mettez au futur les verbes entre parenthèses.
(Un ermite exalté et fou propose au prince de rester vivre avec lui.)
1. Ici, tu *(être)* en paix. – 2. Tu *(prier)*, tu *(étudier)* la Bible, tu *(méditer)* sur les folies et les vanités du monde. – 3. Tu *(manger)* des croûtes et des herbes, pour toute nourriture. – 4. Tu *(châtier)* ton corps tous les jours et ainsi tu *(expier)* tes péchés. – 5. Tu *(porter)* sur la peau une chemise. – 6. Tu *(avoir)* la paix. – 7. Et celui qui voudrait te la reprendre *(s'en retourner)* vaincu, il ne te *(trouver)* pas, il ne te *(molester)* pas. (D'après Mark Twain, *Le Prince et le pauvre*.)

DICTEE A CHOIX MULTIPLES

Un autre Paris. – 1. « J'*(ai/es/est)* une idée, di*(e, s, t)* Marcel. – 2. Nous allons découvrir*(e)* une île déserte. – 3. Nous y planteron*(s, t)* notre drapeau. – 4. Nous en feron*(s, t)* notre royaume et nous le cultiveron*(s, t)*... – 5. L'île déserte ser*(a, as)* le plus petit massif du jardin, qui *(ai/es/est)* *(a/à)* l'écart •, et qui *(ai/es/est)* triangulaire. – 6. Les plantes seron*(s, t)* considér*(é, er, ées)* comme les habitants • de l'île... – 7. – Alors * elle n'est pas déserte, objecte • Arthur. – 8. – Non : elle est sauvage. Et *(a/à)* partir du moment *(ou/où)* nous y seron*(s, t)*, elle ser*(a, as)* civilis*(é, er, ée)*. – 9. Les petit*(s)* poirier*(s)* • seron*(s, t)* les ville*(s)* principa*(le, les)* •. – 10. Le poirier du milieu ser*(a, as)* la capital*(e)* ; – 11. quel*(le)* grand*(e)* ville ! — 12. Toutes *(ces, ses)* feuille*(s)* agit*(é, er, és, ées)*, tous *(ces/ses)* fruit*(s)* qui *(ce/se)* form*(e, es, ent)* : *(ces/ses/c'est)* un autre Paris. » (D'après Valéry Larbaud, *Enfantines*.)

LES MOTS DE LA FAMILLE : À VOS DICTIONNAIRES !

écart → écarter, l'écartement - écarteler, l'écartèlement - mettre au rancart.

objecter (← objet) → un objecteur, une objection, un objectif, l'objectivité.

un prince (qui occupe = cap- / cip- la première place) → la princesse, princier (-ère), le principe, principal(e), le principal, une principauté - émanciper, l'émancipation - municipal, une municipalité - participer, un participe, la participation - un récipient - anticiper, l'anticipation.

Le suffixe -er sert à former les noms de l'arbre à partir de leur fruit ; ex. : la poire → le poirier.

LE FUTUR DE L'INDICATIF

2. VERBES DU 2e ET DU 3e GROUPE

LEÇON

	finir		partir		rendre		battre	terminaisons
je	fini**rai**	je	parti**rai**	je	rend**rai**	je	batt**rai**	-(r)**ai**
tu	fini**ras**	tu	parti**ras**	tu	rend**ras**	tu	batt**ras**	-(r)**as**
il	fini**ra**	il	parti**ra**	il	rend**ra**	il	batt**ra**	-(r)**a**
nous	fini**rons**	nous	parti**rons**	nous	rend**rons**	nous	batt**rons**	-(r)**ons**
vous	fini**rez**	vous	parti**rez**	vous	rend**rez**	vous	batt**rez**	-(r)**ez**
ils	fini**ront**	ils	parti**ront**	ils	rend**ront**	ils	batt**ront**	-(r)**ont**

UN TRUC

Pour les verbes du 2e et du 3e groupe, ajoutez *-ai, -as,* etc., à l'infinitif du verbe en enlevant le *-e* muet final, si le verbe en a un.

ATTENTION !

• Les verbes en **-oir** sont presque tous irréguliers au futur :

voir → je verrai   *revoir → je reverrai*   *entrevoir → j'entreverrai*

Mais : *prévoir → je prév**oi**rai*   *pourvoir → je pourv**oi**rai*

recevoir → je recevrai   *devoir → je devrai*   *savoir → je saurai*

pouvoir → je pourrai   *vouloir → je voudrai*   *valoir → je vaudrai*

s'asseoir → je m'assiérai ou *je m'assoirai*

• *courir, mourir* et *acquérir* prennent deux *r au futur :*

*je cou**rr**ai, je mou**rr**ai, j'acque**rr**ai.*

• Autres verbes irréguliers :

aller → j'irai   *cueillir → je cueill**e**rai*   *faire → je ferai*

venir → je viendrai   *tenir → je tiendrai*

EXERCICES

1. Conjuguez au futur de l'indicatif.

Bondir en avant et saisir l'occasion.

2. Mettez à la 1re personne du singulier puis du pluriel du futur de l'Indicatif.

1. nourrir un chien – 2. bondir avec lui – 3. le saisir par la queue – 4. se blottir contre lui – 5. subir ses puces – 6. réussir à s'en débarrasser.

3. Conjuguez au futur de l'indicatif.

1. suivre les conseils de prudence – 2. conduire doucement et vivre longtemps.

4. Mettez à la 2e personne du singulier puis du pluriel du futur de l'indicatif.

1. lire la note d'électricité – 2. ne pas rire du tout – 3. écrire à l'E.D.F. – 4. exclure une erreur – 5. maudire les augmentations – 6. réduire la consommation.

5. Conjuguez au futur de l'indicatif.

Se plaire à la campagne et faire la moisson.

6. Mettez à la 3e personne du singulier puis du pluriel du futur de l'indicatif.

1. naître – croître – sentir – souffrir – 2. peindre une pelouse – la couvrir de marguerites – mettre un coquelicot – y joindre des bleuets – 3. rendre des oracles – ne

pas en démordre – résoudre les problèmes – s'en sortir toujours – 4. boire les informations – mordre à l'hameçon – croire à tout.

7. Mettez au futur de l'indicatif les verbes entre parenthèses.

Naoh, homme préhistorique, dit à Gaw, son compagnon : 1. « Je ne *(vendre)* pas la peau de l'ours. – 2. Je l'*(attendre)* au coin du bois. – 3. Lorsque je l'*(entendre)*, je le *(reconnaître)*. – 4. Je ne *(s'enfuir)* pas, mais je le *(combattre)* vaillamment. – 5. Je ne lui *(permettre)* pas non plus de s'enfuir, mais je l'*(abattre)* et le *(vaincre)*. – 6. Puis je lui *(fendre)* la peau – sa fameuse peau – et lui *(ouvrir)* le ventre. – 7. Ensuite, je *(recoudre)* sa peau. – 8. Je *(s'en servir)* comme tapis, ou je la *(suspendre)* au mur comme trophée, ou je l'*(offrir)* à un ami, ou bien je *(s'en couvrir)* pour me déguiser en ours. » (Variation fantaisiste sur Rosny aîné, *La Guerre du feu.*)

8. Mettez les verbes entre parenthèses au futur de l'indicatif.

1. Cet été, tu *(partir)* en colonie de vacances. – 2. Tu *(rejoindre)* les autres par le train. – 3. Ainsi tu *(sortir)* un peu de ta famille. – 4. Tu ne *(feindre)* pas d'être content, car tu le *(être)*. – 5. Tu ne *(craindre)* pas la vie en groupe, car tu *(connaître)* déjà deux amis et tu ne *(se sentir)* pas seul. – 6. Il est même probable que tu ne *(dormir)* pas beaucoup tellement tu *(s'amuser)*.

9. Sur le modèle de recevoir, **donnez la 3e personne du singulier, puis du pluriel du futur de l'indicatif.**

1. apercevoir le troupeau – 2. percevoir des bêlements – 3. recevoir des crottes sur des pieds – 4. concevoir de l'antipathie pour les moutons – 5. décevoir le berger.

10. Mettez les verbes entre parenthèses au futur de l'indicatif.

a) **Châteaux en Espagne.** – 1. La prochaine fois, je *(prévoir)* les résultats du tiercé. – 2. Lorsque je *(voir)* les résultats, naturellement conformes à mes prévisions, et que je *(savoir)* que je suis le seul à avoir fait la bonne combinaison, je *(recevoir)* le gros lot. – 3. Alors je *(s'asseoir)* dans un fauteuil, je *(boire)* un champagne pour fêter ma chance, et j'*(entrevoir)* une vie nouvelle : je ne *(devoir)* plus travailler ; je *(pouvoir)* ne plus rien faire ; je *(revoir)* mes amis autant que je le *(vouloir) ;* je *(prévoir)* des amusements pour tous les jours ; le gros lot *(pourvoir)* à toutes mes dépenses. – 4. Vraiment, ça *(valoir)* la peine de vivre !

b) 1. Lorsque j'*(aller)* te voir, je te *(prévenir)*. – 2. Nous *(convenir)* d'une heure, tu t'en *(souvenir)* et tu *(venir)* me chercher à la gare. – 3. Je *(tenir)* ma promesse et je *(s'abstenir)* d'être en retard. – 4. Pour toi, j'*(acquérir)* l'exactitude. – 5. Je te *(cueillir)* un bouquet de jonquilles. – 6. Je *(courir)* si cela me met un peu en retard. – 7. Je *(venir)* quoi qu'il arrive. – 8. Je *(mourir)* si je manque ce rendez-vous !

DICTEES A CHOIX MULTIPLES

Un vrai père. – 1. « Tu sai*(s, t)*, Minguinho, je veu*(t, x, s)* avoir douze enfants et encore * douze. – 2. Tu compren*(s, ds)* ? – 3. Les douze premier*(s)* resteron*(s, t)* toujours * des enfant*(s)* et *(on/ont)* ne les battr*(a, as)* • jamais *. – 4. Les autr*(e, es)* deviendron*(s, t)* des hommes. – 5. Et je leur*(s)* demander*(ai, ais, ait, aient)* : – 6. « Que veu*(s, t, x)*-tu être, mon petit ? Bûcheron • ? Très bien, voici la hache • et la chemise écossaise. – 7. Toi, tu veu*(s, t, x)* être dompt**eur** • dans un cirque ? Très bien, voici le fouet • et le costume... » – 8. – Et *(a/à)* Noël, comment fer*(a, as)*-tu avec *(tant/temps/tend)* d'enfan*(t, ts)* ? – 9. – A Noël, j'aur*(ai, ais, ait)* beaucoup * d'argent. – 10. J'achèt*(rai, rais, erai, erais)* un camion de châtaignes et de nois**ettes**. –

11. Il y aur*(a, as)* tellement * de jouets qu'ils en prêteron*(s, t)* •, qu'ils en donneron*(s, t)* • *(au/aux)* petit*(s)* voisin*(s)* pauvre*(s)*... » (D'après José Mauro de Vasconcelos, *Mon Bel Oranger.*)

LES MOTS DE LA FAMILLE : À VOS DICTIONNAIRES !

battre → un ba**tt**ant, le ba**tt**age, une ba**tt**e, un ba**tt**ement, une ba**tt**erie, un ba**tt**eur(-euse), un ba**tt**oir, ba**tt**u, une ba**tt**ue - aba**tt**re, des aba**ts**, un aba**tt**ant, l'aba**tt**age - reba**tt**re, reba**tt**u - raba**tt**re, un raba**tt**eur - déba**tt**re, un déba**t** - s'éba**tt**re, des éba**ts** - comba**tt**re, un comba**tt**ant, le comba**t**.
Mais : comba**t**if(-ive), la comba**t**ivité.

la hache → **h**acher, **h**aché(e), le **h**achoir, une **h**achette, le **h**achage, le **h**achis, une **h**achure, **h**achurer.

la bûche → le b**û**cheron(-onne), le b**û**cher, b**û**cher, un b**û**cheur. – Une emb**û**che/ une emb**us**cade, s'emb**us**quer.

dompter → le do**mpt**eur(-euse), le do**mpt**age, (in)do**mpt**able, (in)do**mpt**é(e).

le fouet → foue**tt**er, foue**tt**ard, foue**tt**é(e), le foue**tt**ement/fouailler.

le prêt → prêter, le prêteur(-euse), un prêté rendu, un prête-non - une pre**s**tation - un pre**s**tataire - prê**t**(e) - un appr**ê**t, les appr**ê**ts, appr**ê**ter, appr**ê**té(e).

Une demande d'amitié. – *(Le renard revint à son idée.)* 1. Ma vi*(e, s)* est monotone • (...) – 2. Mais si tu m'**app**rivois*(e, es)*, ma vi*(e, s)* ser*(a, as)* comme ensoleill*(é, er, ée)*. – 3. Je connaîtr*(ai, ais, ait)* un bruit de pas qui ser*(a, as)* **diff**érent de tous les autre*(s)*. – 4. Les autre*(s)* pas me *(fond/font)* rentr*(é, er)* sous terre • ; – 5. Le tien m'**app**e*(l, ll)*era *(hors, or)* du terrier •, comme une musique. – 6. Et puis, regarde ! Tu voi*(es, t, s)* là-bas les *(champs/chants)* • de blé ? (...). – 7. Tu *(a/à/as)* des cheveux coul**eur** *(d'or/dore)*. – 8. Alors ce ser*(a, as)* merveill**eux**, quand tu m'aur*(a, as)* **appri**voisé ! – 9. Le blé, qui *(ai/es/est)* dor*(é, er, ait)* me fer*(a, as)* souvenir de toi. – 10. Et j'aimer*(ai, ais, ait)* le bruit du vent • dans le blé... – 11. S'il te pl*(ait, aît, ais)*, **app**rivoise-moi. (D'après A. de Saint-Exupéry, *Le Petit Prince.*)

LES MOTS DE LA FAMILLE : À VOS DICTIONNAIRES !

le ton → to**nn**er, le to**nn**erre, ento**nn**er, éto**nn**er, l'éto**nn**ement, éto**nn**ant. Mais : to**n**ique, la to**n**icité, un to**n**icardiaque, to**n**ifier, to**n**itruant, to**n**itruer, to**n**al, la to**n**alité - ato**n**e, l'ato**n**ie - mono**t**o**n**e, la monoto**n**ie - déto**n**er, la déto**n**ation, un déto**n**ateur.

le champ → **champ**être, un **champ**ignon, un **champ**i, un **champ**ion, la **Champ**agne.
/**camp- : camp**er, un **camp**, un **camp**eur, un **camp**ement, la **camp**agne, le **camp**agnard, le **camp**agnol - dé**camp**er / prendre la poudre d'es**camp**ette.

le vent → **vent**er, **vent**eux(-euse), le **vent**ilateur, la **vent**ilation, **vent**iler, **vent**ôse, une **vent**ouse - é**vent**er, un é**vent**, un é**vent**ail, é**vent**é(e) - le para**vent** - un au**vent** - un contre**vent**.

PASSÉ SIMPLE
1. ÊTRE, AVOIR

LEÇON

être		avoir		terminaisons
je	fus	j'	eus	-s
tu	fus	tu	eus	-s
il	fut	il	eut	-t
nous	fûmes	nous	eûmes	-ûmes
vous	fûtes	vous	eûtes	-ûtes
ils	furent	ils	eurent	-rent

ATTENTION ! N'oubliez pas l'accent circonflexe à la 1re et à la 2e personne du pluriel.

EXERCICES

1. Conjuguez au passé simple les expressions.

1. être surpris – 2. avoir peur.

2. Remplacez les points par le verbe avoir **au passé simple.**

1. J'... la joie de recevoir le coup de téléphone que j'attendais. – 2. Tu ... la patience de m'attendre jusqu'à la fin de la conversation – 3. Ma mère ... enfin la satisfaction de nous voir arriver à table. – 4. Nous ... grand plaisir à déguster une charlotte aux pommes. – 5. Vous ... assez d'appétit pour en reprendre. – 6. Les enfants ... pour tâche de desservir la table.

3. Remplacez les points par le verbe être **au passé simple.**

1. Je ... fier d'obtenir mon bac. – 2. Tu ... le premier à me féliciter. – 3. Malheureusement, ta sœur ... recalée à cet examen. – 4. Toi et moi, nous ... désolés en apprenant son échec. – 5. Ta sœur et toi vous ... très généreux de m'offrir cette montre. – 6. Mes parents ... très émus de cet heureux événement et touchés de votre geste.

4. Remplacez les points par le passé simple du verbe être **ou du verbe** avoir.

1. Nous ... du beau temps toute la journée. – 2. Les parapluies des dames méfiantes ne ... d'aucune utilité. – 3. Dans le car, j'... le vertige à la vue du vide. – 4. Les touristes placés du côté de la montagne ... moins peur que moi. – 5. Le panorama ... très admiré. – 6. Vous ... le réflexe du photographe. – 7. Quant à toi, tu ... attristé d'avoir oublié ton appareil photo, mais tu ... le mérite de ne pas importuner les autres de tes regrets. – 8. Nous ... de retour très tard.

5. Récréation : dans chaque phrase, remplacez les points par un homophone du mot souligné.

1. Le sapin <u>fut</u> déraciné et, en tombant, son ... se brisa. – 2. Nous <u>fûmes</u> incommodés car tu ... trop. – 3. <u>J'eus</u> une belle brûlure à la bouche, car le ... était brûlant. – 4. Le chanteur <u>eut</u> peur : dans ce pays, les spectateurs ... facilement les numéros ratés. – 5. Tu <u>eus</u> beau crier « ... », le cheval n'avança pas. – 6. Il ... le bon dîner que nous <u>eûmes</u> tant de mal à préparer. – 7. Vous <u>eûtes</u> la ... que nous occupions l'an passé. – 8. Dans le partage du gibier, ils n'<u>eurent</u> que la ... du sanglier !

2. PASSÉ SIMPLE EN -AI

LEÇON

chanter	nettoyer	jeter	appeler	*terminaisons*
je chant**ai**	je nettoy**ai**	je jet**ai**	j' appel**ai**	**-ai**
tu chant**as**	tu nettoy**as**	tu jet**as**	tu appel**as**	**-as**
il chant**a**	il nettoy**a**	il jet**a**	il appel**a**	**-a**
ns chant**âmes**	ns nettoy**âmes**	ns jet**âmes**	ns appel**âmes**	**-âmes**
vs chant**âtes**	vs nettoy**âtes**	vs jet**âtes**	vs appel**âtes**	**-âtes**
ils chant**èrent**	ils nettoy**èrent**	ils jet**èrent**	ils appel**èrent**	**-èrent**

Pour les verbes du 1er groupe, le radical est le même au passé simple et au présent. Seules les terminaisons changent.
→ les verbes en **-yer** conservent le *-y-* à toutes les personnes ;
→ les verbes en **-eler, -eter** ne prennent qu'un *-l-* et qu'un *-t-* .

– Comme toujours, les verbes en **-cer** prennent **-ç-** devant *-a-*.
Ex. : *commencer : je commen**ç**ai, tu commen**ç**as, il commen**ç**a, nous commen**ç**âmes, vous commen**ç**âtes,* mais : *ils commencèrent.*

– Les verbes en **-ger** prennent un **-e-** devant la lettre *-a.*
Ex. : *bouger : je boug**e**ai, tu boug**e**as, il boug**e**a, nous boug**e**âmes, vous boug**e**âtes,* mais : *ils bougèrent.*

ATTENTION !
Le verbe *aller* (3e groupe) se conjugue au passé simple comme les verbes du 1er groupe : *j'allai, tu allas, il alla, nous allâmes,* etc.

EXERCICES

1. Conjuguez au passé simple.
1. entonner un chant – 2. épargner son argent – 3. négocier une affaire – 4. veiller tard – 5. aller chez le coiffeur – 6. projeter une sortie – 7. essuyer ses pieds.

2. Mettez à la 2e personne du singulier, puis du pluriel du passé simple.
1. choyer un enfant – 2. épeler un mot – 3. babiller joyeusement – 4. aligner des chiffres – 5. aller au marché – 6. enquêter sur la presse – 7. lier une sauce.

3. Mettez à la 1re personne du singulier, puis du pluriel du passé simple.
1. employer la ruse – 2. écarquiller les yeux – 3. harceler l'adversaire – 4. étiqueter des boîtes – 5. régner en maître – 6. rectifier une erreur.

4. Conjuguez au passé simple.
1. Renforcer sa mémoire et exercer son imagination. – 2. Abréger la conversation et envisager une solution.

5. Mettez à la 2e personne du singulier, puis du pluriel du passé simple.
1. tracer l'itinéraire – 2. foncer dans le brouillard – 3. froncer les sourcils – 4. pincer les lèvres – 5. recommencer une manœuvre – 6. menacer les retardataires.

6. Mettez à la 1re personne du singulier, puis du pluriel du passé simple.
1. épicer un plat – 2. rincer les verres – 3. poncer le parquet – 4. rapiécer un pantalon – 5. dépecer une volaille – 6. froncer des rideaux.

7. Mettez à la 2e personne du singulier, puis du pluriel du passé simple.

1. endommager un parterre de fleurs – 2. saccager les légumes – 3. manger les fraises – 4. ravager le jardin – 5. déranger le jardinier.

8. Donnez la 1re personne du singulier, puis du pluriel du passé simple.

1. longer le mur – 2. patauger dans le fossé – 3. déloger un crapaud – 4. asperger l'animal – 5. songer à lui laisser la vie sauve – 6. se diriger vers la route.

9. Mettez au passé simple les infinitifs entre parenthèses.

a) 1. Un jour, le jeune prince Pâris *(enlever)* Hélène, la femme du roi Ménélas. – 2. Celui-ci *(s'indigner)* et *(lancer)* tous les autres chefs grecs dans une expédition contre les Troyens. – 3. Mais les vents *(refuser)* de se lever. – 4. Alors les Grecs *(interroger)* l'oracle. – 5. L'oracle leur *(révéler)* la nécessité de sacrifier aux dieux Iphigénie, la fille du roi Agamemnon.

b) 1. Celui-ci *(s'affliger)*, mais il *(envisager)* la mort de sa fille. – 2. Il l'*(appeler)* et lui *(annoncer)* la volonté des dieux. – 3. La jeune fille, épouvantée, *(se révolter)* contre son destin, puis elle *(se résigner)* et *(se diriger)* vers l'autel où les prêtres l'*(égorger)*. – 4. Aussitôt, le vent *(commencer)* à souffler. – 5. Alors les Grecs *(aller)* vers leurs navires, *(s'embarquer)*, *(gagner)* les abords de Troie, et *(jeter)* l'ancre.

DICTEE A CHOIX MULTIPLES

Une émotion forte. – *(Marcel suit de loin son père et son oncle, qui n'ont pas voulu de lui à la chasse.)*

1. Quand * il me sembl*(a, as, at)* que j'ét*(ais, ait)* plus loin qu'eux, je diri**ge***(ai, ais, ait)* ma course *(vers/vert/verre)* la barre • – 2. Mais tout *(a/à) (cou/coup)*, je distin**gu***(ai, ais, ait)* devant moi une sorte de poulet doré*(e)*, qui avai*(s, t, ent)* des *(tache/tâche/taches/tâches)* rouge*(s) (a/à)* la naissance • de la qu**eue**. – 3. L'ém**otion** me paralys*(a, as, at) :* des perdreaux ! C'étai*(s, t, ent)* des perdreaux... – 4. Je m'élan**ç***(ai, ais, ait) (a/à)* leur poursuite et obli**qu***(ai, ais, ait) (vers/vert/verre)* ma droite pour les forc*(er, é, és) (a/à)* fuir vers la barre • – 5. Mais il*(s)* ne s'envolèrent pas, comme si ma prés**ence** désarm*(é, ée, er)* n'exi**ge***(ai, ais, ait, aient)* pas les grand*(s)* moyen*(s)*. – 6. Alors, je ramass*(ai, ais, ait)* des pierres • et je les lan**ç***(ai, ais, ait, aient)* devant * moi : un bruit énorme*(s)*, pareil*(le)* à celui d'une benne qui vide un chargement de pierre*(s)* • me terrorisa • ; – 7. puis je réalis*(ai, ais, ait)* que c'étai*(s, t, ent)* l'essor de la compagn**ie** qui fil*(a, as, ât) (vers/vert/verre)* la barre • et plon**ge**a dans le vallon • . (Marcel Pagnol, *La Gloire de mon père.*)

LES MOTS DE LA FAMILLE : À VOS DICTIONNAIRES !

la barre → barrer, un barreur, une barrière, un barrage, un barreau, une barrette - une barrique, une barricade, barricader - rembarrer - l'embarras, embarrasser, embarrassant(e) - le débarras, débarrasser - l'embargo.
Mais : bariolé, le bariolage.

naître → la naissance, un naissain ; renaître → la renaissance ; connaître → la connaissance.
/nat- : natif, natal, nature, naturel – nation.

le val → la vallée, le vallon, vallonné, le vallonnement.
Mais : en aval, l'aval, avaler, une avalanche - dévaler - ravaler, le ravalement. (Le -l- ne double plus dans les mots à préfixe.) A vau-l'eau (= à val l'eau).

3. PASSÉ SIMPLE EN -IS

LEÇON

finir (2e groupe)	**offrir** (3e groupe)	*terminaisons*
je fin**is**	j' offr**is**	**-is**
tu fin**is**	tu offr**is**	**-is**
il fin**it**	il offr**it**	**-it**
nous fin**îmes**	nous offr**îmes**	**-îmes**
vous fin**îtes**	vous offr**îtes**	**-îtes**
ils fin**irent**	ils offr**irent**	**-irent**

▶ Tous les verbes du 2e groupe se conjuguent comme *finir.*

▶ Beaucoup de verbes du 3e groupe ont un passé simple en **-is**.

– C'est le cas des verbes en **-dre** qui forment leur passé simple en ajoutant à leur radical les terminaisons : *-is,* etc.

Ex. : *répandre → je répandis.*

Sauf : *prendre → je pris ; coudre → je cousis ; moudre → je moulus.*

– Le radical des verbes du 3e groupe peut changer. Pour trouver le passé simple des verbes **-indre** et **-tir**, partez du radical de la 1re personne du pluriel du présent de l'indicatif.

Ex. : *craindre → nous **craign**ons → je **craign**is*

*mentir → nous **ment**ons → je **ment**is*

N.B.

Si vous avez des difficultés de conjugaison, reportez-vous à la fiche 98, page 163 et suivantes.

EXERCICES

1. Conjuguez au passé simple.

1. engloutir un gâteau – 2. se blottir frileusement.

2. Donnez la 1re personne du singulier, puis du pluriel du passé simple.

1. remplir – 2. fournir – 3. aboutir – 4. subir – 5. nourrir – 6. franchir – 7. guérir – 8. farcir – 9. bondir – 10. saisir – 11. vomir – 12. s'évanouir – 13. s'établir – 14. envahir – 15. bâtir – 16. obéir.

3. Donnez la 2e personne du singulier, puis du pluriel du passé simple.

1. désobéir – 2. démolir – 3. trahir – 4. avertir – 5. réfléchir – 6. périr – 7. pourrir – 8. réussir – 9. rôtir – 10. subir – 11. refroidir – 12. agir – 14. rebondir – 15. assortir – 16. polir – 17. aplatir – 18. bâtir.

4. Donnez la 2e personne du singulier, puis du pluriel du passé simple.

1. rendre – 2. répondre – 3. mordre – 4. tendre – 5. pendre – 6. vendre – 7. fondre – 8. tondre – 9. confondre – 10. prétendre – 11. descendre – 12. condescendre – 13. dépendre – 14. tordre – 15. suspendre – 16. défendre – 17. attendre.

5. Donnez la 2e personne du singulier, puis du pluriel du passé simple.

1. prendre – 2. apprendre – 3. comprendre – 4. reprendre – 5. désapprendre – 6. réapprendre – 7. entreprendre – 8. coudre – 9. recoudre – 10. découdre.

6. Mettez au passé simple les formes suivantes (3e groupe), **puis donnez la 1re personne du singulier du passé simple.**

1. Nous dépeignons – 2. Nous déteignons – 3. Nous peignons – 4. Nous rejoignons – 5. Nous contraignons – 6. Nous atteignons – 7. Nous disjoignons – 8. Nous plaignons – 9. Nous geignons.

7. Mettez au passé simple les formes suivantes, puis donnez la 1re personne du singulier du passé simple.

1. Nous consentons – 2. Nous démentons – 3. Nous repartons – 4. Nous nous repentons – 5. Nous ressortons – 6. Nous revêtons – 7. Nous pressentons – 8. Nous nous dévêtons – 9. Nous sortons.

8. Conjuguez au passé simple les expressions.

1. battre son record de vitesse – 2. faire l'impossible – 3. vaincre sa peur – 4. écrire son aventure.

9. Mettez à la 1re personne du singulier, puis du pluriel du passé simple.

1. acquérir de bons réflexes – 2. assaillir quelqu'un de questions – 3. dire une nouvelle – 4. s'asseoir dignement – 5. suivre le guide – 6. y mettre du sien – 7. conduire prudemment – 8. dormir profondément – 9. sourire aux anges – 10. voir le danger.

10. Mettez à la 2e personne du singulier, puis du pluriel du passé simple.

1. cueillir des myrtilles – 2. naître à Noël – 3. prévoir la pluie – 4. fuir à toutes jambes – 5. nuire à son entourage – 6. offrir son aide – 7. se servir d'un piolet – 8. tressaillir de peur.

11. Mettez au passé simple les infinitifs entre parenthèses.

Ulysse et le cyclope Polyphème.

a) 1. Ulysse *(mettre)* dix ans pour revenir de Troie dans sa patrie d'Ithaque. – 2. En route, il *(faire)* la connaissance du géant Polyphème, le mangeur d'hommes. – 3. Ulysse et ses compagnons *(avoir)* grand-peur d'être mangés. – 4. Ils *(être)* terrorisés en voyant l'horrible cyclope, haut comme une montagne, avec son œil unique sur le front, manger l'un des leurs. – 5. Un soir, Ulysse *(dire)* à ses compagnons qu'il fallait en finir avec cet être inhumain. – 6. Quand le géant *(s'introduire)* dans la caverne avec ses brebis, il *(cueillir)* un de ses compagnons d'Ulysse, le *(rompre)* de ses mains énormes et *(l'engloutir)* dans sa bouche affreuse. – 7. Alors, le rusé Ulysse lui *(offrir),* pour agrémenter son repas monstrueux, une outre pleine d'un vin capiteux. – 8. Le géant *(se servir)* abondamment. – 9. Peu après, il *(rire)* bruyamment, puis il *(s'endormir).* – 10. La suite de l'histoire montre que cela lui *(nuire).*

b) 1. Profitant du sommeil du monstre, Ulysse *(prendre)* un immense pieu pointu, le *(rougir)* dans le feu, puis il *(punir)* le dormeur criminel en plantant le pieu rougi dans son œil unique. – 2. Aussitôt le géant *(tressaillir)* et *(rugir)* de douleur. – 3. Le cœur d'Ulysse et de ses amis *(battre)* très fort, car le géant *(essayer)* de les attraper. – 4. Mais ce *(être)* en vain, car il était aveugle. – 5. Alors, il *(entreprendre)* de les capturer autrement : il *(sortir)* ses brebis une à une, en les faisant passer entre ses jambes et *(vérifier)* en les tâtant si ce n'était pas Ulysse, ni l'un des siens. – 6. Ulysse *(enjoindre)* à ses compagnons de l'imiter. – 7. Il *(se blottir)* sous le ventre d'une brebis, dans son épaisse toison. – 8. Le géant ne *(sentir)* rien. – 9. Ainsi, le roi d'Ithaque et ses compagnons *(s'enfuir)* et *(réussir)* à échapper à une mort cruelle.

4. PASSÉ SIMPLE EN -US ET EN -INS

LEÇON

	apparaître	terminaisons		tenir		venir	terminaisons
j'	appar**us**	**-us**	je	**tins**	je	**vins**	**-ins**
tu	appar**us**	**-us**	tu	**tins**	tu	**vins**	**-ins**
il	appar**ut**	**-ut**	il	**tint**	il	**vint**	**-int**
nous	appar**ûmes**	**-ûmes**	nous	**tînmes**	nous	**vînmes**	**-înmes**
vous	appar**ûtes**	**-ûtes**	vous	**tîntes**	vous	**vîntes**	**-întes**
ils	appar**urent**	**-urent**	ils	**tinrent**	ils	**vinrent**	**-inrent**

Les verbes du 3e groupe présentent (outre les formes en *-is*) des formes en *-us*. Il n'y a que **tenir, venir** et leurs composés qui ont des formes en *-ins (tableau de conjugaison, fiche 98).*

EXERCICES

1. Conjuguez au passé simple (en -us).
1. boire du Coca-Cola – 2. conclure un marché.

2. Mettez à la 1re personne du singulier puis du pluriel du passé simple.
1. courir un danger – 2. lire un roman – 3. mourir d'une belle mort – 4. croire à la réussite – 5. moudre du café – 6. paraître heureux – 7. devoir de l'argent – 8. apercevoir son ami.

3. Mettez à la 2e personne du singulier, puis du pluriel du passé simple.
1. pouvoir dormir – 2. se taire longuement – 3. parcourir la vallée – 4. résoudre un problème – 5. vivre mieux – 6. disparaître sans laisser de trace – 7. savoir sa récitation – 8. vouloir triompher – 9. plaire à tout le monde.

4. Conjuguez au passé simple (en *-ins*).
1. contenir son émotion – 2. s'abstenir de fumer.

5. Mettez au passé simple à la 1re personne du singulier, puis du pluriel.
1. venir au rendez-vous – 2. devenir raisonnable – 3. se souvenir de la date de ton anniversaire.

6. Mettez à la 1re personne du singulier, puis du pluriel.
1. tenir un discours – 2. obtenir un engagement – 3. maintenir son équilibre – 4. soutenir un blessé.

7. Mettez au passé simple les infinitifs entre parenthèses.
a) 1. Le roi Numitor *(vouloir)* un fils pour lui succéder sur le trône. – 2. Mais ce *(être)* une fille, Rhéa Silvia, qui *(naître)*. – 3. Quand le roi Numitor *(mourir)*, son frère Amulius *(vouloir)* régner à son tour. – 4. Il *(maintenir)*, dans le temple de Vesta, comme prêtresse, Rhéa Silvia. – 5. Celle-ci *(devoir)* renoncer à avoir des enfants, comme l'exigeait la règle de vie des vestales, prêtresses de la déesse Vesta. – 6. Mais Mars, dieu de la guerre, *(survenir)* et *(résoudre)* de séduire Rhéa Silvia. – 7. Celle-ci *(croire)* pouvoir lui résister, mais elle ne le *(pouvoir)*, et elle *(concevoir)* des jumeaux qu'elle *(nommer)* Romulus et Rémus. – 8. Une âme malveillante *(connaître)* la désobéissance de Rhéa Silvia et *(prévenir)* Amulius.

b) 1. Quand Amulius *(savoir)* que deux enfants mâles, deux successeurs au trône étaient nés, il *(faire)* jeter dans le Tibre, le fleuve de Rome, les enfants dans leur berceau. – 2. Ils *(courir)* le danger d'être noyés. – 3. Mais le fleuve en crue *(intervenir)* dans la destinée des nouveau-nés : il les *(déposer)* sur la terre ferme en se retirant. – 4. Alors *(apparaître)* une louve qui *(apercevoir)* les nourrissons et les *(secourir)*. – 5. Elle leur *(offrir)* ses mamelles pleines d'un lait qu'ils *(boire)* avidement. – 6. Ainsi ils *(survivre)* à cet attentat.

DICTEE A CHOIX MULTIPLES

Une vilaine farce . – 1. Je pr*(ie, is, it)* le *(bas/bât)* noir*(e)* et je coup*(ai, ais, ait)* le *(boue/bout)* du pied. – 2. Puis j'**att**ach*(ai, ais, ait)* un long *(fil/file)* de *(cerf/serf/serre)*-volant. – 3. De loin, en tirant douce**ment** • ça avait l'*(air/aire/ère)* d'un serpent. – 4. J'expériment*(ai, ais, ait)* le mani**e**ment • du serpent. – 5. Il obé*(i, ie, is, it)* : il étai*(s, t, aient)* parfait. – 6. Alors je cour*(u, us, ut)* • me cach*(é, er, ais, ait)* derrière le portillon • et me f*(i, is, it)* tout petit, petit dans l'ombre de la **haie** en tenant la fic**elle** dans ma main. – 7. Une femme • **arriv***(ai, ais, ait, aient)*. – 8. J'**attend***(is, it)* sans boug*(é, er)*. – 9. Les sabot*(s)* *(ce/se)* **rapp**rochai*(s, t, ent)*. – 10. Je me mi*(e, s, t)* à tir*(é, er)* le *(fil/file)* du serpent. – 11. Il gliss*(a, as, at)* lente**ment** au milieu de la **rue**. – 12. La femme • pouss*(a, as, at)* un grand cri*(e)* qui réveill*(a, as, at)* la **rue**. – 13. Elle je**ta** en l'*(air/aire/ère)* son sac et son ombr**elle** et mi*(e, s, t)* *(ces/ses)* mains sur *(son/sont)* ventre sans cess*(é, ée, er)* de hurl*(é, ée, er)* • . – 14. Les porte*(s)* s'ouvrir*(ent)* et je lâch*(ai, ais, ait)* • tout. – 15. Je bond*(i, is, it)* jusqu'à la maison et entr*(ai, ais, ait)* dans la cuisine. – 16. J'ouvr*(i, is, it)* précipit**amment** le panier • à linge s**ale** et me cach*(ai, ais, ait)* dedans * en refermant le couvercle sur moi. (D'après J.-M. de Vasconcelos, *Mon Bel Oranger*.)

LES MOTS DE LA FAMILLE : À VOS DICTIONNAIRES !

la femme → une fe**mm**elette. Mais : la fe**m**elle, fé**m**inin(e), la fé**m**inité, le fé**m**inisme, fé**m**iniser - effé**m**iné. (Le **-m-** n'est doublé qu'avec le vocalisme **-a-**.)

hurler → un **h**urlement, **h**urlant(e), **h**urleur(-euse).

lâche→ lâcher, l**â**chement, le l**â**chage, la l**â**cheté, un l**â**cheur(-euse), un l**â**cher - rel**â**cher, le rel**â**chement, rel**â**ché(e), la rel**â**che.
/Lax : le laxisme ; **/Laiss- :** laisser.

le pain → le **pan**ier, la **pan**ification, **pan**er, une **pan**ade, une **pan**erée, une **pane**tière - le co**pain**, la co**pine** / le com**pagn**on, la comp**agne**, la com**pagni**e.

Le suffixe -illon indique la petitesse ; ex. : une porte → un port**illon**. Cf. -iller •

Le suffixe -ment peut s'ajouter au radical d'un verbe du 1er groupe ; dans ce cas, il y a un *-e-* à la fin du radical ; ex. : manier → maniement. Mais lorsqu'il s'ajoute au radical d'un verbe du 2e et 3e groupe, il n'y a pas de *-e-* ; ex. : sentir → sentiment. Sauf : châtier → châtiment, arguer → argument.

LE PASSÉ COMPOSÉ AVEC AVOIR

1. ÊTRE, AVOIR, VERBES DU 1er ET DU 2e GROUPE

LEÇON

être			**avoir**			**chanter**			**finir**		
j'	ai	été	j'	ai	eu	j'	ai	chanté	j'	ai	fini
tu	as	été	tu	as	eu	tu	as	chanté	tu	as	fini
il	a	été	il	a	eu	il	a	chanté	il	a	fini
nous	avons	été	nous	avons	eu	nous	avons	chanté	nous	avons	fini
vous	avez	été	vous	avez	eu	vous	avez	chanté	vous	avez	fini
ils	ont	été	ils	ont	eu	ils	ont	chanté	ils	ont	fini

ATTENTION !

- Passé composé = auxiliaire *avoir* au présent + participe passé.
- Pour trouver le participe passé :
  1er groupe : radical + *-é*. Ex. : *chanter* → *chanté*
  2e groupe : radical + *-i*. Ex. : *finir* → *fini.*
- Le participe passé employé avec l'auxiliaire *avoir* ne s'accorde **jamais avec le sujet**. Il est généralement invariable.
  (Nous verrons plus loin les quelques cas où il s'accorde.)
  Ex. : *Cette ravissante jeune fille a posé pour un magazine de mode.*

EXERCICES

1. Conjuguez au passé composé de l'indicatif.

1. regarder la télévision – 2. appuyer sur le bouton – 3. changer de chaîne.

2. Mettez à la 1re personne du singulier, puis du pluriel du passé composé.

1. être en forme – 2. avoir de l'énergie – 3. circuler à pied – 4. quêter pour la Croix-Rouge – 5. arrêter les passants – 6. remercier les gens.

3. Mettez à la 2e personne du singulier, puis du pluriel du passé composé.

1. pétrir la pâte – 2. garnir le moule – 3. choisir les fruits – 4. ralentir la cuisson – 5. réunir les convives – 6. réjouir les amis.

4. Mettez au passé composé de l'indicatif les verbes entre parenthèses.

1. Nous *(lancer)* une campagne contre le tabac. – 2. Nous *(créer)* une association de jeunes. – 3. Nous *(organiser)* tout nous-mêmes. – 4. D'abord, nous *(exiger)* des nôtres l'engagement de ne pas fumer. – 5. Ils *(accepter)* et certains *(renoncer)* à fumer. – 6. Ensuite, nous *(commencer)* à poser des affiches dans le collège. – 7. Puis nous *(relancer)* notre action en invitant des médecins qui *(projeter)* des diapositives de poumons normaux et de poumons de fumeurs et qui *(insister)* sur les risques de cancer. – 8. Ils *(rappeler)* aussi que le tabac favorise beaucoup d'autres maladies. – 9. Enfin, nous *(essayer)* de persuader nos camarades de ne pas commencer à fumer : en ne fumant pas, nous *(protéger)* nos poumons et nous *(économiser)* notre argent de poche pour voyager cet été.

5. Mettez au passé composé de l'indicatif les verbes entre parenthèses.

1. La nuit *(être)* longue. – 2. A table, je *(pressentir)* que le dîner était trop copieux.

– 3. Après, j'*(avoir)* du mal à dormir. – 4. Toute la nuit, la lumière des réverbères *(envahir)* notre chambre et *(fournir)* un éclairage gênant. – 5. A minuit, je *(bondir)* hors de mon lit, je *(remplir)* un verre d'eau pour me désaltérer. – 6. Alors je *(réussir)* à fermer les yeux et je *(finir)* par sombrer dans le sommeil. – 7. Mais c'est de notre faute aussi : nous *(choisir)* un hôtel au carrefour de deux grand-routes nationales !

6. Mettez les verbes entre parenthèses au passé composé.

1. Tistou *(obéir)* à ses parents. – 2. Il *(visiter)* les taudis de Mirepoil. – 3. Les pouces en avant, il *(tâter)* toutes les laideurs qu'il rencontrait. – 4. Et le lendemain... vous *(deviner)* déjà ! – 5. De l'herbe *(verdir)* dans les chemins boueux. – 6. La zone des taudis *(fleurir)*. – 7. Les fleurs *(envahir)* tout. – 8. Tistou bien *(réussir)* son coup. – 9. Ces quartiers déshérités *(embellir)* tellement que tout le monde se bouscule pour les voir. – 10. Les habitants *(installer)* un tourniquet à l'entrée pour faire payer les visiteurs. – 11. Cela *(créer)* de nouveaux métiers et *(fournir)* du travail à tous les chômeurs. – 12. Alors ils *(démolir)* les vieux immeubles. – 13. Ils *(bâtir)* des maisons neuves. – 14. Ils *(élargir)* les rues et *(agrandir)* les trottoirs. – 15. Les habitants de Mirepoil *(finir)* par trouver tout cela très naturel. (D'après Maurice Druon, *Tistou les pouces verts*.)

DICTEE A CHOIX MULTIPLES

La naissance • du poulain. – 1. Papa *(a/à)* coup*(é, er)* le cordon. – 2. Le poulain *(et/est)* rest*(é, er)* couch*(é, er)* quelque*(s)* seconde*(s)* comme un jouet, un cheval de bois, étourd*(i, it)* de son existence. – 3. Papa lui *(a/à)* donn*(é, er)* des claques, il *(a/à)* **comm**enc*(é, er)* de remu*(é, er)* *(ces/ses)* longues jambes au *(bous/bout)* desquelles il y *(avait/avaient)* des sabots comme des morce**aux** de savon. – 4. La jument *(a/à)* frém*(i, ie, it)*, lanc*(é, er)* un he**nn**issement sourd • – 5. Sur la robe d'un marron • roux, elle *(a/à)* promen*(é, ée, er)* sa langue, et lui, *(a/à)* chaque *(cou/coup)* de langue, il vac**ill***(é, er, ait)*. – 6. Puis il *(a/à)* lev*(é, er)* le derrière *, décrois*(é, er)* *(ces/ses)* *(pâtes/pattes)* antéri**eur***(s, es)* • essay*(é, er)* *(a/à)* trois reprise*(s)* de *(ce/se)* mettre debout *. – 7. Il titub*(e, er, ait)*, retomb*(é, er, ait)*, re**comm**en*(cé, cer, çait)*. – 8. A la **qu**atrième tentative, il *(a/à)* réuss*(i, ie, it)*, il *(et/est)* rest*(é, er, ait)* debout • . – 9. Et sa mère l'*(a/à)* léch*(é, ée, er)*, léch*(é, ée, er)*, léch*(é, ée, er)*. (D'après C. de Rivoyre, *Le Petit Matin*.)

* LES MOTS DE LA FAMILLE : À VOS DICTIONNAIRES !

exister → existant. Mais : l'existence.

le sabot → le sabotier, saboter, le sabotage, un saboteur.

hennir → ils hennissent → un hennissement.

sourd(e) → sourdement, la sourdine, un sourd-muet, la surdité - assourdir, assourdi(e), assourdissant(e) - absurde, absurdité - susurrer.

le marron → marron (adj. invar.), le marronnier, marron(-onne), marronner.

Le préfixe latin **ante** signifie avant, de devant : **ant**érieur(e), **ant**ériorité, **ant**érieurement, un **ant**écédent, **ant**édiluvien(ne), **ant**an.

/**anti- :** antique, un antiquaire - **anti**ciper, **anti**chambre, **anti**dater.

LE PASSÉ COMPOSÉ AVEC AVOIR
2. VERBES DU 3ᵉ GROUPE

LEÇON

faire			**dire**			**courir**			**peindre**		
j'	ai	fait	j'	ai	dit	j'	ai	couru	j'	ai	peint
tu	as	fait	tu	as	dit	tu	as	couru	tu	as	peint
il	a	fait	il	a	dit	il	a	couru	il	a	peint
nous	avons	fait	nous	avons	dit	nous	avons	couru	nous	avons	peint
vous	avez	fait	vous	avez	dit	vous	avez	couru	vous	avez	peint
ils	ont	fait	ils	ont	dit	ils	ont	couru	ils	ont	peint

ATTENTION !

– Passé composé = auxiliaire *avoir* au présent + participe passé.

– Rappel : Le participe passé employé avec l'auxiliaire *avoir* est généralement invariable (nous verrons plus loin les exceptions).

– Au 3ᵉ groupe, les terminaisons sont *-u, -i, -is, -it, -int, -rt.*

▶ **Participes en U**

1. Les participes passés qui se terminent par le son « u » s'écrivent tous ***-u,*** sauf *inclure* → *inclu**s*** (*croître* → *cr**û**, crue* et *devoir* → *d**û**, due* ont un accent circonflexe au masculin).

2. Les verbes en *-dre* ont le participe passé en ***-du.***
Ex. : *tor-dre* → *tor-**du**.*
Sauf *coudre* → *cou**su**, moudre* → *mou**lu**, prendre* → *pri**s**.*

▶ **Participes en I**

1. Ont un participe en ***-is :*** *prendre* → *pr**is**, mettre* → *m**is**, acquérir* → *acqu**is**, asseoir* → *ass**is*** (et leurs composés).

2. Ont un participe passé en ***-it :*** *dire* → *d**it**, écrire* → *écr**it**,* et tous les verbes en *-uire,* comme *introduire* → *introdu**it**.*

3. Les participes passés qui ne s'écrivent ni *-is* ni *-it,* s'écrivent *-i.*

Pour savoir si le participe passé masculin se termine par *-i, -is* ou *-it,* cherchez le féminin.
Ex. : *prendre* → féminin : *pri**se*** → masculin : *pri**s**.*

▶ **Autres participes**

1. Les verbes en *-indre* ont tous le participe passé en ***-int*** et la même voyelle qu'à l'infinitif.
Ex. : *peindre* → *pe**int*** ; *joindre* → *jo**int*** ; *craindre* → *cra**int**.*

2. Retenez 5 participes en *-rt : offrir* → *off**ert*** ; *ouvrir* → *ouv**ert*** ; *souffrir* → *souff**ert*** ; *couvrir* → *couv**ert*** ; *mourir* → *mo**rt**.*

3. Et : *dissoudre* → *disso**us**, disso**ute*** ; *faire* → *fa**it*** ; *traire* → *tra**it**.*

EXERCICES

1. Conjuguez au passé composé de l'indicatif, à toutes les personnes.
1. parcourir le journal – 2. refaire un article – 3. dépeindre la réalité.

2. Donnez la 1re personne du singulier, puis du pluriel du passé composé.
1. vivre – voir – vouloir – vaincre – 2. lire son horoscope – croire les prédictions – prévoir l'avenir – conclure à l'erreur – battre la campagne – courir de tous côtés – apercevoir une caille – ne pas pouvoir tirer – paraître embarrassé – connaître l'hésitation – savoir la réponse – rompre le silence.

3. Donnez la 2e personne du singulier, puis du pluriel du passé composé.
1. tendre – 2. fendre – 3. vendre – 4. fondre – 5. tondre – 6. pondre – 7. tordre – 8. perdre – 9. répandre – 10. détendre – 11. attendre – 12. prétendre – 13. entendre – 14. confondre – 15. répondre.

4. Mettez à la 3e personne du singulier, puis du pluriel du passé composé.
1. prendre – 2. reprendre – 3. apprendre – 4. désapprendre – 5. comprendre – 6. entreprendre – 7. surprendre – 8. réapprendre – 9. coudre – 10. moudre.

5. Mettez à la 2e personne du singulier, puis du pluriel du passé composé.
1. promettre d'être sage – 2. acquérir une poupée – 3. surprendre sa sœur – 3. prendre la poupée – 4. lui mettre un tricot – 5. asseoir la poupée – 6. lui permettre de manger – 7. entreprendre de la baigner – 8. omettre de la déshabiller – 9. compromettre son élégance – 10. comprendre sa sottise.

6. Mettez à la 3e personne du singulier, puis du pluriel du passé composé.
1. construire un pont – conduire un bulldozer – détruire un mur – écrire au maire – 2. dire la bonne aventure – prédire l'avenir – interdire les excès – traduire en anglais – 3. suivre la recette – cuire le rôti à point – séduire les invités – redire la recette.

7. Mettez à la 1re personne du singulier, puis du pluriel du passé composé.
1. bouillir d'impatience – assaillir de questions – consentir à se taire – accueillir la réponse – recueillir l'information – 2. bien dormir – sourire au matin – rire au soleil – cueillir des fleurs – suivre sa fantaisie – 3. pressentir un malheur – tressaillir de crainte – défaillir d'émotion – saisir ta main – sentir un réconfort – 4. ne pas mentir – ne pas fuir – servir – suffire à la tâche.

8. Mettez les verbes entre parenthèses au passé composé de l'indicatif.
1. Moi, Robin, je *(mettre)* mes souliers, je *(prendre)* un bâton et je *(entreprendre)* une randonnée. – 2. Je *(fuir)* la ville. – 3. Je *(suivre)* un sentier. – 4. Je *(faillir)* me perdre. – 5. Je *(surprendre)* un chevreuil au coin d'un bois. – 6. Je *(rire)* à la source. – 7. J'*(écrire)* mon nom sur le sable d'une plage. – 8. Je *(cueillir)* des mûres dans une haie. – 9. Je *(cuire)* des châtaignes au feu de bois. – 10. Je *(construire)* une hutte de branchages. – 11. Je *(dormir)* sous ma hutte. – 12. Je *(apprendre)* à dormir à la dure. – 13. Cela me *(suffire)*. – 14. L'expérience m'*(instruire)* et je *(comprendre)* que j'aimais le confort beaucoup plus que je ne le pensais.

9. Donnez la 2e personne du singulier, puis du pluriel du passé composé.
1. peindre – 2. craindre – 3. teindre – 4. contraindre – 5. déteindre – 6. plaindre – 7. atteindre – 8. rejoindre – 9. disjoindre – 10. feindre – 11. geindre – 12. dépeindre.

10. Mettez les verbes entre parenthèses au passé composé de l'indicatif.
1. Le jardinier *(dissoudre)* du chlorate dans l'eau pour arroser les mauvaises herbes.

– 2. Puis, il *(recouvrir)* les plants de laitue. – 3. Mais il *(entrouvrir)* un carreau de la serre. – 4. Les plants *(souffrir)* d'une gelée. – 5. Le lendemain, le jardinier *(découvrir)* les dégâts. – 6. Il *(ouvrir)* la poubelle et lui *(offrir)* les plants gelés.

11. Mettez les verbes entre parenthèses au passé composé de l'indicatif.

a) 1. Moi, Charles, j'*(apercevoir)* un OVNI derrière la haie, en bas du remblai ! – 2. La frayeur me *(saisir)*. – 3. Je *(courir)* à la maison. – 4. Je *(prévenir)* mon père. – 5. Mon père *(résoudre)* d'alerter les voisins. – 6. Les voisins *(vouloir)* prévenir la gendarmerie. – 7. Tout le monde *(prendre)* le chemin de la mairie. – 8. Les gendarmes me *(faire)* confiance. – 9. Le brigadier *(conduire)* la troupe sur les lieux. – 10. D'autres gens *(rejoindre)* encore l'expédition.

b) 1. Le village entier *(craindre)* l'arrivée des Martiens. – 2. Une centaine de personnes armées de fourches et de fusils de chasse *(parcourir)* le chemin au petit trot. – 3. Derrière la haie, nous *(découvrir)* un tas de ferraille. – 4. Tous *(maudire)* ce Parisien qui *(conduire)* sa voiture en haut du remblai et la *(faire)* basculer dans le vide pour s'en débarrasser ! – 5. On me *(dire)* que j'étais un plaisantin et on bien *(rire)* de moi. – 6. Pourtant, je ne *(mentir)* pas : je *(croire)* bien voir un OVNI !

12. Mettez les verbes entre parenthèses au passé composé de l'indicatif.

1. La voiture du ministre *(descendre)* l'avenue. – 2. Le préfet *(conduire)* le ministre sur le chantier du futur collège. – 3. La foule *(accueillir)* chaleureusement le ministre. – 4. Un jeune garçon *(remettre)* des ciseaux au ministre. – 5. Le ministre *(couper)* le ruban. – 6. Le ministre *(tenir)* un long discours sur le futur collège. – 7. Des enfants ne pas *(comprendre)* tout le discours. – 8. Mais tout le monde *(applaudir)* le ministre. – 9. Une petite fille *(offrir)* une gerbe de fleurs au ministre. – 10. Enfin le ministre *(reprendre)* sa voiture.

13. Exercices supplémentaires de récapitulation : reprenez les exercices n°s 2 et 3 de la fiche 20 (verbes en -ire, -ivre et -ure), **p. 30.**

DICTEE A CHOIX MULTIPLES

Un visiteur nocturne. – *(Monsieur Cyprien reçoit une étrange visite dans son paradis de Fleuriade.)*

1. J'*(ai/es/est)* entend*(u, us, ut)* cet*(te)* nuit un glissement imperceptible • – 2. *(On/Ont)* a ouver*(s, t)* la porte de Fleuriade. – 3. Elle a un *(peu/peut)* gém*(i, ie, it)*. – 4. J'*(ai/es/est)* v*(u, ue, ut)* au *(bout/boue)* de l'*(allée/aller)*, près de la grotte, une petite forme clair*(e)*. – 5. Je n'*(ai/es/est)* pas os*(é, er)* entr*(é, er)* dans le jardin. – 6. Je ne sai*(s, t)* pourquoi. – 7. Sans doute *(ai/es/est)*-je *(crains/craint)* d'**eff**arouch*(é, er)* ce petit*(e)* être. – 8. Il dans*(é, er, ait)* au clair*(e)* de lune. – 9. Soudain *, un avertissement obscur*(e)* m'*(a/à)* fai*(s, t)* tourn*(é, er)* la tête. – 10. Au milieu de *(l'air/ l'aire)* j'*(ai/es/est)* v*(u, us, ut)* le serpent. – 11. Il a d*(u, û, us, ut, ût)* sortir *(peu/peut)* de *(tant/temps)* après moi. – 12. Il m'a suiv*(i, ie, is, it)* jusqu'à la maison. (D'après H. Bosco, *L'Ane Culotte*.)

LES MOTS DE LA FAMILLE : À VOS DICTIONNAIRES !

percevoir → la per**cep**tion, (im)per**cep**tible, le per**cep**teur - aper**ce**voir, un aper**ç**u, aper**ce**vable - dé**ce**voir, la dé**cep**tion, dé**ç**u(e) → con**ce**voir, la con**cep**tion, le con**cep**t, con**ç**u(e), (in)con**ce**vable.

FICHE 59

LE PASSÉ COMPOSÉ AVEC ÊTRE

LEÇON

aller		**sortir**	
je suis	allé/ée	je suis	sorti/ie
tu es	allé/ée	tu es	sorti/ie
il/elle est	allé/ée	il/elle est	sorti/ie
nous sommes	allés/ées	nous sommes	sortis/ies
vous êtes	allés/ées	vous êtes	sortis/ies
ils/elles sont	allés/ées	ils/elles sont	sortis/ies

► Avec l'auxiliaire *être,* le participe passé s'accorde en genre et en nombre avec le sujet du verbe.

► Il n'y a que quelques verbes sans complément d'objet qui se conjuguent avec l'auxiliaire *être.* Voici les plus usuels :

aller	je suis allé	* (re)descendre	je suis (re)descendu
venir	je suis venu	* passer	je suis passé
arriver	je suis arrivé	tomber	je suis tombé
partir	je suis parti	devenir	je suis devenu
entrer	je suis entré	demeurer	je suis demeuré
* sortir	je suis sorti	rester	je suis resté
* retourner	je suis retourné	naître	je suis né
revenir	je suis revenu	mourir	je suis mort
* monter	je suis monté		

Attention, les verbes qui ont un astérisque * peuvent aussi se conjuguer avec l'auxiliaire *avoir* lorsqu'ils ont un C.O.D.
Ex. : *monter* → *je* ***suis*** *monté au premier étage.*
→ *j'****ai*** *monté un colis.*

EXERCICES

1. Conjuguez au passé composé, en mettant : a) au masculin ; b) au féminin.
1. aller voir un film – 2. mal tomber – 3. sortir du cinéma.

2. Mettez au passé composé les verbes entre parenthèses.
1. Hervé *(naître)* à Noël, *(rester)* à la maison, *(devenir)* un bébé adorable. – 2. Gérard *(partir)* pour l'école. – 3. Il *(descendre)* du bus, *(entre)* au CES, *(monter)* au premier étage, *(tomber)* dans l'escalier. – 4. Christophe *(passer)* par là et *(mourir)* de rire. – 5. Gérard *(demeurer)* un instant immobile, *(parvenir)* à se relever et *(arriver)* juste à temps en classe. – 6. Gérard et Christophe *(sortir)* à cinq heures, *(retourner)* dans leur village et *(rentrer)* à la maison.

3. Reprenez l'exercice n° 2 en remplaçant les prénoms masculins par des prénoms féminins de votre choix et en accordant les participes.

4. Mettez au passé composé les verbes entre parenthèses, avec l'auxiliaire être **ou** avoir, **selon le sens. Attention aux accords.**
Récit de Martine : 1. « Je *(sors)* de chez moi. – 2. Je *(descends)* l'escalier. – 3. Je *(descends)* en ville. – 4. Je *(passe)* chez l'épicier. – 5. Je *(passe)* un bon moment chez

lui. – 6. Je *(sors)* dix francs de mon porte-monnaie. – 7. Je *(retourne)* à la maison. – 8. Une lettre dans la boîte ! Je *(retourne)* l'enveloppe avant d'ouvrir la lettre. – 9. Je *(monte)* en courant annoncer les nouvelles. – 10. Je *(monte)* ensuite le cabas. »

5. Mettez les verbes au passé composé et accordez les adjectifs.
1. Ce matin, nous *(arriver)* tous à l'école bien content*(s)*, parce qu'on va prendre une photo de la classe. – 2. Nous *(venir)* bien propre*(s)* et bien coiffé*(s)*. – 3. C'est avec plein de brillantine sur la tête que je *(entrer)* dans la cour de récréation. – 4. Geoffroy, lui, *(venir)* habillé*(s)* en Martien. – 5. Le photographe *(décider)* d'installer le troisième rang debout sur des caisses. – 6. Les caisses, on *(aller)* les chercher dans la cave. – 7. On bien *(rigoler)*, parce que Rufus faisait le fantôme avec un vieux sac sur la tête. – 8. Quand la maîtresse *(arriver)*, elle n'avait pas l'air contente. – 9. Alors nous *(partir)* vite avec les caisses. – 10. Le seul qui *(rester)*, c'est Rufus, parce qu'il ne voyait rien avec son sac. – 11. Mais nous étions tout noir*(s)*. – 12. Nous *(revenir)* après nous être lavés et peignés. – 13. Mais pour le souvenir de notre vie, c'était raté*(e)*, parce que le photographe était part*(i, ie, is)* sans rien dire. (D'après Sempé-Goscinny, *Le Petit Nicolas*.)

DICTEE A CHOIX MULTIPLES

Le diable en personne • . – 1. « Je ne vau*(t, x)* rien. – 2. Je sui*(s, t)* une peste. – 3. Rien que cet*(te)* semaine j'*(ai/es/est)* déjà reç*(u, ut, ues)* trois fess*(és, ées)*. Et des fortes. – 4. On *(a/à)* pri*(s, t)* l'habitude de me battre • . – 5. *(Ce/Se)* doi*(s, t)* être le diable. – 6. Il me vien*(s, t)* une *(envi/envie)* de faire des choses et... je les fai*(s, t)*. – 7. Cet*(te)* semaine, j'*(ai/est)* **appel***(é, ée)* dona Cordélia " Canard boit**eux** ". – 8. Elle *(c'/s')* *(ai/est)* mis*(e)* dans une de ces colères !... – 9. J'*(ai/est)* donn*(é, er)* un *(cou/coup)* de pied dans une balle • de chiffons et la maudite • *(ai/est)* entr*(é, ée)* par la fenêtre de dona Narcisa et *(a/à)* cass*(é, ée, er)* son grand mir**oir**. – 10. J'*(ai/est)* fai*(s, t)* aval*(é, ée, er)* • une bille au chat de dona Rosena. – 11. On a donn*(é, ée, er)* une purge au chat et elle *(ai/est)* sort*(i, ie, it)*. – 12. Mais au lieu de me rendre ma bille on m'a donn*(é, ée, er)* une fess**ée** terrible • . » (D'après J. Mauro de Vasconcelos, *Mon Bel Oranger*.)

LES MOTS DE LA FAMILLE : À VOS DICTIONNAIRES !

habiter → l'**h**abitat, une **h**abitation, un **h**abitant(e), un **h**abitacle, **h**abitable – l'**h**abitude, **h**abituer, un **h**abitué, **h**abituel(-le), **h**abillement.

Le préfixe **mau-** est l'altération de mal : **mau**dire, **mau**gréer, **mau**vais.

FICHE 60

LE PASSÉ COMPOSÉ DES VERBES PRONOMINAUX

LEÇON

	s'avancer				se taire		
je	me	suis	avancé/ée	je	me	suis	tu/ue
tu	t'	es	avancé/ée	tu	t'	es	tu/ue
il/elle	s'	est	avancé/ée	il/elle	s'	est	tu/ue
nous	nous	sommes	avancés/ées	nous	nous	sommes	tus/ues
vous	vous	êtes	avancés/ées	vous	vous	êtes	tus/ues
ils/elles	se	sont	avancés/ées	ils/elles	se	sont	tus/ues

► Les **verbes pronominaux** se conjuguent tous avec l'auxiliaire ***être.***

► Le participe passé des verbes pronominaux s'accorde presque toujours avec le sujet du verbe. (Nous verrons dans *Zéro Faute 4e/3e* les rares cas où il ne s'accorde pas avec le sujet du verbe.)
Ex. : *Le voleur s'est enfui. – Elle s'est coiffée avec soin. – Ils se sont battus. – Les pêches se sont bien vendues.*

EXERCICES

1. Conjuguez au passé composé, d'abord au masculin, puis au féminin.
1. se fâcher – 2. se battre – 3. se réconcilier.

2. Mettez au passé composé de l'indicatif les verbes au présent.
1. Pierre se lève. – 2. Il se baigne – 3. Il s'habille. – 4. Il se parfume. – 5. Il se brosse. – 6. Il s'étire. – 7. Il se coiffe. – 8. Il se regarde dans la glace.

3. Reprenez l'exercice n° 2 avec Pierre et Pascal, **puis avec** Marie, **puis avec** Armelle et Marie.

4. Mettez au passé composé, au masculin singulier, puis au masculin pluriel.
1. Il s'avance. – 2. Il se dévêt. – 3. Il se pèse. – 4. Il se mesure. – 5. Il s'étend. – 6. Il se relaxe. – 7. Il se calme. – 8. Il s'endort.

5. Mettez au passé composé, au féminin singulier, puis au féminin pluriel.
1. Elle s'assied. – 2. Elle se retourne. – 3. Elle s'étonne. – 4. Elle s'exclame. – 5. Elle se ressaisit. – 6. Elle se tait !

6. Demandez aux personnes suivantes : « Vous êtes-vous bien amusés ? »
1. à vos amies – 2. à votre tante – 3. à votre cousin – 4. à vos oncles – 5. à votre directrice – 6. à votre surveillant – 7. à vos parents – 8. à vos cousines.

7. Mettez au passé composé les verbes entre parenthèses.
1. Le voisin du quatrième *(s'installer)* dimanche dernier. – 2. Il *(s'employer)* pendant quatre heures à travailler avec sa perceuse. – 3. Les voisins *(s'énerver)*. – 4. Le téléphone *(se mettre)* à sonner. – 5. Une femme *(se précipiter)* pour carillonner à la porte. – 6. Le bricoleur du dimanche *(se hasarder)* hors de son studio et *(se décider)* à faire face. – 7. La femme ne pas *(se maîtriser)* ; elle *(s'abaisser)* jusqu'à l'injurier. – 8. Le nouveau venu *(s'indigner)*. – 9. Ils *(se brouiller)*. – 10. En revanche, il *(s'excuser)* auprès des autres voisins qui *(s'efforcer)* de rester courtois.

8. Mettez les verbes entre parenthèses au passé composé.

1. Mlle Délice, notre professeur, *(se mettre)* à rire. – 2. Elle portait une écharpe neuve, rose à fleurs noires et, quand nous nous approchions d'elle, elle sentait bon ! C'est Tiennette Jacquot qui *(s'en apercevoir)* la première en allant au tableau pour le calcul. – 3. Bientôt toutes les élèves *(se débrouiller)* pour trouver un prétexte et *(s'approcher)* du bureau. – 4. Violette *(aller)* montrer son problème. – 5. Jacqueline Mouche *(s'empresser)* de sortir. – 6. Moi, je *(s'écrier)* que je ne voyais pas bien le tableau. – 7. Et chacune, en revenant, *(se hâter)* d'annoncer aux autres : – C'est du jasmin, du lilas, de la violette... – 8. Nous *(s'exciter)* et *(s'agiter)* tellement que Mlle Délice *(s'impatienter) :* – C'est dommage, je voulais justement vous faire une surprise... (D'après Colette Vivier, *La Maison des petits bonheurs.*)

9. Mettez les verbes entre parenthèses au passé composé. (Quand « on » représente plusieurs personnes, l'accord du participe se fait au pluriel.)

1. Cet après-midi, à l'école, nous ne *(rigoler)* pas, parce que le directeur *(venir)* en classe nous distribuer les carnets. – 2. Nous, on était bien embêtés, parce que les carnets, nos papas doivent les signer. – 3. Alors quand la cloche *(sonner),* au lieu de courir et de nous bousculer, nous *(sortir)* tout doucement, sans rien dire. – 4. Dans la rue, on ne *(se presser)* pas : on ne marchait pas vite, en traînant les pieds. – 5. Quand on *(arriver)* au coin, on *(se séparer).* – 6. Moi, je *(rester)* tout seul avec Eudes. – 7. Nous *(partir)* ensemble et Eudes m'*(expliquer)* comment il regarde son papa dans les yeux, et que son papa signe sans rien dire. – 8. Mais plus on *(s'approcher)* de la maison, moins Eudes *(parler).* – 9. Quand on *(se trouver)* devant la porte, Eudes ne disait plus rien. – 10. On *(rester)* là un moment et puis Eudes *(se gratter)* la tête, et puis il *(entrer).* – 11. J'*(entendre)* une claque, une grosse voix qui grondait, et Eudes qui pleurait. – 12. Pour ce qui est des yeux de son papa, Eudes ne *(devoir)* pas bien regarder. (D'après Sempé-Goscinny, *Le Petit Nicolas.*)

DICTÉE A CHOIX MULTIPLES

La *(fin/faim)* de Belles-Tuiles. – 1. « Les choses *(ce/se) (son/sont)* pass*(é, er, ées)* un *(peu/peut)* comme je le redout*(ait/ais).* – 2. Un mouvement d'or**gueil** • et tout *(c'/s') (ai/es/est)* écroul*(é, er, ée).* – 3. Mais qu'*(ai/es/est)*-il **arriv***(é, er, ée)* au juste ? – 4. Là-dessus *, je n'en *(c'est/sais/sait)* pas plus long que vous. – 5. Rest*(e, es, ent)* l'aventu**re** • de la petite. – 6. Quand Claudia *(ai/es/est)* ven*(u, ue, ut)* **aff**ol*(é, er, ée)* • au presbytère nous **ann**onc*(é, er, ée)* que la petite avait dispar*(u, ue, ut),* j'*(ai/es/est)* aussitôt * pens*(é, er)* à Belles-Tuiles. – 7. Grâce • à Dieu, elle *(s'en/sans) (ai/est)* tir*(é, er, ée)* à bon *(conte/compte).* – 8. Une pneumon**ie,** *(ça/sa)* ne pard**onne** • pas toujours *. » – 9. Grand-mère Saturnine s'était **app**roch*(é, er, ée)* de l'**abb**é Chichambre. – 10. Alors Constantin *(c'/s') (ai/est)* lev*(é, er),* fou • de j**oie**, de derrière * la vigne : – 11. – Grand-mère, *(c'/s') (ai/es/est)*-il écri*(é, ée, e),* grand-mère, dites-moi *(ou/où) (ai/es/est)* Hyacinthe ! (D'après H. Bosco, *L'Ane Culotte.*)

LES MOTS DE LA FAMILLE : À VOS DICTIONNAIRES !

l'orgueil (Cf. fiche 99) → or**gu**eilleux(-euse), or**gu**eilleusement, s'enor**gu**eillir. *(Après* **-g-**, *on intervertit le* e *et le* u *du son* **-euil**. *Comme après* -c, *fiche 103.)*

venir → la **ven**ue, à tout **ven**ant - reve**nir**, un reve**n**ant, le reve**nu** - un évé**n**ement, éve**nt**uel(le), l'éve**nt**ualité - l'a**ven**ir, l'a**ven**ture, a**ven**tureux(-euse), l'avè**n**ement, l'a**vent**, a**ven**ant(e), une a**ven**ue.

FICHE 61

-ER/-É
(QUATRIÈME APPROCHE)

LEÇON

► Maintenant que vous avez appris le passé composé, ne confondez pas le participe passé ***-é*** (employé avec l'auxiliaire *être* ou l'auxiliaire *avoir*) et l'infinitif ***-er.*** (Voir Fiches 18 et 46.)

► Si vous hésitez, continuez à utiliser le même « truc » : remplacez le verbe par *prendre,* et voyez si la phrase a un sens avec un verbe à l'infinitif. Si elle n'a pas de sens, c'est qu'il s'agit du participe passé.
Ex. : *J'ai rangé mes livres → j'ai prendre mes livres.* Cela n'a pas de sens, il faut dire : *j'ai pris mes livres.* Il s'agit donc bien du participe passé ⇒ ***-é.***

EXERCICES

1. Remplacez les points par -er **ou** -é. (**Attention :** n'oubliez pas d'accorder les participes passés lorsqu'ils accompagnent un nom ou qu'ils sont employés avec l'auxiliaire *être*.)

a) 1. M. Copernic, le nouveau locataire a jou... de la musique à minuit pass... – 2. Tous les locataires sont sortis pour protest... : « Il finira bien par réveill... toute la maison ! » – 3. Ils ont longtemps frapp... à la porte de la concierge. – 4. Quand elle a enfin enlev... le coton qu'elle avait dans les oreilles, on lui a expliqu... l'affaire. – 5. Tout le monde s'est dirig... vers la porte de M. Copernic. – 6. Il faut avou... que nous devions form... une drôle de procession : Mlle Noémie avec ses bigoudis, M. Victor envelopp... dans un vieux manteau râp... – 7. Quand nous avons débarqu..., M. Copernic, enchant..., a invit... tout le monde à entr... et s'est affair... pour trouv... des chaises. (D'après C. Vivier, *La Maison des petits bonheurs.*)

b) 1. « Monsieur, a déclar... Mme Misère (la concierge) d'une voix sévère, nous n'avons que faire de vos chaises. – 2. Vous êtes ici dans un immeuble bien habit... (« Parfait, a murmur... M. Fantout.) Pas de musique après dix heures du soir. – 3. C'est tout ce que nous avons à vous communiqu... ». – 4. M. Copernic a pris un air si effar... que j'en avais pitié pour lui, mais je n'ai rien os... dire et nous l'avons laiss... là, son violon à la main, triste comme un enfant grond... – 5. Après, tout le monde a ét... d'accord pour trouv... que Mme Misère avait ét... « très bien » et qu'il ne fallait plus salu... le pauvre violoniste. *(Ibidem).*

2. Remplacez les points par -er, -é(ée), -és(ées).

a) 1. Maman a pass... une heure à circul... d'un rayon à l'autre, sans pouvoir se décid... – 2. Finalement elle a achet... un tissu vert pâle, avec des petites raies blanches. – 3. Elle n'est rentr... qu'à une heure des magasins. – 4. Elle est arriv..., tout essouffl..., enchant..., et elle riait, elle riait. – 5. Elle a déball... les paquets et Estelle et moi, nous nous sommes exclam..., nous avons admir..., et nous avons embrass... maman. – 6. Quand nous sommes rentr... à quatre heures, maman était déjà en train de taill... nos robes. – 7. C'est même moi qui ai épluch... les légumes pour la soupe, pour qu'elle ait plus de temps pour travaill...

b) 1. Après le goûter, maman nous a essay... nos robes. – 2. Elles sont d'un chic ! Fronc... aux manches, décollet... en rond, avec l'ouverture dans le dos. – 3. Il faut avou... que malheureusement les manches tirent. – 4. Maman a essay... de les arrang..., mais c'était encore pire qu'avant. – 5. Estelle s'est mise à grogn... que ça la gênait, que ça agrandissait le décolleté. – 6. Maman, excéd..., s'est fâch..., et Estelle n'a plus os... continu... – 7. Finalement, maman a décid... de demand... conseil à Mlle Noémie qui est couturière. – 8. Mlle Noémie a d'abord pris un air pinc... parce qu'elle était vex... qu'on ne lui ait pas demand... de faire les robes. – 9. Maman lui a tant répét... qu'elle était la plus expériment... du quartier, qu'à la fin, amadou..., elle a accept... d'arrang... les manches. *(Idem)*

DICTEE A CHOIX MULTIPLES

Grand-mère. – 1. Bizarre comme les choses peuv*(e, es, ent)* ch**ang***(é, er, aient)* et s'invers*(é, er, ait, aient)* • complète**ment**. – 2. Avant *, *(c'/s')* étai*(t, ent)* Grand-mère qui veil*(é, ée, er, ait)* sur moi. – 3. Mais aujourd'hui * *(c'/s')* étai*(t, ent)* comme si Grand-mère et moi avion*(s)* chang*(é, ées, és)* de rôles. – 4. *(C'/S')* étai*(t, ent)* elle*(s)* qui venai*(s, t, ent)* chez moi, pour y vivre. – 5. Elle*(s)* restai*(s, t, ent)* *(la/là)*, *(a/à)* contempl*(é, er, ait)* la chambre, puis son faut**euil**, **agripp***(é, ée, er)* *(a/à)* *(son/sont)* sac de photo*(s)* • – 6. Il y avai*(t, ent)* une tristesse si **aff**reuse dans *(ces/ses)* yeux que je lui *(ai/es/est)* demand*(é, ée, er)* : « Quel*(le)* *(es/est)* le lit que tu aimerai*(s, t)* avoir, Grand-mère ? » – 7. Elle*(s)* *(a/à)* soupir*(é, ée, er)* « *(Oh/Ho/Haut/Ô)*, *(ça/sa)* n'a pas d'import**ance**. N'importe lequel*(le)*. – 8. Mais pour moi non plus *(ça/sa)* n'a pas d'importance, *(ai/es/est)*-je ment*(i, is, it)*. Choisis-en un. » – 9. J'*(ai/es/est)* regrett*(é, ée, er)* • **imm**édiate**ment** *(ce/se)* que je ven*(ais, ait)* de dire. – 10. *(Et/Est)* si elle choisiss*(ais, ait)* mon lit, celui près * de la fenêtre ? – 11. J'ador*(e, s, t)*, en me réveillant le matin, regard*(é, er, ais)* par la fenêtre pour voir *(a/à)* quoi ressemble la journ**ée**, me trouv*(é, ée, er, ais, ait)* au bon*(ne)* endroit pour **attrap***(é, ée, er, ait)* un flocon de neige *(ou/où)* pour observ*(é, ée, er, ais, ait)* les moin**eaux**. – 12. Grand-mère *(a/à)* regard*(é, ée, er, ait)* les deux lit*(s)*, puis elle *(a/à)* murmur*(é, ée, er, ait) :* – 13. « *(Eh/Et/Est)* bien, *(peu/peut)*-être celui sous * la fenêtre – si tu *(es/est/et)* *(sur/sure/sûr/sûre)* que *(ça/sa)* t'*(es/est/ai)* égal*(e)*. » – 14. J'*(ai/es/est)* aval*(é, ée, er, ais, ait)* • ma salive : « Tout *(a/à)* fait *(sur/sure/sûr/sûre)*. » – 15. Grand-mère *(a/à)* pos*(é, ée, er, ait)* douce**ment** • son sac de photo*(s)* sur mon lit... je veu*(t, x)* dire *(son/sont)* lit, puis elle *(c'est/s'est)* retourn*(é, ée, er, ait)* pour me regard*(é, ée, er, ait) :* – 16. « Sheila, ma chéri*(e)*, si jamais * tu chang*(e, es)* d'avis • pour les lit*(s)*, dis-le-moi. Après tout, *(c'est/s'est)* ta chambre. – 17. *(C'est/S'est)* ta chambre aussi *, Grand-mère. » (Charlotte Herman, *Le Fauteuil de grand-mère*.)

LES MOTS DE LA FAMILLE : À VOS DICTIONNAIRES !

le rôle (= manuscrit r**o**ulé) → un r**ô**let - enr**ô**ler, l'enr**ô**lement, enr**ô**lé(e) - contr**ô**ler, (in)contr**ô**lable, un contr**ô**leur, (in)contr**ô**lé.

l'avis → aviser, avisé(e), un aviso - malavisé - un préavi**s**.

le regret → regre**tt**er, regre**tt**able.

la photo(graphie) → un **photo**n, un **photo**graphe, une **photo**copie, la **photo**thèque, un cata**phot**e.

vers → une **vers**ion, un **vers**ant, **vers**atile, la **vers**atilité, le **vers**o - l'in**vers**e, in**vers**er, une in**vers**ion, in**vers**ement.

FICHE 62

A + PARTICIPE PASSÉ / À + INFINITIF

LEÇON

Ne confondez pas :
– la 3e personne du singulier du passé composé. Ex. : *Elle **a mangé**.*
– et l'infinitif introduit par la préposition *à*. Ex. : *La salle **à manger**.*

UN TRUC
Essayez de remplacer ***a*** par l'imparfait ***avait***. Si la phrase conserve un sens, il s'agit d'un passé composé.
Ex. : *Elle a mangé → elle avait mangé :* a un sens ⇒ ***-é.***
La salle à manger → La salle avait mangé : ne veut rien dire ⇒ ***à*** + infinitif ***-er.***

EXERCICES

1. Choisissez, dans la parenthèse, la forme qui convient.

Une perle. – 1. Elle passe son temps *(a travaillé, à travailler).* – 2. Elle *(a travaillé, à travailler)* toute la journée sans perdre une minute. – 3. Elle *(a reprisé, à repriser)* mon pull avec de la laine *(a reprisé, à repriser).* – 4. Elle *(a brodé, à broder)* mon nom sur mon tablier avec du coton *(a brodé, à broder).* – 5. Il y avait beaucoup de vaisselle sale *(a lavé, à laver).* – 6. Elle *(a débouché, à déboucher)* la machine *(a lavé, à laver)* la vaisselle. – 7. Elle *(a rangé, à ranger)* tout ce qui traînait : tous les jours c'est *(a recommencé, à recommencer) !*

2. Faites le même exercice avec la suite du texte 1.

1. Elle *(a passé, à passer)* l'aspirateur dans la chambre *(a couché, à coucher).* – 2. Avec le fer *(a repassé, à repasser),* elle *(a repassé, à repasser)* la pile de linge qui restait *(a repassé, à repasser).* – 3. Elle *(a commencé, à commencer) (a nettoyé, à nettoyer)* l'évier avec de la poudre *(a récuré, à récurer).* – 4. Elle *(a continué, à continuer) (a désherbé, à désherber)* le jardin. – 5. *(A s'activé, À s'activer)* ainsi elle n'*(a pas consacré, à pas consacrer)* beaucoup de temps *(a rêvé, à rêver).*

3. Choisissez, dans la parenthèse, la forme convenable.

a) 1. Lorsque la pluie *(a commencé, à commencer) (a tombé, à tomber),* il *(a pensé, à penser) (a rentré, à rentrer)* vite les nappes. – 2. La pluie est presque arriv*(é, er, ée) (a, à)* tout gâch*(é, er).* – 3. Mais il *(a remédié, à remédier)* au découragement. – 4. Il n'*(a, à)* pas renonc*(é, er) (a lancé, à lancer)* des plaisanteries. – 5. Il s'est même décid*(é, er) (a chanté, à chanter).* – 6. Il n'*(a, à)* pas tard*(é, er) (a déridé, à dérider)* tout le monde. – 7. Il *(a aidé, à aider) (a rangé, à ranger)* les stands. – 8. Il *(a, à)* beaucoup contribu*(é, er) (a assuré, à assurer)* le succès de cette kermesse.

b) 1. Mon cousin est fou *(a lié, à lier).* – 2. Il *(a, à)* très peu *(a pensé, à penser).* – 3. Pourtant il serait de taille *(a affronté, à affronter)* les plus rudes travaux. – 4. Aujourd'hui, il *(a donné, à donner)* son linge *(a lavé, à laver),* unique occupation de la journée. – 5. *(A parlé, À parler) (a, à)* tort et *(a, à)* travers, il *(a oublié, à oublier)* de quoi il parlait. – 6. Tout est *(a recommencé, à recommencer).* – 7. Il *(a bâillé, à bâiller) (a se décroché, à se décrocher)* la mâchoire. – 8. Il *(a, à)* beaucoup d'argent *(a dépensé, à dépenser)* mais il *(a, à)* du mal *(a déboursé, à débourser).*

COMMENT ÉCRIRE UNE FORME VERBALE TERMINÉE PAR LE SON « U » ?

LEÇON

Le son « u » à la fin d'une forme verbale peut être :

▶ **1.** Le **présent de l'indicatif** des verbes du 1er groupe comme *tuer*, ou des verbes du 3e groupe en *-ure*, comme *exclure* :
Ex. : *je* ***tue****, tu* ***tues****, il* ***tue****, ils* ***tuent***
*j'exclu****s****, tu exclu****s****, il exclu****t****, ils exclu****ent****.*

▶ **2.** Le **passé simple** de l'indicatif :
Ex. : *je reç****us****, tu reç****us****, il reç****ut*** *(recevoir).*

▶ **3.** Le **participe passé** :
a) employé avec l'auxiliaire *avoir :* il est généralement invariable.
Ex. : *J'ai reçu ta lettre.*
b) employé avec l'auxiliaire *être :* il s'accorde avec le sujet :
Ex. : *Ta lettre est reç****ue*** *avec joie. Tes lettres sont reç****ues*** *avec joie.*
c) accompagnant un nom : il s'accorde avec le nom :
Ex. : *Les lettres reç****ues*** *à temps sont prises en considération.*

UN TRUC
Les formes verbales conjuguées (présent et passé simple) peuvent être remplacées par l'imparfait : la phrase garde un sens.
Ex. : *Je tue le temps (→ je tuais)* → verbe *tuer* au présent.
Je sus répondre (→ je savais) → verbe *savoir*, passé simple.

EXERCICES

1. Conjuguez au présent de l'indicatif.
Remuer des idées, puis conclure l'exposé.

2. Conjuguez au passé simple de l'indicatif.
1. Recevoir un journal et le lire.

3. Dites l'infinitif, le temps du verbe et écrivez la terminaison de son « u ».
1. Le cheval r... – 2. Je b... à la source. – 3. Sa voix m... – 4. Ma tante s'ém... – 5. Tu p... venir. – 6. Je s... à grosses gouttes. – 7. Je s... la nouvelle. – 8. Les antibiotiques t... les microbes. – 9. Tu cessas de crier et tu te t...

4. Écrivez correctement le son « u », **en utilisant « le truc » de l'imparfait.**
1. Un jambon cr... – 2. Je cr... ce mensonge. – 3. Le garçon b... de l'eau. – 4. Un verre b... – 5. Un service rend... – 6. Je d... partir. – 7. Il s... se taire. – 8. Cela est s... – 9. Tu s... au soleil. – 10. Je moul... le café. – 11. Du café moul... – 12. Le client aperç... le taxi. – 13. Un taxi aperç... de loin. – 14. Je rem... la tête. – 15. Il est ém...

5. Accordez les participes passés épithètes.
1. une fièvre vainc... – 2. des ennemis vainc... – 3. des craintes vainc... – 4. un héros invainc... – 5. un élégant bien vêt... – 6. une poupée vêt... de bleu. – 7. des enfants vêt... de neuf. – 8. des mendiantes mal vêt... – 9. des digues romp... – 10. j'ai la tête romp... – 11. des liens romp... – 12. un entretien interromp...

6. Conjuguez au passé composé de l'indicatif à toutes les personnes.
1. lire une revue – 2. croire une nouvelle – 3. voir des photographies.

7. Mettez au passé composé les phrases suivantes.
1. Maman moud le café. – 2. Tout le monde croit la nouvelle. – 3. Le professeur exclut du cours les élèves indisciplinés. – 4. La couturière coud les ourlets. – 5. De nombreux spectateurs voient cette pièce de théâtre. – 6. La météo prévoit la pluie.

8. Dites s'il s'agit d'un passé simple ou d'un participe passé et remplacez les points par -u, -ue, -ues, -us, -ut.
1. Je conn... beaucoup de gens dans ma jeunesse, en particulier des gens célèbres. – 2. Tu as aussi conn... des personnes intéressantes, mais elles étaient moins conn... que mes relations. – 3. Ma maison était conn... du Tout-Paris. – 4. Le président de la République lui-même conn... mon adresse et voul... me rendre visite. – 5. J'étais vraiment un personnage très con... (c'est un snob qui parle).

9. Même exercice que le n° 8.
1. Jai reç... mes résultats. – 2. Les résultats reç... m'ont catastrophée ! – 3. Moi, Sylvie Dupont, je ne suis pas reç... à mon examen ! – 4. Par contre, mon frère est reç..., et ses amis sont reç... – 5. Je vais téléphoner à mes amies pour savoir si elles ont reç... leurs résultats et si elles sont reç...

10. Analysez la forme et remplacez les points par -u, -ue, -ues, -us, -ut.
1. Il pl... pendant tant de jours que ce f... l'inondation. – 2. Le débit du fleuve s'accr... et bientôt les eaux furent difficilement conten... – 3. Le barrage ne p... résister. – 4. La digue romp... laissa déferler une vague gigantesque. – 5. Des arbres furent abatt... – 6. La gendarmerie secour... les sinistrés par hélicoptère. – 7. Heureusement, personne ne f... porté dispar... – 8. La terre ne b... pas toutes les eaux répand... – 9. On s... difficilement chiffrer les dégâts. – 10. Le sinistre conn..., le gouvernement d... venir en aide aux victimes de cette catastrophe imprév...

DICTEE A CHOIX MULTIPLES

Des élève*(s)* *(peu/peut)* ordinaire*(s)* •
1. Le lendemain matin, lorsque la maîtresse **appar***(u, ue, us, ut)* sur le s**euil** de l'école pour faire entr*(é, er, ée)* les élèves, ce qui ne manqua pas de l'**effray***(é, er)* *(ce/se)* f*(us, ut)* l'**arrivée** d'un sanglier débouchant d'une h**aie** où il se tenait cach*(é, er)*. – 2. « Pardo**nn***(é, er, ez)* • -moi, dit le sanglier en s'**app**rochant ; j'ai entend*(u, us, ut)* dire *(tant/temps)* de bien de votre école et de votre enseignement que l'*(envi/envie)* m'*(ai/es/est)* ven*(u, ue, us, ut)* d'entendre une de vos leçons. – 3. Bien entend*(u, ue, us, ut)* nous nous enga**ge**ons, mes compagnons et moi, *(a/à)* être sag*(e, es, ent)* et *(a/à)* ne pas troubl*(é, er, és)* la leçon. » – 4. Mais la maîtresse d*(ue, us, ut)* mettre un zéro de conduite au sanglier et au cochon qui *(c'/s')* ét*(ait, aient)* batt*(u, us, ut)* • dans la classe. – 5. Ils étaient bien ennuy*(é, er, és)* •, mais *(ce/se)* f*(us, ut)* en *(vain/vin)* qu'il*(s)* la **supp**lièrent d'**eff**ac*(é, ée, er, és)* les zéros. – 6. Elle ne voul*(u, ue, us, ut)* rien entendre. (D'après Marcel Aymé, *Les Contes du Chat perché*.)

LES MOTS DE LA FAMILLE : À VOS DICTIONNAIRES !

l'ordre → ordo**nn**er, ordo**nn**é(e), une ordo**nn**ée, l'ordo**nn**ance, l'ordo**nn**ancement - le désordre, désordo**nn**é(e) - coordo**nn**er, les coordo**nn**ées - subordo**nn**er, une subordo**nn**ée, un subordo**nn**é. Mais : ordi**n**al(e), ordi**n**aire, un ordi**n**ateur, la coordi**n**ation, l'(in)subordi**n**ation – extraordi**n**aire. *(Le **-n-** n'est doublé qu'après un **-o-**.)*

FICHE 64

COMMENT ÉCRIRE UNE FORME VERBALE TERMINÉE PAR LE SON « I » ?

LEÇON

Le son « i » à la fin d'une forme verbale peut être :

► **1.** Un **présent de l'indicatif** :
a) de verbes du 1er groupe comme *crier* ou *essuyer :*
Ex. : *je cr**ie**, tu cr**ies**, il cr**ie**, ils cr**ient***
*j'ess**uie**, tu ess**uies**, il ess**uie**, ils ess**uient***
b) de verbes du 2e groupe et du 3e groupe en *-ire* et *-ivre :*
Ex. : *je fin**is**, tu fin**is**, il fin**it** ; je d**is**, tu d**is**, il d**it** ; je v**is**, tu v**is**, il v**it**.*

► **2.** Un **passé simple** de l'indicatif (du 2e ou du 3e groupe) :
Ex. : *finir : je fin**is**, tu fin**is**, il fin**it** ; dire : je d**is**, tu d**is**, il d**it**.*

► **3.** Un participe passé (2e groupe : *-i* ou du 3e groupe *-i, -is* ou *-it*) :

a) employé avec l'auxiliaire *avoir*, il est généralement invariable :
Ex. : *J'ai écr**it** des livres. J'ai pr**is** une douche. J'ai fin**i** les coutures.*

b) employé avec l'auxiliaire *être*, il s'accorde avec le sujet :
Ex. : *Les livres sont écr**its**. La couture est fin**ie**.*

c) accompagnant un nom, il s'accorde avec lui :
Ex. : *Les livres écr**its** trop vite sont mauvais.*

UN TRUC
Les formes verbales conjuguées (présent et passé simple) peuvent être remplacées par l'imparfait : la phrase garde un sens.
Ex. : *Tu cries fort (→ Tu criais) → crier*, présent.
Il prit une douche (→ Il prenait) → prendre, passé simple.

EXERCICES

1. Conjuguez au présent de l'indicatif.
1. crier bravo et applaudir un numéro réussi – 2. essuyer la vaisselle et finir les rangements entrepris.

2. Pensez à l'infinitif, trouvez le temps qui convient et écrivez la terminaison.
1. La branche pr... feu. – 2. Elle pr... le visiteur de s'asseoir. – 3. Je m... le feu aux poudres. – 4. Tu gross... beaucoup. – 5. Tu sc... du bois. – 6. Ils se f... à leur flair. – 7. Il se f... connaître. – 8. Je d... la vérité. – 9. Je mend... un peu d'affection. – 10. Il v... l'obstacle. – 11. Il dév... la route.

3. Analysez la forme verbale et remplacez les points par -i, -ie, -is, -it.
1. Un chat ass... – 2. Il bond... – 3. Il sais... sa proie. – 4. L'oiseau cr... et s'enfu... – 5. Un prince bien serv... – 6. Un invité bien m... – 7. Elle su... le programme. – 8. Elles n... l'évidence. – 9. Tu serv... – 10. Un poème bien d... – 11. J'identif... l'artiste. – 12. Un programme très suiv... – 13. Un auditeur surpr... – 14. Ils pr...

4. Conjuguez au passé composé.
1. dire un prix – 2. acquérir un champ – 3. s'agrandir.

5. Analysez la forme verbale et complétez par -i, -ie, -ies, -ient, -is, -it, -its.

1. Vous avez condu... comme un fou. – 2. Je ne monte pas dans les véhicules condu... par des chauffards. – 3. Je condu... ma voiture moi-même. – 4. Elle écr... des romans. – 5. Aujourd'hui elle a écr... deux pages. – 6. Mais plusieurs chapitres sont déjà écr... – 7. Je lui écr... pour la féliciter. – 8. Ce médecin guér... ses malades. – 9. Il a en particulier guér... mon amie. – 10. La maladie guér... n'était pas grave. – 11. Lorsque les malades sont guér..., ils remerc... leur médecin.

6. Analysez la forme verbale et remplacez les points par -is, -it, -its.

1. Le maître instru... ses élèves. – 2. Je m'instru... à son cours. – 3. Le maître a instru... ses élèves. – 4. Les élèves instru... sont appréciés. – 5. Dans ta rédaction, tu décr... des paysages. – 6. Les paysages décri... sont ceux de ton enfance. – 7. Tu as décr... ces paysages parce que ce sont ceux de ton enfance. – 8. Ils sont décr... de façon très pittoresque. – 9. Jadis, il surpr... des secrets d'État. – 10. Aujourd'hui il a surpr... mon secret. – 11. Ce secret surpr... n'était pas bien intéressant.

7. Même exercice que le n° 6.

1. Pendant la cérémonie, une femme s'évanou... d'émotion. – 2. La femme évanou... fut transportée à l'hôpital. – 3. D'autres personnes, également évanou..., ont reçu des soins. – 4. Toi aussi, tu t'évanou... à la fin de la cérémonie. – 5. Je réuss... toujours mon tour de cartes. – 6. Mon frère le réuss... moins bien. – 7. Je l'ai encore réuss... aujourd'hui. – 8. Les tours de cartes réuss... plaisent toujours beaucoup.

8. Complétez les formes verbales par -i, -ie, -is, -it.

1. Je perds le contrôle de mon véhicule. Je ne ralent... pas face au panneau de sens interd... – 2. J'envah... une cour de ferme fleur... – 3. Je pâl... à la vue de la fosse à purin bien rempl... – 4. Je démol... un mur mal bât... – 5. Je franch... une palissade de bois pourr... – 6. Je m'introdu... dans l'enclos des canards ébah... – 7. J'aplat... les poulets endorm... – 8. Je rebond... sur une charrette bien garn... – 9. J'about... au milieu d'un parterre fleur... – 10. Je réfléch... aux dégâts sub... par le fermier.

DICTEE A CHOIX MULTIPLES

Un ami des bêtes. – *(Bullit gère une réserve d'animaux sauvages, au Kenya.)*

1. Bullit *(ce/se)* m*(is, it)* *(a/à)* march*(é, er)* *(a/à)* travers * la pièce. – 2. Pendant * *(ce/se)* va-et-vient silenc**ieux**, il d*(is, it)* : – 3. « J'*(ai/est)* ré**pand***(u, us, ut)* du *(sel/selle)* dans les endroits *(ou/où)* les bêtes vont souvent *. – 4. Ça les fortif*(ie, ies, ient)* •. – 5. Et les barrages • en terre • que je constru*(is, it)* pour faire les abreu**voirs** • *(ce/se)* n'est pas non plus dans l'oblig**ation** de mon poste. » – 6. Bullit *(ç'/s')* **arr**êt*(a, as, ât)* brusque**ment** et grond*(a, as, ât)* : – 7. « Les bêtes • ici * ont tous les droits. – 8. Et je *(les/l'ai)* veu*(s, x)* tranqui**ll***(e, es, ent)* •, protég*(é, er, és, ée, ées)* des hommes. » – 9. Pourquoi *(ces/ses)* yeux **ag**rand*(i, is, ient)*, *(cet/cette)* éclat si brusque et si brutal*(e)* ? – 10. Mon **inn**ocent propos n'avait serv*(i, ie, is, it)* que de prétexte, d'**occ**asion *(a/à)* une crise longue**ment** mûr*(i, ie, is, it)* •. – 11. Le regard de Bullit perd*(i, ie, is, it)* soudain * toute sa viol**ence**. – 12. Il repr*(is, it)* son *(verre/vers/vert)* et le vid*(a, as, ât)* d'un *(cou/coup)*. – 13. J'entend*(is, it)* alors *, un *(peu/peut)* après lui, une **app**roche légère. – 14. Quand Sybil entra, le visage de *(son/sont)* mari ét*(ait, ais)* paisible. (D'après J. Kessel, *Le Lion*.)

LES MOTS DE LA FAMILLE : À VOS DICTIONNAIRES !

le breuvage → abr**eu**voir, abr**eu**ver, l'abr**eu**vage ou l'abr**eu**vement.

FICHE 65

LES AUTRES TEMPS COMPOSÉS DE L'INDICATIF (VOIX ACTIVE ET VOIX PRONOMINALE)

LEÇON

<u>RÈGLE GÉNÉRALE</u>

Temps composé = auxiliaire au temps simple + participe passé.

Plus-que-parfait	**Futur antérieur**	**Passé antérieur**
j'avais été	j'aurai été	j'eus été
j'avais eu	j'aurai eu	j'eus eu
j'avais chanté	j'aurai chanté	j'eus chanté
j'étais parti	je serai parti	je fus parti
je m'étais amusé	je me serai amusé	je me fus amusé

ATTENTION !

1. L'auxiliaire est *être* ou *avoir.*
- Si l'auxiliaire est *être,* le participe s'accorde avec le sujet.
- Si l'auxiliaire est *avoir,* le participe est généralement invariable.

2. Les temps composés s'emploient rarement seuls : ils indiquent généralement une antériorité par rapport à un verbe au temps simple.

Ex. : *Lorsque j'aurai voyagé aux États-Unis, je ferai un autre voyage.*
Lorsque j'eus pris mon billet, je partis.
Lorsque j'avais décidé de partir, je partais.

EXERCICES

1. Conjuguez au plus-que-parfait de l'indicatif : *a*) au masculin ; *b*) au féminin.
Sortir au cinéma, rentrer à la maison, prendre une douche.

2. Donnez le plus-que-parfait des formes verbales suivantes.
1. Tu réfléchissais – 2. Vous dormiez – 3. Il naissait – 4. Elle restait – 5. Nous gémissions – 6. Elles retournaient – 7. Je riais – 8. Ils pleuraient.

3. Conjuguez au futur antérieur : *a*) au masculin ; *b*) au féminin.
1. A six heures, revenir de l'école et apprendre ses leçons. – 2. A neuf heures, descendre de chez soi, longer la rue, lire le journal.

4. Mettez au futur antérieur les formes verbales suivantes.
1. Nous peindrons – 2. J'écrirai – 3. Elles deviendront – 4. Tu coudras – 5. Vous comprendrez – 6. Il viendra – 7. Ils partiront – 8. Elle passera.

5. Conjuguez les verbes entre parenthèses au passé antérieur de l'indicatif : *a*) au masculin ; *b*) au féminin.
Lorsque je *(tomber)* sur le trottoir, et que je *(salir)* mon pantalon, je maudirai la peau de banane laissée là.

6. Conjuguez les verbes suivants au plus-que-parfait de l'indicatif : *a*) au masculin ; *b*) au féminin.
1. s'examiner – 2. se juger – 3. s'apprécier – 4. s'apercevoir du froid et bien se couvrir – 5. se sentir mal et s'évanouir.

7. Conjuguez à toutes les personnes du futur antérieur de l'indicatif les verbes entre parenthèses : *a)* au masculin ; *b)* au féminin.

1. Lorsque je *(se décourager)*, que je *(se ressaisir)* et que je *(se battre)* contre la difficulté, j'aurai une chance de la surmonter. – 2. Lorsque je *(se gorger)* de petits fours et que je *(se rendre)* malade, je regretterai ma goinfrerie.

8. Conjuguez au passé antérieur de l'indicatif, et à toutes les personnes, les verbes entre parenthèses, d'abord au masculin, puis au féminin.

Lorsque je *(se pavaner)*, que je *(s'enorgueillir)* et que je *(s'endormir)* dans les illusions, le retour à la réalité fut brutal.

9. Mettez les verbes entre parenthèses au passé antérieur de l'indicatif.

Lorsque Jean-Marc *(se pendre)* par les pieds, qu'il *(se rattraper)* avec les mains, qu'il *(se promener)* sur la branche à quatre pattes, qu'il *(s'émouvoir)* à la vue du vide, qu'il *(se ressaisir)*, et qu'il *(se réjouir)* de son adresse, il se prit pour Tarzan.

10. Refaites l'exercice précédent : *a)* avec Jean-Marie et Louis ; ***b)*** avec Lucette ; ***c)*** avec Rose-Marie et Lucette.

DICTEES A CHOIX MULTIPLES

Le loup n'est plus le loup. – *(Malgré les mises en garde, Delphine et Marinette jouent avec le loup.)* 1. Après que le loup *(eu/eue/eut)* léch*(é, er, ée)* sa *(patte/pâte)* endolor*(i, ie, it)*, il se mi*(e, s, t)* à racont*(é, er, ées)* • des histoires. – 2. Les petites *(c'/s')* ét*(ait, aient)* **app**roch*(é, er, ée, ées)* pour écout*(é, er, ées)* les aventures • du renard, de l'écur**euil**, de la taupe *(ou/où)* des trois lapins de la lisière. (...) – 3. Après qu'il *(eu/eue/eut/eût)* racont*(é, er)* beaucoup * d'histoires, les petites lui proposèrent de jou*(é, er)* avec elles. (...) – 4. En un moment, il *(eu/eut/eût)* **appr***(is, it)* à jou*(é, er)* à la main chaude, à la ronde et à la paume placée. – 5. Le loup n'avait jamais * tant * r*(i, is, it)* de sa v*(ie, is, it)*, ni cr*(u, us, ut)* que *(c'/s')* était si amusant de jou*(é, er)*. (D'après Marcel Aymé, *Les Contes du Chat perché*.)

Délicieuses illusion*(s)* *(suite du texte précédent)*. – 1. Les petite*(s)* voulai*(s, t, ent)* savoir tout *(ce/se)* qu'avai*(s, t, ent)* fai*(s, t)* le loup pendant * la semaine, s'il n'avai*(s, t, ent)* pas eu*(t)* froid, si sa *(pâte/patte)* était bien guér*(i, ie, is, it)*, s'il avait rencontr*(é, ée, és, er)* le renard, la bécasse, le sanglier. – 2. « Loup, disai*(s, t)* Marinette, au printemps, tu nous emmèner*(a, as)* dans les bois. – 3. Avec toi, on n'aura*(s)* pas **peur**. » – 4. « Au printemps, mes mign**onne***(s)*, vous n'aur*(é, er, ez)* rien *(a/à)* **craindre** dans les bois. – 5. D'ici *(la/là)*, j'aur*(ai, ais, ait)* si bien prêch*(é, er, ais)* les compagnons • de la forêt • que les plus hargn**eux** • seron*(s, t)* deven*(u, us, ut)* tout doux. – 6. Pas plus tard * qu'hier *, j'ai rencontr*(é, er)* le renard et je l'*(ai/est)* serm**onn***(é, er)* d'import**ance** ! – 7. Et lui qui fai*(s, t)* tant * le malin d'habitude • m'a répond*(u, ut)* : – 8. " Loup, je ne demande qu'*(a/à)* suivre ton exemple. – 9. Nous en reparleron*(s, t)* plus tard, et quand j'aurai*(s)* eu*(t)* le temps d'**app**réci*(é, er)* tes bonne*(s)* œuvre*(s)*, je ne tarderai*(s)* plus *(a/à)* me **corr**ig*(é, er)* ! " »

LES MOTS DE LA FAMILLE : À VOS DICTIONNAIRES !

prêcher → un prêche, prêcheur(-euse). Mais : la pr**é**dication, un pr**é**dicateur.

la hargne → **h**argneux(-euse), **h**argneusement.

tard → tar**d**er, tar**d**if(-ive), tar**d**ivement - s'attar**d**er, l'attar**d**ement, attar**d**é(e) - le retar**d**, retar**d**er, le retar**d**ement, retar**d**é(e).

FICHE 66

CAS D'ACCORD DU PARTICIPE PASSÉ EMPLOYÉ AVEC AVOIR

LEÇON

Le participe passé employé avec *avoir* s'accorde avec le C.O.D. quand celui-ci est placé avant lui.
Il y a deux cas principaux où le C.O.D. est placé avant le verbe :

1. lorsque le C.O.D. est un pronom personnel : **l', le, la, les ; me, te ; nous, vous :**
Ex. : *Ces garçons, nous **les** avons rencontr**és** au bowling.*
*Ces violettes, nous **les** avons cueill**ies** pour vous.*

2. lorsque le C.O.D. est le pronom relatif **que :**
Ex. : *Sur la carte **que** je t'ai envoy**ée,** on voit mon chalet.*

UN CONSEIL
Lorsqu'un participe passé est employé avec *avoir* :

1. cherchez toujours le C.O.D.

2. si c'est un pronom placé avant le verbe, cherchez son antécédent.
Ex. : *Ces clous, je **les** ai rang**és** dans la caisse à outils.*
C.O.D. = *les,* remplace *clous* (masc. plur.) → *rang**és**.*

ATTENTION !
Les pronoms personnels *me, te, nous, vous* peuvent être C.O.I. Dans ce cas, il faut chercher s'il y a un C.O.D. et où il est placé, pour accorder le participe passé s'il y a lieu.
Ex. : *Maman m'a trouv**ée** vite (m'* = féminin = C.O.D. placé avant*)*
*Maman m'a trouv**é** une jolie robe*
(m' = C.O.I. ; *une robe* = C.O.D. placé après*).*

UN TRUC
Me, te, nous, vous sont C.O.I. lorsqu'on peut les remplacer par : *pour moi, à moi ; pour toi, à toi ; pour nous à nous ; pour vous, à vous.*
Ex. : *Maman **m'**a trouvé une jolie robe → Maman a trouvé une jolie robe **pour moi** → **m'*** = C.O.I.

EXERCICES

1. Mettez au passé composé les verbes des phrases suivantes. (Pour vous aider, reportez-vous aux listes de verbes de la fiche 98).
1. Ces fleurs, je les vois, je les cueille, je les arrange en un bouquet, je les mets dans un vase. – 2. Les lapins veulent s'enfuir : la fermière les aperçoit, les rattrape, les oblige à revenir vers leur clapier où elle les enferme. – 3. Je sers de la limonade à mes invités. Ils la boivent et la trouvent délicieuse.

2. Même exercice que le n° 1 avec les phrases suivantes.
Lettre de Charlotte à Julie : 1. Ma grand-mère m'emmène chez le bijoutier. – 2. Elle me gâte en m'offrant un très joli bracelet. – 3. Je la remercie et je l'embrasse. – 4. Toutes mes amies étaient présentes à mon anniversaire ; un savoureux goûter nous réunit autour de la table. – 5. Puis, les filles frileuses gagnent la cheminée,

approchent leurs pieds de la flamme et les chauffent. – 6. Moi, voyant la table du goûter encombrée, je la débarrasse. – 7. Après cela, je prends mon appareil photo, je fais sursauter mes amies avec le flash et je leur crie : je vous photographie !

3. Mettez les verbes des phrases suivantes au passé composé.

1. L'usine, les ouvriers la quittent avec plaisir. – 2. La semaine de travail les fatigue. – 3. La pensée du week-end les rend joyeux. – 4. Leur famille les attend et les accueille avec empressement. – 5. L'un d'eux appelle son voisin et le convie à une partie de pétanque. – 6. L'autre appelle ses enfants, les emmène au zoo et leur offre une glace. – 7. Ce repos, ils le méritent bien.

4. Accordez les participes.

1. Le garçon que j'ai appel...
2. La fille que j'ai vu...
3. Les enfants que j'ai crois...
4. Les glaces que j'ai dégust...
5. Les femmes que j'ai salu...
6. L'association que j'ai cré...
7. Les livres que j'ai lu...
8. La voiture que j'ai conduit...

5. Soulignez le pronom relatif que, **indiquez d'une flèche le nom qu'il remplace et accordez le participe passé.**

1. Notre ville que les touristes ont envah... est très animée en été. – 2. Jacques, cet Allemand que tu as rencontr... sur la place de l'horloge, que désirait-il ? – 3. Les étrangers que tu as renseign... devant l'Hôtel de ville étaient-ils anglais ? – 4. La fontaine des Éléphants qu'ils ont cern... n'est plus abordable. – 5. Les terrasses des cafés qu'ils ont pri... d'assaut bourdonnent de langues étrangères.

6. Remplacez les verbes entre parenthèses par leur participe passé.
***a*) Cherchez le C.O.D. – *b*) Si c'est un pronom, reliez-le par une flèche au nom qu'il représente. – *c*) Accordez les participes passés, s'il y a lieu.**

1. Maryline dépense beaucoup d'argent pour suivre la mode : elle a *(courir)* les magasins tout l'après-midi. – 2. Les vêtements qu'elle a *(voir)* ne lui ont pas *(plaire)*. – 3. Les prix élevés l'ont *(effrayer)*. – 4. Elle a *(trier)* des combinaisons de sport qu'elle a *(examiner)*, puis *(essayer)*. – 5. La première, une verte ne l'a pas *(enthousiasmer)*, la rouge qu'elle a *(revêtir)* ensuite lui allait mieux. – 6. Le vendeur qu'elle a *(croiser)* l'a *(approuver)* dans son choix. – 7. Elle a *(remettre)* le vêtement qu'elle a *(choisir)* à la caissière. – 8. Le chèque qu'elle a *(utiliser)* pour régler son achat était le dernier de son chéquier. Il était temps de rentrer !

7. Mettez les phrases suivantes au passsé composé (au féminin).

1. Jocelyne t'envie. Clémentine t'envie ton invitation. – 2. Charlotte me jette par terre. Charlotte me jette un regard triomphant. – 3. Le chien nous mord les mollets. Le chien nous mord. – 4. Le chat vous griffe. Le chat vous griffe les bras. – 5. Ta petite sœur nous tire par la manche. Ta petite sœur nous tire les cheveux.

(Exercices complémentaires : Fiche 68 n°s 2 et 5 ; Fiche 70 n° 2 ; Fiche 71 n°s 1, 2 et 3.)

DICTEES A CHOIX MULTIPLES

Ce qui fait le *(prie/pris/prît/prix)* des êtres. – 1. Le Petit Prince s'en f*(u, ue, us, t)* revoir les roses. – 2. « Vous n'êtes pas du tout semblable*(s)* à ma rose, vous n'êtes rien encore * , *(leur/leurs)* dit-il. – 3. Personne • ne vous *(a/à)* **appr**ivois*(é, er, és, ées)* et vous n'avez **appr**ivois*(é, er, és, ées)* personne • . » – 4. Et les roses ét*(ais/ait/aient)* gên*(é, er, és, ées)* • . – 5. « Vous êtes belle*(s)*, mais vous êtes vide*(s)*, *(leur/*

leurs) dit-il encore * . – 6. On ne peut pas mourir pour vous. – 7. Bien *(sur/sûr),* ma rose à moi, un passant ordinaire • croirait qu'elle vous ressembl*(e, es, ent).* – 8. Mais à elle*(s)* seul*(e, s, es),* elle*(s)* est plus importante*(s)* que vous toute*(s)* puisque *(c'est/cet/cette)* elle*(s)* que j'*(ai/est)* mis*(e, es)* sous globe. – 9. Puisque *(c'est/cet/cette)* elle*(s)* que j'*(ai/est)* abrit*(é, er, ée)* • par le paravent • . – 10. Puisque *(c'est/cet/cette)* elle*(s)* dont j'*(ai/est)* tu*(é, er, ées)* les chenilles (sauf les deux ou trois pour les papillons). – 11. Puisque *(c'est/cet/cette)* elle*(s)* que j'*(ai/est)* écout*(é, er, ée)* se pl**aindre,** *(ou/où)* se *(vanter/venter)* • *(ou/où)* même * quelquefois * se taire. – 12. Puisque *(c'est/ses/ces)* ma rose. » (D'après A. de Saint-Exupéry, *Le Petit Prince.*)

LES MOTS DE LA FAMILLE : À VOS DICTIONNAIRES !

la gêne → gêner, gênant, un gêneur (-euse), gêné(e), sans gêne.

vanter → la vantardise, un vantard(e), la vanterie.

Sévérité des lois anglaises au XVIe siècle. – 1. Des nouveaux venu*(e, s),* des petit*(s)* fermiers sans abri • mourai*(s, t, ent)* de *(faim/fin)* parce qu'on leur*(s)* avai*(s, t, ent)* enlev*(é, er, és, ées)* leur*(s)* fermes pour en faire des parc*(s)* à mouton*(s).* – 2. Il*(s)* *(on/ont)* mendi*(é, er, és)* • , et on les a **attach***(é, er, és)* nu*(s)* jusqu'à la ceinture • derrière * une charrette • et fouett*(é, er, és)* • jusqu'au sang • . – 3. Il*(s)* *(on/ont)* re**comm**enc*(é, er, és)* *(a/à)* mendi*(é, er, és)* • . – 4. *(On/Ont)* les a fouett*(é, er, és)* de nouveau après leur*(s)* avoir coup*(é, er, ée, és)* une or**eille.** – 5. Une troisième *(foi/foie/fois)* il*(s)* *(on/ont)* mendi*(é, er, és),* pauvre*(s)* diable*(s)* ! Il*(s)* ne pouvai*(s, t, ent)* faire autre**ment.** – 6. *(On/Ont)* leur*(s)* a marqu*(é, er, és)* la **joue** au *(fer/faire)* rouge et *(on/ont)* les a vendu*(s, t)* comme esclave*(s).* – 7. Il*(s)* *(ce/se)* *(son/sont)* enfui*(s)* ; *(on/ont)* les a **rattrap***(é, er, és)* et pendu*(s).* – 8. *(Cet/Cette/C'est)* une brève histoire et vite * racont*(é, er, ée)* • (Mark Twain, *Le Prince et le pauvre.*)

LES MOTS DE LA FAMILLE : À VOS DICTIONNAIRES !

un abri – et pourtant : abri*t*er.

la faim → la famine, affamer, affamé.

mendier → un mendiant, un mendigot, la mendicité - amender, une amende, un amendement, amendable.

ceindre → la **ceint**ure, le **ceint**uron, **ceint**urer - enc**eind**re, une enc**eint**e, (une femme) enc**eint**e.
Les cousins : **cint**rer, un **cint**re, dé**cint**rer / **cing**ler, **cing**lant, **cing**lé / une **sang**le, **sang**ler.

le sang → **sang**uin(e), **sang**lant(e), **sang**uinolent(e), **sang**uinaire, une **sang**sue, un **sang**-mêlé - en**sang**lanter, en**sang**lanté(e) - con**sang**uin, la con**sang**uinité - ex**sang**ue - le **sang**-froid, se faire du mauvais sang - Palsambleu.
– **saign- : saign**er, **saign**ant(e), une **saign**ée, un **saign**ement, le **saign**eur.

le char → la cha**rr**ette, le cha**rr**etier, le cha**rr**on, la cha**rr**etée, cha**rr**ier, la cha**rr**ue. Attention : un chariot.
/car- : le ca**rr**osse, la ca**rr**osserie, un ca**rr**ossier, ca**rr**ossable, une ca**rr**iole.

FICHE 67

MA/M'A, TA/T'A

LEÇON

▶ **ma, ta :** adjectifs possessifs (+ nom)
Ex. : *ma sœur :* on peut dire : « C'est la mienne ».
ta sœur : on peut dire : « C'est la tienne ».

▶ **m'a :** *m'* = *me* + *a* (+ participe passé)
t'a : *t'* = *te* + *a* (+ participe passé)
⇒ pronom personnel + auxiliaire *avoir* (+ participe passé)

On peut mettre l'auxiliaire *avoir* à l'imparfait :
Ex. : *Ma sœur **m'a** aidé → Ma sœur **m'avait** aidé.*
*Ta sœur **t'a** aidé → Ta sœur **t'avait** aidé.*

Il y a aussi :

▶ **m'as** = *m'* + auxiliaire *avoir,* 2e pers. du singulier.
Ex. : ***Tu** m'**as** aidé.*

EXERCICES

1. Mettez le texte suivant au passé composé.

Martine va chez le coiffeur : 1. Lorsque j'arrive, l'aide-coiffeuse me prend mon manteau, me donne une jolie blouse bleu pâle et me met une serviette éponge sur les épaules. – 2. Ensuite, elle me fait asseoir et me lave la tête. – 3. Puis elle m'installe les rouleaux sur la tête pour la mise en plis. – 4. Elle me tire un peu les cheveux et m'enfonce les piques dans le cuir chevelu. – 5. Elle me sèche les cheveux sous le casque. – 6. Ensuite elle m'enlève les rouleaux, elle me brosse les cheveux.

2. Parlez à Martine, et racontez-lui l'histoire de l'exercice n° 1 à la 2e personne du singulier.

3. Remplacez les points par ma **ou** m'a, m'as.

1. ... jument ... jeté par terre. – 2. ... cavalière de gauche ... ramassé. – 3. La douleur que ... causée cette chute est grande. – 4. ... monture ne ... donc pas porté jusqu'au bout du parcours ! – 5. C'est bien ... chance ! – 6. Tu ... écrit que tu comprenais ... déception et tu ... bien fait plaisir dans ... peine.

4. Remplacez les points par ta **ou** t'a.

1. ... famille ... empêché de me rejoindre. – 2. Elle ... reproché de ne faire que des sottises avec moi. – 3. Elle ... gardé rancune de ... blague. – 4. ... colère était au comble. – 5. ... faute te semblait bien minime. – 6. Ce petit mot que je t'ai fait parvenir ...t-il consolé ?

5. Remplacez les points par ma **ou** m'a.

1. C'est l'anniversaire de ... maman. – 2. J'ai pris les sous qu'il y avait dans ... tirelire et il y en avait beaucoup, parce que, par hasard, maman ... donné de l'argent hier. – 3. A la sortie de l'école, Alceste ... accompagné chez la fleuriste. – 4. La dame a compté ... fortune et elle ... dit qu'elle ne pourrait pas me donner beaucoup de fleurs. – 5. Puis, en voyant ... figure, elle ... donné des petites tapes sur la tête et elle ... promis d'arranger ça. (D'après Goscinny, *Le Petit Nicolas.*)

MON/M'ONT, TON/T'ONT

LEÇON

▶ **mon, ton :** adjectifs possessifs (+ nom).
On peut dire : « C'est le mien, c'est le tien » après le nom.
Ex. : *Mon chemin est plus court que ton chemin →*
Le mien est plus court que le tien.

▶ **m'ont, t'ont :** *me, te* + auxiliaire *avoir* (3ᵉ pers. du plur.)
⇒ pronom personnel + passé composé
On peut mettre l'auxiliaire *avoir* à l'imparfait :
Ex. : *Ils **m'ont** attendu → Ils **m'avaient** attendu.*
*Ils **t'ont** attendu → Ils **t'avaient** attendu.*

EXERCICES

1. Mettez le récit de Thierry au passé composé. Attention à la place des adverbes.

1. Aujourd'hui mes parents fêtent mon anniversaire. – 2. Ils m'offrent un vélo de course. – 3. Vraiment, ils me gâtent ! – 4. Les pneus très fins me plaisent énormément. – 5. Ils me donnent l'impression d'avoir un vrai vélo de champion. – 6. Mon frère et ma sœur ne m'oublient pas non plus. – 7. Ils m'achètent les sacoches et la boîte pour les réparations. – 8. Ils me disent en riant : « Ainsi nous pourrons garder notre propre matériel. » – 9. C'est vrai que souvent leurs rustines me tentent et me servent à réparer mon ancien vélo. – 10. Au dessert, mes sœurs m'apportent un énorme vacherin à la framboise.

2. Reprenez l'exercice n° 1, toujours au passé composé, mais cette fois-ci, c'est le récit d'Anne-Marie : attention à l'accord des participes passés.

3. Vous raconterez *a)* à Thierry, ***b)*** à Anne-Marie, **leur anniversaire, toujours au passé composé :** « Aujourd'hui tes parents... »

4. Remplacez les points par mon, m'ont.

Récit de Paul : 1. Le mercredi après-midi, j'utilise souvent ... temps libre pour garder ... neveu et sa sœur. – 2. Aujourd'hui ils ... donné du fil à retordre. – 3. D'abord, ils ... fait une crise de dépit quand leurs parents sont partis. – 4. Leurs hurlements ... cassé les oreilles, mais je n'ai pas perdu ... sang-froid. – 5. J'ai sorti ... mouchoir et ils ... laissé leur essuyer la figure. – 6. ... idée de jouer à cache-cache et ... ardeur au jeu ... fait adopter par ... public. – 7. Ils ... caché ... sac, et ... fait jouer à cache-tampon pour le retrouver. – 8. Ils ... suivi gentiment pour se déshabiller et ... embrassé avant de s'endormir. – 9. Eux aussi ... conquis et je sens grandir ... affection pour eux.

5. Reprenez le texte de l'exercice n° 4, mais cette fois-ci, c'est le récit de Claudine. **Attention à l'accord des participes passés.**

6. Reprenez les exercices nᵒˢ 4 et 5 à la 2ᵉ personne du singulier : « Le mercredi après-midi, tu utilises... », **et remplacez les points par** ton, t'ont.

7. Choisissez, dans les parenthèses, la forme qui convient.

1. J'étais tout content avec *(mon, m'ont)* bouquet, quand nous avons rencontré trois

copains de l'école. – 2. On s'est disputés, on s'est battus, et ils *(mon, m'ont)* abîmé *(mon, m'ont)* bouquet. – 3. Ils *(mon, m'ont)* arraché les légumes et le papier et se sont tapés dessus avec *(mon, m'ont)* bouquet. – 4. « C'est pas chouette, ce que vous avez fait à *(mon, m'ont)* bouquet ! » – 5. « Toi, on ne *(ta, t'a)* pas sonné ! » ils *(mon, m'ont)* dit d'abord. – 6. Mais après ils *(mon, m'ont)* aidé à choisir les fleurs qui étaient les moins écrasées. (D'après Goscinny, *Le Petit Nicolas*.)

8. Remplacez les points par ton, t'ont.

1. Pauvre Jonathan ! Les goélands assemblés en Grand Conseil ... attendu ! – 2. Toi, tu brûles de leur annoncer ... grand exploit. – 3. Tu penses que peut-être certains ... vu ce matin piquer à 360 km/h. – 4. Tu veux leur communiquer ... enthousiasme devant les perspectives ouvertes par ... succès. – 5. Mais au lieu de tout cela, ils ... ordonné, en signe de honte, de te tenir debout au centre de l'assemblée, ils ... mis au ban de la société des goélands, ... exilé et ... condamné à mener une vie solitaire sur les Falaises lointaines. – 6. Tu as encore essayé de leur parler de ... expérience, de leur faire partager ... idéal, ... amour des vastes perspectives. – 7. Mais ils ... tourné le dos. – 8. Aux Falaises lointaines, tu as gardé intact ... bonheur de voler toujours mieux. – 9. ... unique chagrin est que les autres goélands refusent d'ouvrir les yeux. (D'après Richard Bach, *Jonathan Livingstone le goéland*.)

DICTEE A CHOIX MULTIPLES

Des *(poids/pois/poix)* chiches aux œillets • . – *(Ugolin veut persuader son oncle, le Papet, de se convertir à la culture des œillets, car son camarade de régiment, Attilio, lui a révélé que cela rapportait bien.)*

1. « Le fleuriste *(ta/t'a/t'as)* donn*(é, és)* **qu**arante*(s)* francs, dit le Papet, et *(ça/sa)* prouve que tu *(a/à/as)* raison • et que *(ces/ses/c'est)* *(ça/sa)* qu'il faut faire : il faut faire des **fleur**s. – 2. Pour**qu**oi ne *(ma/m'a/m'as)*-tu pas par*(lé, ler)* *(plus tôt/plutôt)* de tout cela ? – 3. – Je voulais te les faire voir en **fleur** pour que tu comprenne*(s)*... – 4. – *(Ces/Ses/C'est)* pas les **fleur***(s)* qui *(mon/m'ont)* fait*(s)* comprendre : *(ces/ses/c'est)* le fleuriste et *(ces/ses/c'est)* **qu**arante francs. – 5. Mais *(ça/sa)* ne doit pas être bien faci**l**e. – 6. Il doit y avoir des trucs. – 7. – Bien *(sur/sûr)*. Mais je les conn*(ais, ait)* • . – 8. *(Mon/M'ont)* ami Attilio *(ma/m'a)* tout fait voir et *(ma/m'a)* donn*(é, er, ées)* des bout**ure**s. – 9. Mais *(son/sont)* père et lui *(mon/m'ont)* préven*(u, us, ut)* qu'il fallait une réserve de **qu**atre cent*(s)* mètre*(s)* cube*(s)* *(d'eau/d'os/d'aulx/d'haut)*. » (D'après Marcel Pagnol, *Jean de Florette*.)

LES MOTS DE LA FAMILLE : À VOS DICTIONNAIRES !

un œil → une **œi**llère, un **œi**llet, un **œi**lleton, une **œi**llade, un **œil**-de-perdrix, un **œil**-de-bœuf, un **œil**-de-pie, un **œil**-de-chat.

la raison → **rai**sonner, **rai**sonneur(-euse), **rai**sonnable, un **rai**sonnement - la dé**rai**son, dé**rai**sonner, dé**rai**sonnable - ar**rai**sonner, l'ar**rai**sonnement.
(Comparer avec la famille de « son » → résonner.)
/ratio : (ir) **ra**tionnel, une **ra**tion, **ra**tionner, le **ra**tionnement.

FICHE 69

MES/M'ES (M'EST)/METS (MET)/MAIS

LEÇON

▶ **mes :** adjectif possessif (+ nom au pluriel).
Ex. : *mes vêtements* (on peut dire : « Ce sont les miens »).

▶ **m'es (m'est) :** *m'* = pronom personnel *me* (à moi) + verbe *être,* 2e ou 3e pers. sing. (+ adjectif ou part. passé).

UN TRUC
Pour savoir s'il s'agit bien du verbe *être,* on peut mettre la phrase au futur.
Ex. : *Tu m'**es** cher → tu me **seras** cher.*
*Il m'**est** cher → il me **sera** cher.*

▶ **mets (met) :** 1re, 2e/3e personne du singulier du présent de *mettre.*
Mettez au futur :
je mets → je mettrai ; tu mets → tu mettras ; il met → il mettra.
Ne pas confondre avec les **mets** : plats savoureux.

▶ **mais :** conjonction, marque une idée d'opposition.

EXERCICES

1. Conjuguez au présent de l'indicatif.
Mettre ses lunettes.

2. Remplacez les points par mes, mets, mais.
1. ... musiciens préférés sont Mozart et Chopin. – 2. ... j'écoute volontiers du jazz. – 3. Je vous ferai goûter ... chocolats, ... je n'y toucherai pas moi-même, car c'est un... que je n'apprécie guère. – 4. Mon chien guette ... moindres gestes dans l'espoir d'obtenir quelque gourmandise, ... je n'ai rien à lui lancer.

3. Remplacez les points par m'es, m'est.
1. Tu ... sympathique. – 2. Il ... antipathique. – 3. Cela ... resté sur l'estomac. – 4. Tu ... apparu comme un sauveur. – 5. Il ... arrivé d'en rire. – 6. Mon cache-nez ... indispensable par ce froid.

4. Remplacez les points par mai, mes, m'es, m'est, met(s), mais **(pour** met, m'est, **demandez-vous s'il s'agit d'**être **ou de** mettre**).**
1. Je ... mon foulard sur ... épaules. – 2. ... j'ai encore froid : tu me ... mon imperméable. – 3. Dans ... bottes, ... pieds sont gelés. – 4. Il ... agréable de penser au bon feu de bois qui m'attend. – 5. Tu ... d'un grand secours en me prenant dans ta voiture. – 6. Tu ... ... chaussettes mouillées dans la machine à laver le linge, ... tu n'y ... pas ... pantoufles.

5. Même exercice que le n° 4.
1. ... amis ne m'oublient pas. – 2. Anne ... une aide précieuse : elle ... son cahier à ma disposition : – 3. Cela ... d'un grand secours. – 4. Je ... beaucoup moins de temps à apprendre ... leçons. – 5. Tu ... très utile aussi, car tu ... de l'ordre dans ... papiers. – 6. ... je ... mon point d'honneur à vous envoyer ... notes, car cela ne ... pas égal que vous vous soyez occupés de moi.

FICHE 70

LA/L'A (L'AS)/LÀ/LAS

LEÇON

- **la :** article féminin, est toujours suivi d'un nom féminin.
  Ex. : *la* ***vie.***
- **la :** pronom personnel, représente un nom féminin. Il faut trouver lequel (le pronom est devant ou derrière un verbe).
  Ex. : *Voici* ***une pomme.*** *Je* ***la*** *prends. Prends-****la*** *(la = pomme).*
- **l'a, l'as :** pronom personnel *le, la* + verbe *avoir*, 3e/2e personne du singulier.
  Ex. : ***Josette*** *est tombée, sa sœur* ***l'a*** *relevée (l' = Josette).*
  On peut mettre à l'imparfait : *sa sœur l'avait relevée.*
- **là :** adverbe, indique le lieu. Il peut être remplacé par *ici.*
  Ex. : *Mets-toi* ***là*** *→ mets-toi* ***ici.***
- **-là :** fait partie de l'adjectif démonstratif composé : *ce...-là ; cet...-là ; cette...-là ; ces...-là,* qui désigne des objets éloignés. N'oubliez pas le trait d'union !
  Ex. : *Josette est tombée de* ***cette*** *chaise-****là.***
  Il existe également des pronoms démonstratifs composés de **-là** : *celui-là, celle-là, ceux-là.*
- **las, lasse :** adjectif = fatigué. Ex. : *Il se sent très las.*

EXERCICES

1. Remplacez les points par la **et dites si** la **est article ou pronom. Si** la **est pronom, soulignez le nom qu'il représente.**

1. ... fermière s'approche de ... vache pour ... traire. – 2. ... biche brame dans ... clairière ; le faon ... rejoint et s'élance vers elle. – 3. ... lapine lèche ses petits : ils ... têtent. – 4. ... colombe roucoule près de ... fenêtre, puis elle ... quitte pour se percher sur le toit de ... maison. – 5. ... chatte s'étire au soleil qui ... caresse de ses rayons. – 6. ... chèvre grimpe sur l'arbre, ne ... vois-tu pas ?

2. Mettez au passé composé le texte suivant. Accordez les participes.

1. Il désire une moto. – 2. Il l'achète avec ses économies. – 3. Il la regarde sous toutes ses faces avant de l'acheter. – 4. Il l'examine en détail. – 5. Il la sort dans la rue et l'essaie immédiatement. – 6. Il la montre à son ami. – 7. Son ami l'admire. – 8. Depuis ce jour, il la soigne, l'astique, la dorlote comme un être aimé.

3. Mettez l'exercice n° 2 à la 2e personne du singulier du passé composé.

4. Remplacez les points par là, l'a, la.

a) 1. Le dompteur est entré dans ... cage aux fauves. – 2. ..., un lion ... aperçu et rugit de tendresse. – 3. Ce lion-ci est beaucoup plus docile que ce lion ..., assis à côté du tabouret. – 4. Le dompteur ... sommé de grimper sur le tabouret, mais il s'y est refusé. – 5. Alors le dompteur ... obligé d'un coup de fouet à regagner sa place, ..., dans ... cage. – 6. L'artiste, après avoir terminé ce numéro ..., a tourné le dos aux fauves pour quêter ... faveur des spectateurs. – 7. Ceux ..., à gauche, l'ont applaudi avec enthousiasme.

b) 1. ... petite chienne cocker est très affectueuse mais très cabocharde. – 2. Lorsque son maître essaie de ... dresser pour ... chasse, il a beaucoup de peine. – 3. Tout à l'heure, il a lancé ... poupée de chiffon pour que ... chienne ... rapporte. – 4. Elle ... cherchée (ou a fait semblant de ... chercher), mais elle ne ... pas trouvée. – 5. « ..., ... », crie le maître en pointant le doigt dans ... bonne direction. – 6. Quand enfin ... chienne a trouvé ... poupée de chiffon, elle ... dédaigneusement laissée par terre, l'air de dire : « Mais qu'est-ce qu'on me demande ... ? » – 7. Le lendemain, lorsque ... petite fille de ... maison a pris ... poupée de chiffon et ... lancée, ... chienne s'est élancée et ... immédiatement rapportée à ... fillette : ce jeu ... lui plaisait !

5. Remplacez les points par la, l'a, là, l'as.

1. « – Tu ... payé, le cigare ? j'ai demandé. – 2. – Non, m'a dit Alceste, je l'ai trouvé dans le tiroir de mon papa et il ne verra jamais que le cigare n'est plus ... – 3. – Si tu ne ... pas payé, il n'y a pas de raison que je paie les allumettes ! » – 4. Nous allions rentrer à ... maison, quand on a vu par terre, sur ... chaussée, une boîte d'allumettes. – 5. Vite, on ... ramassée. – 6. Nous avons couru au terrain vague et nous avons passé ... palissade, ... où il manque une planche. – 7. Il y a de tout ...-bas : de l'herbe, des pavés, et surtout une auto. – 8. Nous nous sommes installés ...-dedans. C'était terrible. – 9. Alceste a mordu le bout du cigare et il ... craché, comme dans les films de bandits. – 10. Il a aspiré le premier et ... fumée ... surpris. – 11. Ça ... fait tousser. – 12. On était ... à se passer le cigare quand Alceste m'a dit : « Je n'ai plus faim. » – 13. Moi, j'avais ... tête qui tournait. – 14. A ... maison, j'ai été malade. – 15. « ..., je te le disais bien que ta pipe empestait » a dit ma maman à mon papa. (Goscinny, *Le Petit Nicolas.*)

DICTEE A CHOIX MULTIPLES

L'eau, c'est la vie. – *(Ugolin et le Papet convoitent une terre pour y cultiver des œillets, mais va-t-elle être vendue à un autre qu'eux ? Ugolin a muré la source.)*
1. « L'héritier • sera bien content de revendre cette ferme, et pour pas *(chair/cher/chère)*, encore *... – 2. Dans l'état que tu *(la/l'a/l'as/là)* mise*(s)*, si un paysan vien*(s, t)* *(la/l'a/l'as/là)* voir, du premier *(cou/coup)* il s'assoi*(e, s, t)* par terre et il **com**mence *(a/à)* pleur*(é, er)*. – 3. Et pas d'eau ! Rien qu'une petite citerne pou**rr***(i, ie, it)* • ! – 4. – Mais *(la/l'a/l'as/là)* source ! C'est Camoins le Borgne qui *(la/l'a/l'as/là)* trouv*(é, er, ée)*, ça fait presque * cent*(s)* an*(s)*. – 5. Si on *(la/l'a/l'as/là)* déclar*(é, er, ée)* au moment d'un héritage • ? – 6. – Non, pour moi, elle n'*(ai/est)* pas sur les papiers. – 7. – Mais quelqu'un du village • dira au bossu que *(la/l'a/l'as/là)* source est *(la/l'a/l'as/là)*. – 8. – Non. Les jeunes ne *(la/l'a/l'as/là)* connaissent • pas parce qu'il y a au moins * vingt*(s)* an*(s)* que cet*(te)* imbéci**le** de Pique-Bouffigue *(la/l'a/l'as/là)* laiss*(é, ée, er)* perdre et qu'il a fait cet*(te)* clôture • pour que personne • n'entre chez lui. – 9. Ça doi*(s, t)* réussir. » (D'après Marcel Pagnol, *Jean de Florette.*)

LES MOTS DE LA FAMILLE : À VOS DICTIONNAIRES !

pourrir → pou**rr**i(e), la pou**rr**iture, le pou**rr**issoir, le pou**rr**issement / savant : putride, la putréfaction (im)putrescible.

la ville → le vi**ll**age, un vi**ll**ageois(e), une vi**ll**anelle, la vi**ll**égiature, une vi**ll**a.

clore → clo**s**(e), un clo**s**, une cl**ô**ture, cl**ô**turer - écl**o**re, éclo**s**(e).

FICHE 71

TES/T'AI/T'ES/T'EST

LEÇON

- **tes** : adjectif possessif devant un nom au pluriel.
  Ex. : *Enfile **tes** vêtements.* On peut dire : « Ce sont les tiens. »
- **(Je) t'ai** : *te + avoir* (+ participe passé). Ex. : *Je **t'ai** vu hier.*
- **(Tu) t'es** : *te + être* (+ participe passé). Ex. : *Tu **t'es** réjoui.*
- **(Il) t'est** : *te + être* (+ participe passé). Ex. : *Cela **t'est** déjà arrivé.*

UN TRUC

Dans les trois derniers cas, c'est un **verbe** qui suit **t'** : regardez la personne du sujet.

EXERCICES

1. Mettez au passé composé au masculin, puis au féminin.

1. Je te salue – 2. Je t'embrasse – 3. Je te quitte – 4. Tu te hâtes – 5. Tu t'approches – 6. Il t'arrive de bavarder – 7. Son nom te revient à l'esprit – 8. Elle t'apparaît.

2. Remplacez les points par tes, t'ai, t'es, t'est. **Mettez ensuite au féminin.**

1. Je ... appelé maintes fois. – 2. Tu ... arrangé pour terminer ... devoirs en temps voulu. – 3. Le vin ... monté à la tête. – 4. Je ... apporté ... documents. – 5. Tu ... fâché avec ... meilleurs amis. – 6. Cette affaire ... complètement sortie de l'esprit. – 7. Je ... aimé pour ... qualités et pour ... défauts. – 8. Tu ... servi copieusement en gâteaux. – 9. Ton ami ... d'un grand secours dans une telle mésaventure. – 10. Je ... aidé dans ... moments difficiles.

3. Même exercice que le n° 2

1. Il ... arrivé une lettre au courier. – 2. Tu ... dépêché de l'ouvrir. – 3. ... cousins t'ont invité. – 4. Il ... recommandé de venir déguisé. – 5. Tu ... laissé faire, et même tu ... empressé d'accepter. – 6. Ensuite, tu ... efforcé de te trouver un déguisement original parmi ... affaires. – 7. Tu as emprunté à ... sœurs plusieurs colliers. – 8. Tu ... mis un collant de danse noir. – 9. Je ... passé la figure et les mains au bouchon brûlé. – 10. Je ... prêté des anneaux de rideaux pour te faire des bracelets. – 11. L'idée de prendre la lance qui orne l'entrée ... suggérée par ... frères.

4. Remplacez les points par tes, t'ai, t'es, t'est.

1. C'est aux Falaises lointaines, Jonathan, qu'il ... arrivé une aventure étonnante. – 2. C'est un soir que ... apparue la vision éblouissante de deux goélands purs comme la lumière des étoiles. – 3. Ils touchaient presque ... ailes dans la nuit profonde, douce et amicale. – 4. « – Qui êtes-vous ? ...-tu écrié. – 5. – Nous sommes ... frères, Jonathan. – 6. Je ... observé pendant que tu t'exerçais. – 7. Tu ... donné au vol de toutes ... forces. – 8. Tu ... efforcé de repousser sans cesse ... limites. – 9. Il ... maintenant nécessaire de passer à une autre école. – 10. Je ... cherché pour te mener plus haut, pour te guider vers ta patrie. » – 11. Alors, tu ... rendu compte que, toute ta vie, tu avais eu l'intuition de cet instant unique et, immédiatement, tu ... senti prêt à les suivre et à quitter ... chères Falaises. (D'après Richard Bach, *Jonathan Livingstone le goéland.*)

FICHE 72

LES/L'AI/L'ES/L'EST

LEÇON

▶ **les :** *a*) article pluriel + nom. Ex. : *les enfants.*
b) pronom personnel (3e personne du pluriel).
Ex. : *Si vous apercevez* ***les enfants,*** *vous* ***les*** *appellerez.*

▶ **l'ai :** pronom personnel *l' (le, la) + avoir*
Ex. : *As-tu* ***ton stylo ?*** *Je* ***l'ai*** *(l' = stylo).*

▶ **l'es :** pronom personnel *l' (le) + être* (2e personne du singulier).
Ex. : *Es-tu* ***gentil ?*** *Tu* ***l'es*** *(l' = gentil).*

▶ **l'est :** pronom personnel *l, (le) + être* (3e personne du singulier).
Ex. : *Est-il* ***gentil ?*** *Il* ***l'est*** *(l' = gentil).*

EXERCICES

1. Mettez au pluriel les phrases suivantes. Vous soulignerez les pronoms personnels les **et vous indiquerez par une flèche les noms qu'ils représentent.**
1. L'enfant est dehors ; je l'appelle. – 2. L'épingle à cheveux est perdue ; je la cherche. – 3. Cet exercice, je le fais sans difficulté. – 4. La réponse, je te la donnerai, si tu ne la trouves pas. – 5. Nous rangeons la photo de vacances. Nous la ressortirons pour la montrer à nos invités ; souhaitons qu'ils l'apprécient. – 6. Le radeau est construit ; nous allons le mettre sur l'eau.

2. Conjuguez les verbes soulignés.
1. Suis-je prêt à partir ? oui, je le suis. – 2. Ai-je mon mouchoir ? oui, je l'ai.

Répondez aux questions (attention au verbe qui introduit la question).
1. Est-il aveugle pour ne pas voir le drapeau ? Oui, il ... – 2. Suis-je prêt à partir ? Oui, tu ... – 3. As-tu ton sac ? Oui, je ... – 4. Est-il sourd ? Non, il ... – 5. As-tu perdu ton mouchoir ? Non, je ... – 6. Suis-je vraiment si malheureux ? Non, tu ... – 7. As-tu le roi de pique ? Non, je ... – 8. Penses-tu que le professeur est absent ? Oui, je pense qu'il ...

4. Remplacez les points par les, l'ai, l'es, l'est.
1. Je ... dérangé dans son travail. – 2. Je ... vu à son air fâché. – 3. Je ... trouvé très occupé. – 4. S'il ne ... pas, je lui donnerai ... plans que nous avons dessinés. – 5. Nous ... avons faits avec soin. – 6. Es-tu ennuyé par cette affaire ? Tu ... sans doute plus que moi. – 7. Je ... laissé se débrouiller tout seul. – 8. ... problèmes qu'il doit résoudre ne sont pas trop difficiles pour lui. – 9. Il doit ... résoudre seul. – 10. En est-il capable ? Il ... – 11. Mais pour être paresseux, il ... aussi !

5. Remplacez les points par les, l'ai, l'es, l'est.
1. ... skieurs sont passés dans ... prés enneigés. – 2. ... traces sont toutes fraîches et permettent de ... imaginer : ici, un schuss bien droit. – 3. Là, ... rochers ... ont obligés à virer. – 4. Et là, je ... imagine dans leur godille impeccable. – 5. Les gamins du village et moi-même, nous avons fait un bonhomme de neige. – 6. Je ... armé d'un balai. – 7. Ils ont apporté un chapeau. Je ... ai aidés à en coiffer notre bonhomme, pour qu'il soit digne. – 8. Maintenant qu'il ..., nous avons envie de le bombarder de boules de neige. – 9. Une rage de destruction a gagné tous ... garçons.

– 10. « Moi, je ... atteint au ventre », dit l'un. – 11. « Je suis habile, mais tu ... plus que moi, dit un autre, car tu l'as eu à la tête. » – 12. ... mains qui avaient modelé ce chef-d'œuvre l'ont anéanti. – 13. ... chefs-d'œuvre ont quelquefois la vie courte.

DICTEE A CHOIX MULTIPLES

Situation critique. – *(La sécheresse est catastrophique et Jean de Florette est à court d'argent.)*

1. « Je vais déposer *(ton/t'ont)* collier • au mont-de-piété [1], et sur ce gage, ils me prêteront • au moins * deux mille*(s)* franc*(s)*. – 2. Tu ne le *(mes/m'est/m'es/mets/met)* jamais *. – 3. – *(Mon/M'ont)* collier • ! je *(les/l'ai/l'est)* déjà * mi*(s, t)* au mont-de-piété... – 4. Tu *(tes/t'ai/t'es/t'est)* achet*(é, ée, ées)* beaucoup de chose*(s)*. – 5. J'ai voul*(u, ue, us, ut)* t'épargn*(é, er, és)* des soucis. – 6. Alors je *(les/l'ai/l'es/l'est)* engagé. – 7. – Soit, dit-il. Mais il *(tes/t'ai, t'es/t'est)* rest*(é, ée, er)* une s**omme** importante ? – 8. – Ils ne *(mon/m'ont)* prêt*(é, es)* • que cent*(s)* franc*(s)*. Le bijou est faux ! – 9. – Faux ! Ce n'est pas possible ! – 10. – Si. Il *(les/l'ai/l'es/l'est)*. – 11. Les émeraudes sont fausses. Je *(les/l'ai/l'es/l'est)* *(ai/es/est)* montr*(é, er, és, ées)* à un bijout**ier** • – 12. Il *(ma/m'a)* di*(s, t)* la même chose au premier coup d'œil. » – 13. Elle sanglotait à *(ces/ses/c'est)* pieds. – 14. Il *(la/l'a)* releva tendre**ment** : – 15. « Rien *(n'ai/n'est)* **irr**éparable... – 16. Notre situ**ation** n'est pas aussi désespér*(é, er, ée)* que je te *(les/l'ai/l'es/l'est)* di*(s, t)*. – 17. *(Ces/Ses/C'est)* moi qui *(ai/es/est)* eu*(t)* tor*(d, t)* de ne pas restr**eindre** *(mes/m'est)* dép**enses** • – 18. Je *(tes/t'ai/t'es/t'est)* laiss*(é, er)* en souci*(e)*. – 19. Ne t'inquiète pas. Je trouverai une sol**ution** à *(mon/m'ont)* problème. » (D'après Marcel Pagnol, *Jean de Florette.*)

LES MOTS DE LA FAMILLE : À VOS DICTIONNAIRES !

pense, -penser → **pens**er, la **pens**ée, un **pens**eur, (im)**pens**able, **pens**if(-ive), **pen**sant - la **pension** (*pensio* = paiement), un **pens**ionnaire, un **pens**ionnat - dé**pens**er, la dé**pens**e, dé**pens**ier(-ère), les dé**pens**, aux dé**pens** de - com**pens**er, la com**pensa**tion, com**pens**atoire, com**pens**ateur(-trice) - récom**pens**e, récom**pens**er - dis**pens**er, une dis**pens**e, un dis**pens**aire, (in)dis**pens**able, dis**pens**ateur(-trice) - la pro**pens**ion.

le tort → un t**or**ticolis, t**or**tiller, t**or**tueux(-euse), t**or**turer, un t**or**tionnaire.
/tord- : tor**d**re, tor**d**ant(e), tor**du**(e), distor**du**(e).
/tors- : une torsion, (des jambes) torses, une torsade, torsader, le torse - la distorsion - la contorsion - la rétorsion, retors.

Le suffixe **-er** sert à former les noms de métier ; ex. : un bijou → un bijout**ier**, une bijouti**ère**.

1. *Mont-de-piété :* établissement de crédit où l'on prête de l'argent aux gens qui en ont besoin, pourvu qu'ils laissent un objet de valeur en gage de leur remboursement du prêt. « Engager » son collier, c'est donc le déposer en gage de l'argent qu'on emprunte, et on ne peut le récupérer, le « dégager », qu'en remboursant la somme d'argent prêtée.

C'EST/S'EST

LEÇON

▶ **c'est :** *cela* + verbe *être*. Ex. : ***C'est** un faux tableau.*

▶ **s'est :** *se* (pronom) + verbe *être*, dans les verbes pronominaux, au passé composé.
Ex. : *Le client **s'est** fait voler.* (Infinitif : *se faire voler.*)

UN TRUC
– Le *se* pronominal apparaît quand on pense à l'infinitif.
– Écrivez **c'est**, quand **qui** ou **que** suivent presque immédiatement dans la phrase.
Ex. : ***C'est** mon frère **qui** m'a fait ce dessin.*

EXERCICES

1. Conjuguez au passé composé.
1. se piquer le doigt – 2. se tromper de route – 3. se remettre en marche.

2. Mettez à la 3e personne du singulier du passé composé.
1. se passionner pour le rugby – 2. s'arranger pour assister au match France-Galles – 3. se vanter à l'avance du succès – 4. se lever brusquement – 5. se mettre à trépigner – 6. s'énerver – 7. s'exciter – 8. se disputer avec son frère – 9. se coucher très déçu.

3. Soulignez le pronom relatif qui **et complétez la phrase.**
1. ... moi qui bats les cartes. – 2. ... toi qui les distribues. – 3. ... lui qui joue le premier. As de trèfle ! – 4. ... nous qui perdons la première levée. – 5. ... vous qui ramassez encore la seconde ! – 6. ... vraiment trop de chance !

4. Remplacez les points par c'est, s'est.
1. ... Charles qui a cassé la télévision ! – 2. ... lui qui a voulu jouer à l'électricien ! – 3. ... de sa faute à lui ! – 4. Il ... servi des outils de papa. – 5. Il ... efforcé de démonter le poste. – 6. Et pourtant, il sait bien que ... défendu. – 7. Et ... moi que tu grondes ! – 8. ... moi que tu prives de cinéma ! ... injuste !

5. Remplacez les points par c'est, s'est.
1. ... une soirée pluvieuse. – 2. Le vent ... levé avec violence. – 3. La fenêtre ... fermée avec fracas. – 4. Le rossignol ... tu, mais le grillon ... mis à chanter. – 5. Henri ... attardé près du feu. – 6. La flamme ... éteinte. – 7. ... en vain qu'il ... efforcé de la ranimer. – 8. ... une bien triste fin de soirée.

6. Remplacez les points par c'est, s'est.
1. ... froid une nuit de décembre. – 2. ... long une nuit d'hiver. – 3. La petite fille ... assise sur le trottoir et ... mise à craquer ses allumettes une à une. – 4. ... joli une allumette qui brûle. – 5. ... un instant de chaleur entre ses doigts. – 6. Elle ... imaginé une maison, une cheminée. – 7. Elle ... crue dans une famille. – 8. Elle ... sentie entourée de la chaude affection d'une grand-mère. – 9. Mais une boîte d'allumettes, ... bientôt fini. – 10. Et elle ... retrouvée seule dans le noir de la nuit. (D'après le conte d'Andersen, *La Petite Fille aux allumettes.*)

FICHE 74

C'EST/S'EST, CES/SES, SAIS/SAIT

LEÇON

- **c'est** = *cela* (pronom démonstratif + verbe *être*). Ex. : ***C'est** bien.*
- **s'est** = *se* (pronom personnel) + verbe *être*.
  Ex. : *Il **s'est** hâté* (verbe *se hâter* au passé composé).
- **ces :** adjectif démonstratif. Ex. : *Vois **ces** personnes !*
- **ses :** adjectif possessif. Ex. : *Il prend **ses** affaires ! (= les siennes).*
- **sais, sait :** 1re, 2e, 3e personne du singulier du présent du verbe *savoir*.
  Essayez l'imparfait : *je, tu **sais** → je, tu savais, il **sait** → il savait.*

EXERCICES

1. Remplacez les points par la forme qui convient.
1. L'élève interrogé ... sa leçon. – 2. ... camarades attendent ... réponses. – 3. Puis ... le tour du cancre. – 4. « ...-tu ta leçon ? » a demandé le maître. – 5. L'élève ... tu. – 6. Ce silence, ... pour le maître un aveu d'ignorance ! – 7. « Il ne ... pas donné beaucoup de mal ! » s'indigne l'enseignant en se tournant vers ... élèves. – 8. « ... notes que je vois sur votre bulletin ne sont guère brillantes », conclut-il.

2. Même exercice que le n° 1.
1. Le sportif ... qu'il doit fortifier ... muscles quotidiennement en faisant ... exercices. – 2. Il prend ... haltères dans ... mains, puis les remonte au niveau de ... épaules. – 3. ... avec un cri d'effort qu'il ... redressé, a raidi ... bras et projeté ... disques bien au-dessus de lui.

3. Complétez les phrases suivantes.
1. « ... avec un entraînement soutenu que tout sportif maintient ... performances. – 2. Le ...-tu ? » demande le père à son jeune fils. – 3. « Moi, ... la natation qui m'intéresse, réplique ce dernier, car je ... maîtriser mon souffle. » – 4. Le jeune garçon ... que ... parents tiennent à ce qu'il ait une activité sportive. – 5. ... pourquoi il ... trouvé un sport à sa convenance pour ... moments de loisirs.

4. Remplacez les points par ces, ses, c'est, s'est, sait.
1. M. Gilbreth a acheté une maison pour ... douze enfants. – 2. « ... une baraque en ruine », leur a-t-il dit. – 3. Les enfants croient d'abord que ... une de ... farces habituelles. – 4. Mais en traversant les quartiers pauvres de la ville, il leur a déclaré, en montrant toutes ... maisons décrépites : – 5. « ... une maison dans ce genre-là, mais ... cours sont bien grandes et ... carreaux cassés ne sont pas bien nombreux à côté de ce que vous allez voir dans notre maison. » – 6. Il ... enfin arrêté devant une construction abandonnée où une sorcière ne se serait pas sentie à l'aise : – 7. « Voilà, ... ici. » – 8. « ... une plaisanterie, mon ami ? » a demandé maman. – 9. Mais immédiatement, elle ... reprise : – 10. « Si ... la maison que tu désires, ... parfait. » – 11. Ernestine ... écriée : « ... un taudis ! voilà ce que ... ! » – 12. Elle ... bien qu'elle ... aventurée sur un terrain dangereux, mais elle continue ... récriminations : – 13. « On n'y toucherait pas même en mettant ... gants et en tenant des pincettes ! » – 14. Maman ... interposée : – 15. « Papa ... mieux que nous ce qu'il nous faut. » (D'après F. et E. Gilbreth, *Treize à la douzaine.*)

LA VOIX PASSIVE
1. TEMPS SIMPLES

LEÇON

Passif = auxiliaire *être* au temps simple + participe passé du verbe.

	1er groupe			*3e groupe*		
présent	je	suis	aimé(e)	je	suis	entendu(e)
	nous	sommes	aimé(e)s	nous	sommes	entendu(e)s
imparfait	j'	étais	aimé(e)	j'	étais	entendu(e)
	nous	étions	aimé(e)s	nous	étions	entendu(e)s
futur	je	serai	aimé(e)	je	serai	entendu(e)
	nous	serons	aimé(e)s	nous	serons	entendu(e)s
passé simple	je	fus	aimé(e)	je	fus	entendu(e)
	nous	fûmes	aimé(e)s	nous	fûmes	entendu(e)s

ATTENTION !

▶ Seuls les verbes qui ont un C.O.D. peuvent être mis au passif.

▶ Vous savez déjà que le participe passé employé avec l'auxiliaire *être* s'accorde avec le sujet. Accordez bien le participe passé.
Ex. : ***Il** est ravi, **elle** est ravie. **Ils** sont ravis, **elles** sont ravies.*

EXERCICES

1. Conjuguez à l'imparfait passif, au masculin, puis au féminin.
1. intéresser – 2. séduire – 3. convaincre.

2. Conjuguez au futur passif, au féminin et à l'imparfait passif, au masculin.
1. féliciter – 2. applaudir – 3. émouvoir.

3. Mettez les verbes entre parenthèses au présent passif.
1. Les carottes *(semer)* en rangées entre mars et juin. – 2. Les rangées *(tracer)* dans la terre avec un petit bout de bois et *(écarter)* les unes des autres de 25 cm. – 3. La profondeur du sillon à creuser *(écrire)* sur le sachet de graines. – 4. Si les graines *(semer)* trop profond, elles ne germeront pas. – 5. D'autre part, les germes *(étouffer)* si les graines ne pas *(éparpiller)* suffisamment. – 6. Dès que le feuillage *(apercevoir)*, la terre *(labourer)* entre les rangées. – 7. Les plants trop serrés *(arracher)*, sinon ils *(étouffer)* les uns par les autres. – 8. Par temps sec, les plantes *(arroser)* intensivement. – 9. La récolte *(faire)* 3 ou 4 mois après la semence.

4. Mettez les verbes entre parenthèses au passé simple passif.
1. Jean-Marc voulut faire pousser une jacinthe dans sa chambre. Au début d'octobre, un bulbe de jacinthe *(acheter)* et une bouteille *(remplir)* d'eau. – 2. Le bulbe *(fixer)* à un demi-centimètre de la surface de l'eau. – 3. La bouteille *(placer)* dans un endroit frais et obscur. – 4. Un chapeau conique *(découper)* dans du papier et le bulbe en *(couvrir)*. – 5. Dès qu'une longueur de 10 cm *(atteindre)* par les racines, la jacinthe et son chapeau *(poser)* devant une fenêtre. – 6. De l'eau fraîche *(ajouter)* régulièrement. – 7. Mais l'eau *(maintenir)* à distance du bulbe, sinon il aurait pourri. – 8. Le chapeau *(enlever)* dès qu'il *(repousser)* par les premières feuilles.

5. Mettez les verbes entre parenthèses au futur passif.

1. Voici comment tu obtiendras des narcisses. Au début de novembre, une coupe *(remplir)* de petits galets propres. – 2. Les bulbes de narcisses *(poser)* sur ces galets, et *(enfoncer)*, délicatement : ainsi ils *(maintenir)* droits. – 3. De l'eau *(verser)* jusqu'à ce que l'humidité soit aperçue, en surface. – 4. Ainsi Noël *(fleurir)* de narcisses.

6. Mettez les verbes entre parenthèses à l'imparfait passif.

1. Nicolas plantait des fleurs sur son balcon. En juillet-août, des myosotis *(planter)* sur une terre humide et pas trop chaude. – 2. La floraison *(attendre)* vers mai ou juin de l'année suivante. – 3. Des oignons de tulipes naines *(acheter)* en sacs. – 4. La terre bien *(labourer)*. – 5. A partir de septembre, les oignons *(enfoncer)* de 10 cm et *(séparer)* les uns des autres de 10 à 20 cm. – 6. Vers la fin de l'automne, des branches de sapin *(mettre)* dans les jardinières. – 7. Ainsi les tulipes *(protéger)* du froid par les branches et la floraison *(attendre)* très tôt au début de la saison.

DICTEE A CHOIX MULTIPLES

Une exécution. – 1. La *(cour/cours/courre)* était en *(plaine/plein/pleine)* *(air/aire/erre)* et pav*(é, ée, er)*. – 2. Les pris**onn**ier*(s)* y pénétrèrent par une porte voût*(é, ée, er)* • et furent plac*(é, és, er)* à la *(fil/file)* debout *, le dos au mur. – 3. Une corde *(fut/fût)* tendu*(e, s, es)* devant * eux. – 4. Le *(sol/sole)* était couver*(s, t)* par une lég**è**re couche de neige et de temps à autre*(s)* * des tourbillon*(s)* de neige étai*(t, ent)* soulev*(é, ée, és)* par un vent glacial*(e)*. – 5. Deux femmes, au centre de la *(cour/cours/courre)* étai*(t, ent)* enchaîn*(é, és, ées)* • à des pot**eaux**. – 6. Le Roi reconn*(u, ue, ut)* • d'un regard • ses ami*(s, es)*. – 7. Il friss**onn***(a, at)* et se di*(s, t)* : « Hélas ! elle*(s)* ne sont pas relâch*(é, er, és, ées)* • ! Elle*(s)* seron*(s, t)* fou**ett***(é, er, ée, ées)* • ; et moi qu'elle*(s)* *(on/ont)* consol*(é, ées, er)*, je devrai*(s)* **ass**ist*(é, ée, er)* à cette grande injustice ! – 8. Mais un ordre *(fut/fût)* donn*(é, er)* • et le Roi vi*(e, s, t)* un spectacle qui le gla**ç**a jusqu'aux mo**elles**. – 9. Des fagots furent empil*(é, és, er)* autour * des deux femmes et un homme **acc**roupi*(t)* y mi*(s, t)* le feu. – 10. Deux jeune*(s)* fille*(s)* se précipitèrent dans les bras des conda**mn***(é, ée, és, ées)* • mais **imm**édiate**ment** elle*(s)* en furent **arr**ach*(é, ée, ées, és)* par les gardien*(s)*. – 11. L'une d'entre elle*(s)* étai*(t, ent)* solide**ment** maintenu*(e, s)* mais l'autre s'écha**pp**a en criant qu'elle*(s)* voulai*(t, ent)* mourir avec sa mère. (Mark Twain, *Le Prince et le pauvre.*)

LES MOTS DE LA FAMILLE : À VOS DICTIONNAIRES !

la voûte → voû**t**é(e), voû**t**er - envoû**t**er, envoû**t**ement – une volute, l'évolution, évoluer, évolutif(-ive) - une révolution - dévolu(e), la dévolution.

la chaîne → une chaî**n**ette, un chaî**n**on - enchaî**n**er, l'enchaî**n**ement, enchaî**n**é(e) - déchaî**n**er, le déchaî**n**ement, déchaî**n**é(e).

damner → la da**mn**ation, un da**mn**é, da**mn**é(e), da**mn**able - conda**mn**er, une conda**mn**ation, un conda**mn**é, conda**mn**é(e), conda**mn**able - inde**mn**e, une inde**m**nité, inde**mn**iser, l'inde**mn**isation.
/**dam :** à son dam, au grand dam de.
/dommage, endommager, dédommager, dédommagement.

tenir → **main**tenir = tenir à la **main**, le **main**tien.

le regard = regar**d**er - gar**d**er, la gar**d**e, le gar**d**ien - un égar**d** - par mégar**d**e.

LA VOIX PASSIVE
2. TEMPS COMPOSÉS

LEÇON

Temps composé passif =
auxiliaire *être* au temps composé + participe passé du verbe.

	1er groupe : aimer	*3e groupe : voir*
passé composé	j' ai été aimé(e) ns avons été aimé(e)s	j' ai été vu(e) ns avons été vu(e)s
plus-que-parfait	j' avais été aimé(e) ns avions été aimé(e)s	j' avais été vu(e) ns avions été vu(e)s
futur antérieur	j' aurai été aimé(e) ns aurons été aimé(e)s	j' aurai été vu(e) ns aurons été vu(e)s
passé antérieur	j' eus été aimé(e) ns eûmes été aimé(e)s	j' eus été vu(e) ns eûmes été vu(e)s

▶ **été** est toujours invariable.

▶ Le participe passé du verbe s'accorde toujours avec le sujet.

EXERCICES

1. Conjuguez au passé composé passif, *a*) au masculin, *b*) au féminin.
1. être conduit et être déposé devant l'école – 2. être accueilli par ses camarades.

2. Mettez au passif les phrases suivantes, toujours au passé composé.
Ex. : *La classe a redouté ce jour → Ce jour a été redouté par la classe.*
1. Le professeur a rendu les dictées. – 2. Les élèves ont fait quelques fautes. – 3. Le professeur a réexpliqué des accords. – 4. Puis les élèves ont corrigé les fautes. – 5. Un élève vexé a chiffonné une copie. – 6. Le professeur l'a calmé.

3. Même exercice que le n° 2 avec les phrases suivantes.
1. Les élèves ont choisi la natation. – 2. Le professeur de gymnastique a donné un coup de sifflet. – 3. Les sportifs ont pris un grand élan. – 4. Les plongeons ont éclaboussé les bords de la piscine. – 5. Les nageurs ont émis des bulles à la surface. – 6. Les garçons ont atteint le temps fixé. – 7. Les filles ont recommencé l'épreuve.

4. Conjuguez au plus-que-parfait passif, *a*) au masculin, *b*) au féminin.
1. griffer – 2. salir – 3. mordre par un chien.

5. Tournez au passif, au même temps, les phrases suivantes.
1. Maman avait acheté des provisions et avait garni le frigidaire. – 2. Mon petit frère avait pillé les confitures. – 3. Ma grande sœur avait fleuri la table. – 4. Mon autre frère avait pris tous les sièges pour faire un train. – 5. Mon père avait lu son journal. – 6. Maman avait invité une amie à déjeuner. – 7. La télévision avait découvert de nouveaux chanteurs et mon frère avait monté le son au maximum. – 8. Maman avait brûlé les tartelettes.

6. Conjuguez au futur antérieur passif, au masculin, puis au féminin.
Quand je *(informer)* du projet, que je *(avertir)* de la date et que je *(prévenir)* des difficultés, j'apporterai mon aide.

7. Mettez les verbes entre parenthèses au futur antérieur passif.

1. Des remorqueurs se dirigeront vers le pétrolier en panne. Quand le pétrolier *(prendre)* en remorque, il sera conduit à Saint-Nazaire. – 2. Lorsqu'il *(conduire)* à Saint-Nazaire, il sera mis en cale sèche. – 3. Lorsqu'il *(mettre)* en cale sèche, les ouvriers chercheront la panne. – 4. Lorsque la panne *(trouver)*, les ouvriers répareront les moteurs. – 5. Lorsque les moteurs *(réparer)*, on en profitera pour repeindre la coque. – 6. Lorsque la coque *(repeindre)*, on vérifiera les installations radio. – 7. Lorsque les installations radio *(vérifier)*, on pourra obtenir la remise en service du pétrolier. – 8. Lorsque le permis *(obtenir)*, le pétrolier reprendra la mer.

8. Conjuguez au passé antérieur passif, *a*) au masculin, *b*) au féminin.

Lorsque j'*(attendre)* longtemps, que je *(gronder)* sévèrement et que je *(punir)* à juste titre, je décidai d'être désormais à l'heure.

9. Mettez les verbes entre parenthèses au passé antérieur passif.

1. Lorsque Pierre *(couvrir)* par un drap blanc et qu'il *(munir)* d'une lampe de poche, il décida de faire une plaisanterie nocturne. – 2. A minuit, lorsque la porte de la grand-mère *(ouvrir)* par le garnement et que la vieille dame *(effrayer)* par le fantôme amateur, elle cria. – 3. Lorsque toute la maison *(réveiller)*, que les parents *(avertir)*, le fantôme comprit que la plaisanterie n'était pas fameuse. – 4. Lorsqu'une fessée mémorable lui *(administrer)*, il perdit l'envie de terroriser sa grand-mère.

DICTEE A CHOIX MULTIPLES

La moisson du *(ris/rit/riz)*. – 1. Décembre à Tindican (village de Guinée) *(c'/s')* est la saison sèche, la belle saison, et *(c'/s')* est la moisson du *(ris/rit/riz)*. – 2. A la pointe de l'aube, chaque chef de famille partait coup*(é, er, ée)* la première jav**elle** dans son *(champ/chant)*. – 3. Sitôt que *(ces/ses)* prémices avaient ét*(é, ées)* re**cu**eill*(i, ies)* •, le tam-tam do**nn**ait le sign**al** de la moisson. – 4. Le sign**al** n'était do**nn***(é, er, ée)* qu'après qu'une jav**elle** *(eut/eu/eût)* ét*(é, ée)* prélev*(é, er, ée)* sur chaque *(champ/chant)*. – 5. Tel*(le)* était l'usage. – 6. La moisson se faisait de compagn**ie** • et chacun prêt*(ait, aient)* • son bras à la moisson de tous. – 7. Lorsqu'il*(s)* y av*(ait, aient)* ét*(é, és)* invit*(é, er, és)* par mon oncle Lansana, les homme*(s)*, torse*(s)* • nu*(s)*, se courb*(ait, aient)* sur la grande *(air/aire/hère/erre)* doré*(e)*. – 8. Je ne sai*(e, s, t)* d'*(ou/où)* vien*(s, t)* que l'idé**e** de rustici**té** – au sens de manque de finesse et de délicatesse – s'**att**ache au*(x)* *(champ(s)/chant)*. – 9. Les formes de la civilis**ation** y sont plus respect*(é, er, ée, ées)* qu'à la ville. – 10. Les échanges entre les hommes y sont plus stricte**ment** régl*(é, er, és)*. – 11. Nous ne faisions rien si nous *(ni/n'y)* avions ét*(é, és)* au préalable invit*(é, er, és)*, tant * était grand*(s)* le souci*(s)* de la libert**é** d'autrui. – 12. Vers midi, les femmes se dirig**e**aient en *(fil/file)* indie**nne** vers le *(champ/chant)*, charg*(é, er, ées)* de fumante*(s)* plat**ées** de couscous. – 13. Sitôt qu'elle*(s)* av*(ait, aient)* ét*(é, ées)* aperç*(u, ues, ut)*, elle*(s)* ét*(ait, aient)* salu*(é, er, ées, ée)* à grand*(s)* cri*(s)*. – 14. Lorsqu'en *(faim/fin)* d'après-midi la grande *(air/aire/hère/erre)* avait ét*(é, ée)* dépouill*(é, er, ée)* de sa richesse, nous regagn*(i)*ons en cortège le village, *(là/la/las)* et heur**eux** : – 15. Nous avions ét*(é, és)* consta**mmen**t second*(é, er, és)* par les génies. – 16. Pas un de nous n'av*(ait, aient)* ét*(é, és)* mord*(u, us)* par les serpents qui avait*(aient)* ét*(é, és)* dér**ang***(é, er, és)* par notre piétinement dans les *(chants/champs)*. – 17. Que nous étions heur**eux** *(ces/ses)* jours-*(la/là)* ! (D'après Camara Laye, *L'Enfant noir*.)

L'IMPÉRATIF PRÉSENT

LEÇON

	chanter (1er gr.)	finir (2e gr.)	rendre (3e gr.)
2e pers. singulier	chante	finis	rends
1re pers. pluriel	chantons	finissons	rendons
2e pers. pluriel	chantez	finissez	rendez

▶ L'impératif compte 3 personnes : 2e du singulier, 1re et 2e du pluriel.

▶ Il s'emploie sans pronom sujet.

▶ A la voix pronominale, l'impératif est suivi de la forme renforcée du pronom personnel : *toi, nous, vous.*
Ex. : *s'asseoir* → *assieds-toi, asseyons-nous, asseyez-vous.*
Remarquez le trait d'union entre le verbe et le pronom qui le suit.

▶ L'impératif présent est semblable à l'indicatif présent sauf que la 2e personne du singulier des verbes du 1er groupe n'a pas de **-s**, ainsi que *cueillir, offrir, ouvrir, souffrir,* etc., et *aller :*
Ex. : *chant**e**, cueill**e**, offr**e**, ouvr**e**, v**a** !*

Mais devant **-en, -y,** on ajoute un *-s* à la 2e personne du singulier des impératifs terminés par *-e* (et à **va**).
Ex. : *achète !* → *achète**s**-en ! va !* → *va**s**-y ! arrive !* → *arrive**s**-y !*
Notez le trait d'union entre le verbe et le pronom qui le suit.

▶ Quatre verbes usuels ont un impératif irrégulier :

avoir	être	savoir	vouloir	
aie	sois	sache	veuille	(veux)
ayons	soyons	sachons	veuillons	(voulons)
ayez	soyez	sachez	veuillez	(voulez)

Par politesse, on utilise *veuille, veuillez* pour donner un ordre.
Ex. : *Veuillez fermer la porte.*
On peut employer *veux, voulez* dans l'expression *« en vouloir à ».*
Ex. : *Ne m'en veux pas,* à côté de : *Ne m'en veuillez pas.*

EXERCICES

1. Mettez à la 2e personne du singulier de l'impératif présent.
1. parler à voix basse – 2. acheter des cartes – 3. appeler au secours – 4. balayer la cour – 5. ouvrir la porte – 6. offrir des bonbons – 7. finir son goûter – 8. sentir l'air frais – 9. craindre le pire – 10. faire la cuisine – 11. ne pas mentir.

2. Mettez à la 2e personne du singulier, *a*) de l'indicatif présent, imparfait, futur, passé simple ; *b*) de l'impératif présent.
1. chanter à pleins poumons – 2. sauter dans le sentier – 3. ramasser des baies – 4. contempler les fourmis au travail – 5. crier à tue-tête – 6. réveiller les chiens.

3. Mettez à la 2e personne du singulier de l'impératif présent.
1. *(aller)* au jardin. – 2. *(ramasser)* des feuilles mortes – 3. en *(former)* un tas – 4. y *(ajouter)* des branches mortes – 5. *(craquer)* une allumette – 6. y *(mettre)* le feu –

7. puis *(balayer)* le garage – 8. *(ranger)* la cave – 9. *(aligner)* des pots de fleurs – 10. *(ouvrir)* la fenêtre de la cave, mais en *(fermer)* la porte.

4. Mettez à la 2e personne du singulier puis du pluriel de l'impératif présent.
1. Un colis recommandé m'attend à la poste. Y *(aller)* pour moi. – 2. Bien *(vouloir)* le déposer chez mon concierge. – 3. Ne pas m'*(en vouloir)* du dérangement.

5. Mettez à la 2e personne du pluriel de l'impératif présent.
1. *(vouloir),* Monsieur le Directeur, accepter mon dossier. – 2. *(vouloir)* excuser ma négligence. – 3. Ne pas m'*(en vouloir)* de ce retard. – 4. *(Vouloir)* agréer, Monsieur le Directeur, l'expression de ma haute considération.

6. Conjuguez à l'impératif présent, à chaque personne successivement.
1. se présenter à l'heure – 2. ne pas s'appuyer sur le buffet – 3. ne pas se jeter sur les petits fours. – 4. se taire, s'il le faut – 5. se réjouir discrètement de ses succès – 6. se souvenir de ceux des autres – 7. se lever sans bruit – 8. ne pas s'enfuir.

7. Mettez à la 2e personne du singulier, puis du pluriel, de l'impératif présent.
1. Recette de la pâte à crêpes : dans une terrine, *(mettre)* 200 g de farine, une pincée de sel et 1/2 litre de lait. – 2. Y *(incorporer)* peu à peu une noix de margarine et y *(ajouter)* deux œufs. – 3. *(Faire)* cuire les crêpes en versant un peu de pâte dans une poêle très chaude, sur feu vif. – 4. Quand une crêpe est cuite d'un côté, la *(retourner)* et la *(laisser)* cuire. – 5. Pendant la cuisson des crêpes, ne pas s'*(en aller)* pour répondre au téléphone. – 6. *(Laisser)* quelqu'un y aller à votre place.

DICTEE A CHOIX MULTIPLES

Un roi pour rire ? – *(Le roi Édouard a changé sa place avec un jeune mendiant.)*
1. « Je suis Édouard, roi d'Angleterre • » Cet*(te)* déclar**ation** jeta toute l'assembl**ée** dans de véritable*(s)* convulsion*(s)* • de rire*(s)*. – 2. Dès * que la gai**eté** • se fut un peu*(t)* calmé*(e)*, l'Hérissé dit d'une *(voie/voix)* ferme : – 3. « Laiss*(e, es)* *(ce/ se)* jeu, mon garçon. Amus*(e, es)*-toi si tu veu*(s, t, x)*, mais chois*(i, is, it)* un autre titre. » – 4. Un chaudr**onn**ier proposa : « Fou-Fou Ier, roi des lunat**ique***(s)*. – 5. Donn*(é, er, ez)*-lui le sceptre ! – 6. Asseyon*(s, t)*-le sur un trône ! » – 7. Alors *(ce/se)* *(fut/fût)* un *(chœur/cœur)* de **suppl**ic**ation***(s)* moqueuse*(s)* : – 8. « Soi*(e, s, es, t)*-nous propice*(s)*, *(au/oh/ho/ô/haut)* bon Roi ! – 9. N'écras*(e, es)* pas *(ces/ses/c'est)* *(verres/verts/vers/vairs)* de terre*(s)* **supp**liants, *(au/oh/ho/ô/haut)* Noble Maj**esté** • ! – 10. *(Ai/Aie/Ais/Ait)* piti**é** de tes esclave*(s)* et octr*(oi, oie, ois, oies)*-leur*(s)* la fav**eur** d'un royal*(e)* *(cou/coup)* de pied*(s)* ! – 11. Récha**uff***(e, es)*-nous de tes rayon*(s)*, *(au/oh/ho/ô/haut)* éblouissant sol**eil** de souverain**eté** ! – 12. Sanctif*(i, ie, is, ies)* le *(sol/sole)* en le touchant du pied !, afin que nous puission*(s, t)* m**ang***(é, és, er)* de la *(boue/bout)* et être **an**obli*(s)* ! » – 13. Des larme*(s)* de **h**onte*(s)* • et d'**h**umili**ation** • brillai*(s, t, ent)* dans les yeux du petit roi. (Mark Twain, *Le Prince et le pauvre.*)

LES MOTS DE LA FAMILLE : À VOS DICTIONNAIRES !

la honte → **h**onteux(-euse), **h**onteusement - é**h**onté.

l'humus → l'**h**umilité, **h**umble - **h**umilier, **h**umiliant(e), une **h**umiliation - in**h**umer, l'in**h**umation - ex**h**umer - trans**h**umer, la trans**h**umance **/homme** •
gai(e) → gaiement, la gaieté.

ON/ON N'

LEÇON

Le son « n » après *on* peut être :

- La liaison entre *on* et un mot commençant par une voyelle ou un *h* muet.
  Ex. : *On aspire au repos.*
- L'adverbe négatif *n'*.
  Ex. : *On **n'**y comprend **rien.***

DES TRUCS

1. Remplacez *on* par un autre pronom pour voir si la phrase est négative.
Ex. : *On arrive → elle arrive. – On n'arrive pas → elle n'arrive pas.*

2. Cherchez les mots : *pas, point, plus, guère, aucun, rien, personne, jamais, que,* etc., qui accompagnent généralement *on n'.*

EXERCICES

1. Remplacez les points par on, on n'.
1. Quand ... est grand, ... ose plus jouer à la marelle, ni pleurer quand ... a mal. – 2. Évidemment, il y a des avantages : ... lit le journal ; ... choisit l'heure qu'... veut pour se coucher ; ... est pas forcé de manger ce qu'... aime pas.

2. Remplacez les points par on, on n'.
1. ... apprend à tirer à l'arc. – 2. ... est pas encore assez échauffés. – 3. ... écoute les conseils du professeur. – 4. ... arrive pas à mettre en place la flèche. – 5. ... éprouve de la difficulté à tendre l'arc. – 6. ... est guère sensible à la douleur causée par la corde tant ... espère atteindre la cible visée.

3. Remplacez les points par on, on n'.
1. Quand ... est gourmand, ... hésite pas à dépenser son argent de poche pour contenter son palais. – 2. ... entre chez l'épicier, ... examine les bocaux de friandises. – 3. ... arrive jamais à quitter l'épicerie les mains vides. – 4. ... interroge le commerçant sur le nombre de rouleaux de réglisse qu'... acquiert avec cinq francs. – 5. A la fin, ... extrait de sa poche sa petite fortune et l'... a plus qu'à s'emparer des sucreries choisies.

4. Remplacez les points par on, on n'.
Les joies du canotage. – 1. Dans une anse paisible, ... amarre la barque. – 2. ... installe la tente. – 3. ... exagère pas le repas : juste un souper frugal. – 4. ... allume un feu. – 5. ... attrape les grosses pipes bourrées de tabac. – 6. ... aperçoit plus très distinctement les choses. – 7. ... observe les ombres grises qui sortent de la masse obscure des bois, et chassent la lumière. – 8. ... écoute les oiseaux se taire un à un. – 9. ... entend plus que la rivière qui jase autour du canot et chante la très vieille berceuse qu'elle redit depuis des milliers d'années mais qu'... est pas capable d'exprimer par des mots. – 10. ... est là, assis, à regarder couler l'eau. – 11. ... est envahi de pensées étranges, mi-tristes, mi-plaisantes. – 12. ... a plus envie ni besoin de parler. (D'après Jerome K. Jerome, *Trois Hommes dans un bateau.*)

FICHE 79

SA/ÇA/ÇÀ

LEÇON

- **sa :** adjectif possessif, est toujours suivi d'un nom féminin.
  Ex. : ***sa*** *charrette.* On peut dire : c'est la sienne.
- **ça :** pronom = *cela,* s'écrit sans accent.
  Ex. : ***Ça*** *ne fait rien ⇒ cela ne fait rien.*
- **çà :** adverbe de lieu. On le trouve dans l'expression *çà et là* et dans les interjections : *Ah çà !, alors çà !*
  Ex. : *Alors* ***çà !*** *des feuilles gisent* ***çà*** *et là !*

EXERCICES

1. Remplacez les points par ça, çà.

1. « ... ne t'ennuierait pas de me tendre la perche ? » – 2. « ... va ? – Et toi ? » – 3. Dans son bureau régnait un désordre indescriptible : des documents étaient abandonnés ... et là. – 4. « Ah ! ..., tu n'as pas encore fini de rédiger la lettre, termine-moi ... avant le repas. » – 5. « ... pourrait bien t'arriver ! » – 6. ... et là, les quilles étaient renversées sur la piste du bowling. – 7. « ... ne va pas se passer comme ... », maugréa l'automobiliste à qui on avait refusé la priorité.

2. Remplacez les points par sa, ça, çà.

a) 1. ... présence fut annoncée par ... voix forte. – 2. Il entra, plaça ... et là le courrier dans les boîtes aux lettres. – 3. « C'est pour vous ... », dit le facteur à l'adresse d'une voisine qui attendait que ... boîte soit remplie.

b) 1. « Ah ... ! me lâcherez-vous », dit le mendiant aux galopins qui se pendaient à ... vieille veste. – 2. « Rendez-moi ... », reprit-il furieux contre le garnement qui lui avait pris ... bouteille de vin. – 3. ... mine menaçante mit la bande en fuite.

c) 1. Le chien guettait les poubelles disposées ... et là sur le trottoir pour y chercher ... pitance. – 2. ... doit être drôlement bon, se réjouit-il, en sortant de l'une d'elles une patte de poulet.

3. Remplacez les points par sa, ça, çà.

1. Ysengrin regarde dans le puits et croit que c'est ... femme, dame Hersent, qui est logée là-dedans et que Renart est avec elle. – 2. (Mais c'est ... propre figure qu'il voit à côté de celle de Renart, qui regrette ... folie là au fond.) – 3. ... ne lui plaît guère, sachez-le, et il s'écrie : – 4. « Ah ... ! me voici bafoué ! Renart le Roux a enlevé ma femme ! je ne veux pas de ... ! » – 5. Renart alors appelle Ysengrin de ... voix la plus grave : – 6. « Qui m'appelle, moi dont le séjour est en de..., chez les morts ? – 7. ..., ... me fait plaisir, dit Ysengrin. Depuis quand, Renart, es-tu mort ? – 8. Depuis deux jours. Mon corps est dans ... bière chez Hermeline en ... tanière, et mon âme est en Paradis. – 9. Ce sont ici pâturages, bois, plaines et riches prairies avec ... et là de vastes troupeaux, bœufs, vaches et moutons. – 10. Ah ... ! par saint Sylvestre, je voudrais bien être là-dedans ! – 11. Non, dit Renart, laisse ... ! Le paradis est un lieu spirituel qui n'est pas pour ton âme en ... déloyauté et ... félonie. » (D'après *Le Roman de Renart.*)

CELA/CEUX-LÀ

LEÇON

► **cela** : pronom démonstratif neutre singulier = cette chose.
Ex. : ***Cela** n'a pas d'importance.*

► **ceux-là** (accent sur *là*) : pronom démonstratif masculin pluriel.
Ex. : ***Ces clients** partent contents. **Mais ceux-là** ne reviendront pas.*
Ceux-là = *ces clients-là* = nom masculin pluriel.

ATTENTION !
– *Cela,* employé comme sujet, est suivi d'un verbe au singulier.
– *Ceux-là,* employé comme sujet, est suivi d'un verbe au pluriel.

EXERCICES

1. Remplacez le groupe nominal en italique par cela, ceux-là.
1. Je n'ai pas dit *cette chose.* – 2. *Ces garçons-là,* je ne les aime pas. – 3. Je n'en suis pas à *ce détail près.* – 4. Le travail va bien. – 5. Je ne veux pas de ces pamplemousses-ci, donne-moi *ces pamplemousses-là.* – 6. Tout *ce récit* est très joli.

2. Remplacez les points par cela, ceux-là.
1. Arnaud aime beaucoup la natation, mais quand il ne peut la pratiquer, ... lui est égal. – 2. Ces voisins-ci sont très serviables, mais ... sont égoïstes. – 3. A part ..., je n'apprécie rien. – 4. A part ... j'apprécie tous les autres villageois. – 5. ... ne vous ferait rien d'écouter quand on vous adresse la parole ? – 6. Il n'y a pas pis que ... pour faire les cent coups. – 7. Henriette accepte volontiers de garder ces enfants-ci, quant à ..., elle ne les supporte pas ; ils sont trop turbulents.

3. Complétez les phrases par cela, ceux-là, **et accordez les verbes.**
1. J'aime le spectacle de la mer, mais ... me lass... – 2. ... ne fai... rien si je reste seul à la maison, je regarderai la télévision : ... me suffir... – 3. ... passer... un mauvais moment si je les tiens : ils ont saccagé mes fleurs ! – 4. Nous allons faire le tri des jouets : ceux-ci sont bien abîmés, ... ne ressembl... plus à rien.

4. Remplacez les points par cela, ceux-là, **et accordez les verbes.**
1. « Accrocher ce tableau ? mais je ferai ... tout seul ! » s'écrie l'oncle Podger. – 2. Immédiatement, il mobilise toute la famille : que ... achèt... les clous chez le quincailler pendant que ... cherch... le marteau, la règle, l'escabeau. – 3. Que ... s'occup... du cordon de tirage, pendant que ... pass... le tableau. – 4. « Je veux d'autres clous ! ... se tord... trop facilement ! – 5. ... fer... du bien à Tom de courir chez le quincaillier ! » – 6. « Regardez-moi ... qui rest... à se tourner les pouces, au lieu de ramasser les morceaux de verre du cadre qui est tombé ! – 7. Mon doigt saigne ! Odette, vite ! ... saign... épouvantablement. – 8. Et Jules et Julie ! ... ne se press... pas de descendre à la cave le piano sur lequel le cadre est tombé ! » – 9. Quand enfin la famille épuisée a pu se laisser tomber, ... dans un fauteuil, ... dans le canapé du salon, l'oncle, très fier, s'écrie : – 10. « Mais ... m'enchant..., moi, de faire tous ces petits travaux ! – 11. Je ne suis pas comme ... qui dérang... un ouvrier pour une petite chose de rien du tout comme ... ! » (D'après J.K. Jerome, *Trois Hommes dans un bateau.*)

CE (QUI)/CEUX (QUI)

LEÇON

▶ **ce qui** = la chose qui (*ce* = *cela :* pronom démonstratif neutre singulier) ; *ce qui* est toujours suivi d'un verbe au singulier.
Ex. : ***Ce qui est*** *pris* ***n'est*** *plus à prendre.* (Ce = la chose qui).

▶ **ceux qui** = les gens qui, les objets qui (*ceux :* pronom démonstratif masculin pluriel) ; *ceux qui* est toujours suivi d'un verbe au pluriel.
Ex. : ***Ceux qui*** *trichent* ***sont*** *éliminés.* (Ceux = les gens qui).

EXERCICES

1. Remplacez les points par ce, ceux.
1. Je viens de visiter un appartement témoin : ... n'est pas grand ; ... n'est pas clair et ... n'est pas donné ! – 2. Cet appartement ne vaut pas ... que nous avons déjà vus ensemble. – 3. Quelques visiteurs ont acheté un appartement : ...-ci ont de l'argent à perdre ! – 4. D'autres ne se sont pas laissé faire : ...-là ont bien fait. – 5. Ce type de construction est à éviter : ... n'est pas solide ... n'est pas confortable.

2. Remplacez les points par ce, ceux, ce qui, ceux qui.
1. Voilà ... qui me convient. – 2. Voilà ... qui me conviennent. – 3. Voilà ... qui m'ennuie. – 4. Voilà ... qui te soutiennent. – 5. Voilà ... qui te soutient. – 6. Voilà ... qui nous ennuie. – 7. Voilà ... qui nous amusent. – 8. Voilà ... qui est drôle. – 9. ... arrive est de votre faute. – 10. ... arrivent sont des amis. – 11. ... te décourage, c'est de recommencer. – 12. ... te découragent de poursuivre tes efforts sont sots.

3. Remplacez les points par ce qui, ceux qui.
1. Je ne sais ... me retient de rire en te voyant ainsi affublé. – 2. La prochaine fois, n'écoute pas ... cherchent à te faire faire des bêtises. – 3. ... me touche le plus, à présent, c'est de voir ton petit visage désolé. – 4. Allons, n'en fais pas un drame : ... est fait est fait. – 5. ... t'ont proposé d'enfiler mes vêtements voulaient simplement s'amuser ! – 6. ... convient à une femme fait rire sur un petit garçon. – 7. Rends-moi ... m'appartient : ma capeline, ma robe et mes chaussures à talons !

4. Complétez les phrases par ce qui, ceux qui **et accordez les verbes.**
1. Le Petit Nicolas a plusieurs sortes de camarades : ... saut... sur toutes les occasions de se battre, ... préfèr... le sport et ... aim... tout ... se mang... – 2. A l'école, il y a ... somnol... au fond de la classe et ... suiv... ... se pass... au cours ; ... pos... des questions sur ... les intrigu... dans la leçon, et ... se préoccup... surtout de ... ser... servi à la cantine pour le déjeuner. – 3. Les camarades qui l'enthousiasm... le plus sont ... jou... très bien au football. – 4. ... l'enthousiasm... aussi beaucoup, c'est de construire une niche avec son papa pour le petit chien perdu. – 5. ... l'effrai..., c'est de rapporter un carnet plein de zéros. – 6. ... qui l'effrai... surtout, ce sont le directeur de l'école et le surveillant le Bouillon. – 7. Il récolte beaucoup de punitions, ..., en fait, ne le traumatis... guère. – 8. ... sembl... souffrir davantage sont la malheureuse maîtresse ou l'inspecteur !

DANS/D'EN

LEÇON

▶ **dans** est une préposition qui introduit un nom, un pronom ou un groupe nominal et qui marque le lieu ou le temps.
Ex. : *Je descends **dans** le jardin dans un quart d'heure.*

▶ **d'en :** *de* (proposition) + *en* (pronom personnel = *de cela,* ou adverbe de lieu = *de là).*
Ex. : *J'achète **du lait** afin **d'en** boire (d'en :* du lait = *de cela).*
*A **l'école** ? Je viens **d'en** sortir ! (d'en :* de l'école = *de là).*

UN TRUC
D'en est souvent suivi d'un verbe à l'infinitif.

EXERCICES

1. Remplacez le groupe entre parenthèses par le pronom personnel qui convient.
Ex. : Les difficultés : Il s'agit de sortir *(des difficultés)* = d'en sortir.
1. Tu es dans la lune ; il est temps de redescendre *(de la lune).* – 2. Des vacances ? Tu viens de prendre *(des vacances).* – 3. Le beau temps, tu as l'habitude de profiter *(du beau temps).* – 4. Encore les Baléares ! mais tu viens de parler *(des Baléares)* ! Contente-toi de rêver *(des Baléares)* ! – 5. Pense plutôt à ton travail : tu n'as pas la réputation de faire *(du travail)* plus qu'il ne faut ! – 6. Écoute ce que je te dis et tâche de tenir compte *(de ce que je te dis).*

2. Remplacez les points par dans, d'en.
1. Nous irons nous promener ... la montagne, afin ... rapporter des fleurs sauvages. – 2. J'ai appris par cœur ... le dictionnaire la page des fleurs, mais je n'ai pas l'impression ... avoir retenu grand-chose. – 3. ... la montagne, en voyant les fleurs, je retiendrai mieux leurs noms.

3. Remplacez les points par dans, d'en.
1. A moins ... avoir vraiment le courage, tu ne mettras pas les pieds ... le torrent glacé. – 2. Mais en me voyant faire, tu auras peut-être envie ... faire autant ... quelques minutes. – 3. Que c'est agréable de se laver les pieds ... cette eau pure et ... sentir la fraîcheur ! – 4. Voilà un berger qui vient plonger sa gourde ... le ruisseau, afin ... retirer de l'eau fraîche.

4. Remplacez les points par dans, d'en.
1. Le chef a mis de la viande à griller ... la cheminée. – 2. Un chien du voisinage, qui s'est invité, est bien tenté ... prélever sa part. – 3. Il se dépêche ... voler un morceau et l'emporte ... l'arrière-cour où il s'empresse ... dévorer autant qu'il le peut. – 4. ... quelques instants, le chef va s'apercevoir du larcin, et je ne sais pas ... quelle mesure sa colère ne va pas se passer sur le dos du chien. – 5. Le chien, qui a bien l'air ... être conscient, s'empresse d'aller se cacher ... un coin.

S'EN/SANS/CENT/C'EN

LEÇON

▶ **s'en** = *se* + *en* (pronom personnel neutre) = *de cela.*
Ex. : *Il **s'en** méfie → il se méfie de cela.*
Attention à : *s'en* *faire,* ***s'en*** *aller,* ***s'en*** *revenir,* ***s'en*** *retourner* où *en* ne s'analyse pas, mais fait partie du verbe pronominal.

▶ **sans :** préposition, indiquant « l'absence de », se place devant un nom, un pronom ou un verbe à l'infinitif.
Ex. : *J'irai **sans** toi, **sans** peur, **sans** trembler.*
Apprenez : *sans que, sans cesse, sans doute.*

▶ **cent** = *100,* suivi d'un nom au pluriel.
Ex. : ***Cent** ans.*

▶ **c'en :** tournure de la langue littéraire = *cela en.*
Ex. : ***C'en** est fait.*

EXERCICES

1. Conjuguez au présent.
1. s'en faire – 2. s'en douter.

2. Complétez les phrases suivantes sur le modèle :
Il se préoccupe de ses plantations → Il s'en préoccupe.
1. Il se soucie de ses récoltes, il ... – 2. Il se vante de ses succès, il ... – 3. Elle se félicite de son intuition, elle .. – 4. Elle se repent de son inconduite, elle ... – 5. Ils se réjouissent d'être en bonne santé, ils ...

3. Remplacez les points par sans, s'en.
1. Les punitions de l'école africaine, Camara Laye ... souvient ... plaisir. – 2. Lorsque les plus petits tracent un jambage de travers, ils ... repentent grâce à une solide volée de coups de bâton, administrée ... faiblesse. – 3. Les élèves de 2e année ... vont balayer la cour où les feuilles de goyavier tombent ... se lasser. – 4. Le potager de l'école, les élèves de 3e et 4e années ... occupent. – 5. Quant au troupeau de chèvres du maître, les élèves des deux dernières classes ... chargent, ... aucun plaisir. – 6. A chaque fois qu'un cultivateur possède une bête au coup de corne sournois, il ... débarrasse à bas prix et l'école l'achète ... trop débourser. – 7. Ensuite les élèves peuvent ... faire tout leur saoûl pour ramener le troupeau ... qu'il manque une seule bête ! (D'après Camara Laye, *L'Enfant noir.*)

4. Remplacez les points par cent, sans, s'en, c'en.
1. Geneviève s'agite ... cesse dans son lit ... pouvoir trouver le sommeil. – 2. ... fois, elle a compté les moutons, mais elle ... est lassée. – 3. « ... est assez, pense-t-elle, mieux vaut prendre l'air. » – 4. Elle ... est allée de sa chambre ... faire de bruit. – 5. Elle marche dans la nuit ... crainte. – 6. Le froid commence à la gagner, mais elle ne ... soucie pas. – 7. ... doute est-elle agitée par quelque problème. – 8. « J'ai échoué à mon examen, pourtant j'avais travaillé ... relâche. – 9. ... est décourageant ! » – 10. Elle a parlé tout haut et ... aperçoit. – 11. Ayant fait le tour du jardin, elle ... retourne vers la maison ... tarder.

TANT/TEMPS/TEND(S)/T'EN

LEÇON

- **tant :** adverbe = *tellement* ou *autant*.
  Ex. : *Il y avait* ***tant*** *de monde qu'on ne pouvait pas entrer !*
  Apprenez : *tant mieux, tant pis, tant et plus, tant que, en tant que.*
- **temps :** nom commun, masculin singulier.
  Ex. : *Le* ***temps*** *est à la pluie.*
  Apprenez : *à temps, en même temps, de temps en temps, du temps de.*
- **tend(s) :** 3ᵉ (1ʳᵉ, 2ᵉ) pers. du singulier de *tendre* au présent.
  Ex. : *L'archer* ***tend*** *son arc.*
- **t'en :** *te* (pronom) + *en* (pronom) = *de cela.*
  Ex. : *Ne* ***t'en*** *occupe pas → Ne t'occupe pas de cela.*
  Du gâteau ? Il ***t'en*** *donnera → Il te donnera de cela = du gâteau.*

EXERCICES

1. Remplacez le groupe entre parenthèses par le pronom personnel qui convient.

1. Les puces de ton chien, tu ne te préoccupes guère *(des puces de ton chien).* – 2. Tu as tort d'aussi peu t'inquiéter *(des puces de ton chien).* – 3. Quand il t'aura passé *(de ses puces),* tu te moqueras moins *(de ce problème)* ! – 4. Ton insouciance, à ce moment-là, tu te repentiras *(de ton insouciance).* – 5. Les puces te piqueront et tu chercheras partout quelqu'un qui te débarrasse *(des puces).* – 6. Occupe-toi plutôt *(de cela)* maintenant : tu te féliciteras *(de t'en être occupé)* et ton chien te sera reconnaissant *(de t'en être occupé).*

2. Remplacez les points par tant, temps, tend(s), t'en.

1. Bernard attache ... d'importance à ton attitude qu'il ... veut de l'avoir fait attendre. – 2. Tu lui as fait perdre son ... – 3. A la première occasion, tu lui présentes tes excuses, et tu lui ... la main en signe d'amitié. – 4. Il ... saura gré, car il est sensible à la moindre attention.

3. Même exercice que le n° 2.

a) 1. Gilles, tu n'es pas très gourmand, ... s'en faut, mais je sais que tu aimes le clafoutis aux cerises, c'est pourquoi, je ... ai gardé une part. – 2. Tu arrives à ... pour voir le film du dimanche soir. – 3. Va le regarder, tu ne ... repentiras pas. – 4. La speakerine annonce que le ... est excellent. – 5. Je te ... la télécommande, mais tu ... vas sans la prendre. – 6. Ne ... fais pas trop pour ton interrogation de mathématiques, il faut bien que tu prennes le ... de te reposer.

b) 1. Les hommes utilisent ... et plus les ressources naturelles. – 2. Ils pensent qu'il y en a ... qu'elles sont inépuisables et ils veulent continuer ... qu'il y en aura. – 3. Mais le ... est peut-être venu de penser à ceux qui nous suivront. – 4. Et toi, est-ce que tu ... soucies ? – 5. Ou est-ce que tu penses : ... mieux si j'ai ce qu'il me faut, et ... pis pour les autres ? – 6. Si c'est ta pensée, je ne ... félicite pas.

QUAND/QUANT/QU'EN

LEÇON

▶ **quand** indique le temps *(= lorsque)*, et s'écrit avec un *d*.
quand ? = *à quel moment ?*
Ex. : *Dis,* ***quand*** *reviendras-tu ?* ***Quand*** *j'en aurai envie.*

ATTENTION !
Devant un mot commençant par une voyelle, le *d* de *quand* se prononce *t*. Ex. : ***Quand on*** a faim, on n'est pas difficile.

▶ **quant à** indique qu'on passe à autre chose ou à quelqu'un d'autre.
Ex. : *Tu travailles tes maths.* ***Quant à*** *moi, je travaille mon français.*

▶ **qu'en** = *que* + *en.*
Ex. : *Je ne circule dans Paris* ***qu'en*** *métro.*

UN TRUC : Écrivez *qu'en* chaque fois que ce n'est ni *quand* ni *quant à.*

EXERCICES

1. Remplacez (seulement) **par la tournure** « ne ... que ».
Un snob. – 1. Je voyagerai *(seulement)* en avion. – 2. Si je ne peux éviter le train, je dormirai *(seulement)* en wagon-lit. – 3. En ville je circulerai *(seulement)* en voiture de sport blanche. – 4. Je me rendrai aux réceptions *(seulement)* en smoking. – 5. J'arriverai à mes rendez-vous *(seulement)* en retard. – 6. Je parlerai *(seulement)* en anglais. – 7. Je ferai comme tout le monde *(seulement)* en maugréant.

2. Remplacez les points par quand, quant, qu'en.
1. ... je vois les gens s'affairer tout le jour, je me sens différent d'eux. – 2. Ils ne semblent exister ... travaillant. – 3. ... à moi, je suis fait pour le repos. – 4. La preuve : je ne suis heureux ... vacances. – 5. Mais ... je dois partir en voyage, je suis assailli de problèmes ; le chat, les oiseaux, la tante Ursule ! ... faire ?

3. Même exercice que le n° 2 *(suite).*
1. ... à cette dernière, il me vient à l'esprit ... faisant une cure à Vichy, elle se porterait mieux. – 2. Je calcule ... prenant le train de 16 heures, elle sera à Vichy pour dîner. – 3. Mais ce n'est ... arrivant à la gare que tante Ursule s'aperçoit qu'elle a oublié sa valise ! – 4. ... le prochain train part-il ?

4. Remplacez les points par quand, quant, qu'en.
1. Toi : « Un éléphant dans ta maison ? ... ferais-tu ? ... à moi, je le laisserais en Afrique. » – 2. Moi : « Je voudrais ... un coup de baguette magique, un éléphant arrive dans ma chambre. Je lui expliquerais ... poussant un peu mes affaires, je pourrais lui faire de la place. » – 3. Toi : « Voilà bien tes rêves fous ! ... à ce pauvre pachyderme, ... penserait-il ? » – 4. Moi : « Je suis sûr ... me voyant, il devinerait en moi un ami. ... au confort que je lui réserve, il saurait s'en moquer. » – 5. Toi : « Moi aussi, j'aime les éléphants ! Mais ... j'ai envie d'en voir un, je vais au zoo. » – 6. Moi : « Toi, tu n'aimes les animaux ... cage. ... à moi, je ne les aime ... liberté. » – 7. Toi : « Mais ta maison ne serait-elle pas une cage pour ton puissant ami ? Hein ! ... dis-tu ? »

SI/-CI/S'Y

LEÇON

▶ **si** est très employé, avec différentes valeurs :

1. *si* + adjectif = *tellement* (souvent suivi de *que*).
Ex. : *Il est **si** gentil !*

2. *si* + proposition conditionnelle.
Ex. : ***Si** tu veux, viens.*

3. *si* + proposition interrogative (indirecte).
Ex. : *Je ne sais pas **si** elle vient.*

▶ **-ci** fait partie du démonstratif qui désigne une personne, un objet proche.
Ex. : ***Ce** tableau**-ci**, **celui-ci**, **celle-ci**, **ceux-ci**, **celles-ci**.*
Il est toujours relié par un trait d'union au mot qui le précède.

▶ **s'y** = *s'* (pronom) + *y* (= *là, à cela*).
Ex. : *Le chat voit un trou et **s'y** glisse → il se glisse là* = dans le trou.
*Gilles aime le jeu, il **s'y** donne à fond → il se donne à cela* = au jeu.

EXERCICES

1. Conjuguez à toutes les personnes.
1. Le C.E.S. ? Je m'y rends. – 2. L'actualité ? Je m'y intéresse.

2. Désignez à la commercante.
Ex. : *des poires → ces poires-ci.*
1. un ananas – 2. des pêches – 3. des artichauts – 4. un melon – 5. une pastèque – 6. des tomates.

3. Remplacez par un pronom chacun des fruits énoncés dans l'exercice n° 2.
Ex. : *ces poires-ci → celles-ci.*

4. Remplacez les points par si, -ci, s'y.
1. L'examen approche ; les élèves ... préparent fiévreusement. – 2. Cette idée ... est meilleure que celle-là. – 3. ... tu ne veux pas que ton secret soit connu de tout le monde, garde-le pour toi. – 4. Je voudrais savoir ... les sujets seront faciles. – 5. Tu as travaillé de ... bon cœur que tu mérites le succès.

5. Même exercice que le n° 4.
1. Tu as l'air ... malheureux, que tu fais peine à voir. – 2. ... tu veux, tu peux sortir : il fait ... beau ! – 3. ... tu veux voir un match de rugby à la télévision, ce match ... n'est pas mal. – 4. Mais ... tu veux voir un très beau match, va au Parc des Princes avec ton petit frère. – 5. Justement, il ... précipite voir France-Galles et il ne sait pas bien ... prendre pour circuler en métro. – 6. Vas-y avec lui. Cette fois ..., il ne se perdra pas et ne rentrera pas ... tard !

NI/N'Y

LEÇON

▶ **ni** remplace *et* dans les phrases négatives. Il est souvent répété devant chaque mot. Ex. : *Je n'ai **ni** soufflé **ni** copié.*

▶ **n'y** : négation *ne + y (= là, à cela).*
Ex. : *A la gare ? Non, je **n'y** vais pas (y = là =* à la gare*).*
*Le chinois, je **n'y** comprends rien (y = à cela =* au chinois*).*

UN TRUC

— Quand il y a *ni* dans une phrase, le verbe est précédé de *ne.*
Ex. : *Je **ne** mange **ni** bonbons **ni** caramels.*
— *N'y* précède un verbe conjugué suivi de *pas, jamais, rien, que, plus, guère.*

EXERCICES

1. Mettez à la forme négative.

1. J'ai mes crayons et mon stylo. – 2. Je dessine une maison et une boîte. – 3. Tu as mangé et bu. – 4. Il est paresseux et sot. – 5. Nous avons des parents et des amis dans cette ville. – 6. Vous êtes attentifs et bienveillants. – 7. Ils savent quand ils partiront et comment ils voyageront. – 8. Elles ont voulu manger et dormir.

2. Répondez aux questions suivantes.

1. Vas-tu au Maroc cet été ? Non, je .... – 2. Goûtera-t-il à ce plat ? Non, il ... – 3. A-t-il pensé à moi ? Non, il ... – 4. Les gens font-ils attention à ton bouton sur le nez ? Non, ils ... – 5. Et toi, arrives-tu à n'y pas penser ? Non, je ...

3. Remplacez les points par ni, n'y.

1. Nous n'avons de chance ... les uns ... les autres : aujourd'hui, le professeur interroge tous les élèves. – 2. Personne ... échappera. – 3. Sur mon bulletin de notes, il ... a ... zéro de conduite ... observation. – 4. Quand je dois monter sur l'estrade, je ... vais qu'à contrecœur : je n'ai appris ... mes conjugaisons ... mon vocabulaire. – 5. Situation critique : je ne peux ... consulter mon souffleur habituel ... regarder discrètement sur le livre du maître, car à distance, je ... vois rien !

4. Remplacez les points par ni, n'y.

1. Notre chien Montmorency asticote volontiers les chats et je ... vois pas d'inconvénient, mais, ce jour-là, il ... trouva sûrement pas le plaisir escompté. – 2. Jamais je n'avais vu un chat plus gros ... de plus mauvaise mine : il n'avait plus ... queue ... oreille droite. – 3. Montmorency ne fit ... une ... deux et se jeta vers la pauvre bête. – 4. Mais le chat ... prit pas garde. – 5. Il s'assit sans hâte ... frémissement au milieu de la rue et dévisagea son futur assassin sans hargne ... crainte. – 6. L'attaquer ? son air ... poussait vraiment pas. – 7. Ils se regardèrent : ... l'un ... l'autre ne parlait, mais on pouvait deviner la conversation : – 8. « Vous n'avez vraiment besoin ... de mon aide ... de mes services ? » semblait dire le chat. – 9. « De rien du tout, merci. ... attachez pas d'importance », semblait répondre Montmorency en ramenant soigneusement sa queue dans la rainure si bien faite pour la recevoir.
(D'après Jerome K. Jerome, *Trois Hommes dans un bateau.*)

QUEL(S)/QUELLE(S)/QU'ELLE(S)

LEÇON

▶ **quel(s, le, les)** s'écrit en un seul mot et s'accorde avec le nom quand il sert à s'exclamer ou à interroger.
Ex. : ***Quels*** *beaux bijoux !*
Quelle *robe dois-je mettre ? et* ***quel*** *chapeau ?*

▶ **qu'elle(s)** = *que* + *elle(s).*
Ex. : *Je crois* ***qu'elle*** *est heureuse* (→ *qu'il* est heureux).
(**que :** conjonction de subordination)
L'ami ***qu'elle*** *a appelé est venu* (→ *qu'il* a appelé).
(**que :** pronom relatif = l'ami)

UN TRUC
Qu'elle s'écrit en deux mots quand on peut le remplacer par *qu'il.*

EXERCICES

1. Interrogez-vous sur les objets suivants.
Ex. : *un cheval → quel cheval ?*
1. un lapin – 2. une lapine – 3. des petits lapins – 4. des carottes – 5. une fane de radis – 6. un grillage – 7. des nez roses – 8. des moustaches – 9. des dents blanches.

2. Exclamez-vous sur les sentiments suivants.
Ex. : *l'ennui → quel ennui !*
1. une joie – 2. un plaisir – 3. des sentiments bienveillants – 4. une modestie – 5. des remords – 6. des angoisses.

3. D'après le modèle : Elle est pâle, je trouve → Je trouve qu'elle est pâle, **transformez les phrases suivantes.**
1. Elle raconte des histoires, tu crois ? – 2. Elle dit la vérité, je t'assure. – 3. Elles sont malades, je pense. – 4. Elle est absente, tu sais ? – 5. Elles ont fait de leur mieux, je te jure.

4. Remplacez les points par quel(s, le, les), qu'elle(s).
1. La fermière a eu des chiots de la chienne ... préfère. – 2. ... fragiles petites bêtes ! – 3. J'espère ... n'aura pas le courage de les noyer. – 4. ... dommage ce serait ! – 5. Je vais lui demander ... m'en donne un ! – 6. Mais pour cela, ... audace il me faut ! – 7. ... raisons vais-je trouver pour persuader mes parents ?

5. Même exercice que le n° 4.
1. ... gentille compagne que cette petite épagneule ! – 2. ... bonheur et ... satisfaction de la caresser ! – 3. ... charmant spectacle que cette petite bête sur ses pattes malhabiles ! – 4. De ... autre sujet voulez-vous que je parle, sinon d'elle, des progrès ... fait, des sottises ... invente, des jappements de joie ... pousse quand je rentre ? – 5. ... déchire mes cahiers, peu importe, pourvu ... choisisse ceux de brouillon !

FICHE 89

TOUT, TOUS, TOUTE(S)

LEÇON

Tout (tous, toute, toutes) peut être :

▶ **Adjectif :** il s'accorde avec le nom auquel il se rapporte.
Ex. : ***Tout** le gâteau, **tous** ses amis, **toute** une vie, **toutes** ces robes.*

ATTENTION ! Le masculin *tout* et le féminin *toute(s)* ne se distinguent pas à l'oreille quand le mot suivant commence par une voyelle.
De même, *tous* pluriel et *tout* singulier ne se distinguent guère à l'oreille lorsque le mot suivant commence par un *s*.

▶ **Pronom,** *tout* veut dire : « l'ensemble des choses »,
tous veut dire : « tous les gens, toutes les personnes ».
Ex. : ***Tous** ont donné à la quête, mais personne n'a **tout** donné.*
Tous peut aussi remplacer un nom masculin pluriel.
Ex. : *J'ai réparé les vélos. Ils marchent **tous**.*

▶ **Adverbe,** *tout* est le plus souvent invariable.
Ex. : *Voici des livres **tout** déchirés. J'ai lu une page **tout** entière.*
UN TRUC : *Tout,* adverbe, peut être remplacé par *tout à fait.*
*Ex. : Des livres **tout** déchirés → Des livres **tout à fait** déchirés.*
EXCEPTIONS : *Tout,* adverbe, s'accorde comme un adjectif devant les adjectifs féminins commençant par une consonne ou un *h* aspiré :
Ex. : *La voilà en colère, **toute** pâle et **toute** hérissée.*
*Les voilà en colère, **toutes** pâles et **toutes** hérissées.*

EXERCICES

1. Analysez le nom et remplacez les points par tout, toute, tous, toutes.

a) 1. Regardez le géant Pantagruel : il a bu ... un tonneau de vin et ... une barrique de bière. – 2. Puis il a mangé ... une dinde et ... un sanglier. – 3. Il a avalé ... une salade d'un coup, sans voir ... les pèlerins cachés entre les feuilles. – 4. Il a dévoré ... une roue de gruyère. – 5. Il s'est emparé de ... la crème, de ... le baba au rhum, de ... les meringues, de ... les éclairs au chocolat.

b) 1. Patrice passe ... son temps à construire ses maquettes, à aligner ... ses soldats, à installer ... son zoo, à construire ... sortes d'engins avec ... ses légos et ... son méccano. – 2. La solidité n'est pas toujours à ... épreuve, mais contre ... attente, généralement, ça tient. – 3. De ... façon, il sort toujours ... ses jouets. – 4. ... son énergie y passe et, selon ... apparence, il ne lui en reste plus du ... pour ranger.

2. Remplacez les points par tout, tous, toute, toutes.

a) 1. ... ces agents dans l'immeuble ! – 2. ... ces mitraillettes ! – 3. ... ces képis ! – 4. ... cet attroupement ! – 5. ... ce cinéma : « Les mains en l'air ! Que faisiez-vous sur ce toit avec ... ces carabines ? » – 6. ... cette affaire est ridicule ! – 7. ... ce qui est arrivé est de ta faute ! – 8. Oui, tu as des excuses : ... ces roucoulades dans ta cheminée ... les matins vers cinq heures, ... ces réveils matinaux, ... cela explique un peu ton agacement.

b) 1. Et puis, je le sais aussi, ... ces vols de pigeons au petit matin sur les toits de Paris ... silencieux, ... ces levers du jour sur ... ces cheminées insolites, ... ce petit remue-ménage paisible dans la ville ... endormie, ... cela avait beaucoup de charme. – 2. Mais, ... de même, tu aurais pu tirer les pigeons aux Champs-Élysées un autre jour que celui de la visite de la reine d'Angleterre !

3. Remplacez les points par tout, tous.

1. ... sera prêt. – 2. ... seront là. – 3. ... s'installeront. – 4. ... s'animera. – 5. ... étaient jeunes. – 6. ... s'entendaient bien. – 7. ... s'était bien passé. – 8. ... se félicitaient. – 9. ... est terminé. – 10. ... se calme. – 11. ... sont partis. – 12. ..., sauf moi.

4. Remplacez le groupe nominal entre parenthèses par tout, tous, toutes.

1. *(Tous les automobilistes)* cherchent une place. – 2. *(Toutes les places)* sont prises. – 3. *(Tout le parking)* est complet. – 4. Voici un conducteur persuadé que *(tous les comportements)* lui *(est, sont)* permis. – 5. Il s'arrête en double file, si bien que *(toute la circulation)* est bloqué*(e)*. – 6. *(Tous les gens)* se retournent, car *(toute la rue)* est embouteillée... – 7. *(Tous les conducteurs)* sont furieux ; *(tous les conducteurs)* klaxonnent. – 8. *(L'ensemble)* n'est plus que désordre et vacarme.

5. Dites la nature du mot et remplacez les points par tout, toute, toutes.

1. La cigale, ... heureuse et ... épanouie, avait chanté ... l'été. – 2. Elle ne s'était pas du ... occupée d'amasser ... sortes de provisions pour ... l'année. – 3. Quand l'hiver fut là, ... affolée, elle alla trouver ... ses voisines. – 4. Mais ... refusèrent de l'aider. – 5. A la fin, n 'ayant rien à perdre et ... à gagner, prête à ... oser, elle alla chez la fourmi. – 6. La fourmi, ... mécontente d'être dérangée au milieu de ... ses activités, mit la cigale à la porte en ... hâte. – 7. La cigale perdit ... entrain et ... joie de vivre et mourut ... affamée, comme ... insecte imprévoyant.

6. Remplacez les points par la forme de l'adverbe tout **qui convient.**

1. Une biche ... craintive, ... timide, ... prête à s'enfuir, ... frémissante. – 2. Des fillettes ... rondes, ... réjouies, ... petites, ... potelées. – 3. Une déesse ...-puissante. – 4. Des expressions ... faites. – 5. Une chanson ... triste. – 6. Des fenêtres ... éclairées.

DICTEE A CHOIX MULTIPLES

Visions. – 1. L'hori**zon** bleu d'où chaque matin émer**ge**ait le sol**eil,** cet*(te)* **imm**en**sité** d'où **arriv***(ait, aient)* la mousson et sa suite frémissante de vague*(s)* empanach*(é, ée, ées)* de blanc, tou*(s, t)* *(cela/ceux-là)* l'**attir***(ait, aient)* et le fa**sc**in*(ait, aient)* • – 2. Pr*(ie, is, it)* tou*(t, te)* entier dans un rêve • impréc*(i, is, it)*, tou*(s, t)* les jour*(s)*, jusqu'au soir, il regard*(ait, aient)* vers le large et suiv*(ait, aient)* des yeux les petits nuages blancs. (...) – 3. Les nu**ées** lui **app**arai**ss***(ait, aient)* avec des formes d'ani**maux** qu'il compar*(ait, aient)* le plus souvent * à des monstres ou à des diables. – 4. Tou*(t, te)* un monde **im**aginaire semblait naître là-bas * dans ces pays merveill**eux** d'où ven*(ait, aient)* le sol**eil,** les étoiles, le vent et tou*(s, t)* le frémissement infatigable de la *(mer/mère)*. (D'après H. de Monfreid, *Abdi enfant sauvage.*)

LES MOTS DE LA FAMILLE : À VOS DICTIONNAIRES !

une fasce → un **fasc**icule, une **fasc**ine, **fasc**iner, un **faisc**eau, les **faisc**eaux, le **fasc**isme.

MÊME/MÊME(S)

LEÇON

- **même :** adverbe invariable = *aussi.*
  Ex. : *Les Français mangent des escargots, et* ***même*** *des grenouilles.*
- **même(s) :** adjectif indéfini, s'accorde avec le nom qu'il détermine. Il est placé *après* lui.
  Ex. : *Ce sont* ***ses paroles*** *mêmes (même* = exact).
  Ex. : *Ils se sont dérangés* ***eux****-mêmes* (*même* = en personne).
  (Remarquez le trait d'union lorsque *même* suit le pronom.)
  Lorsque **même** est précédé de l'article, il est facile à accorder :
  Ex. : *J'ai* ***les*** *mêmes* ***maquettes*** *que toi* (*même* marque l'identité).
- **même(s) :** pronom indéfini, s'accorde avec le nom qu'il remplace :
  Ex. : *Tu as* ***deux jolies maquettes,*** *j'ai* ***les*** *mêmes.*

EXERCICES

1. Conjuguez à toutes les personnes.

1. J'ai tricoté ce pull moi-même. – 2. J'ai réparé mon pneu moi-même.

2. Complétez les phrases suivantes en disant que vous avez le même (ou les mêmes) objet(s).

Ex. : *Oh ! Tu as une robe neuve ! J'ai la même.*

1. Oh ! la jolie bague ! j'ai ... – 2. Oh ! les jolis yeux bleus ! j'ai ... – 3. Oh ! les beaux cheveux châtains ! j'ai ... – 4. Oh ! le mignon nez tout rond ! j'ai ... – 5. Oh ! ces oreilles finement découpées ! j'ai ... Quoi d'étonnant : vous êtes jumelles !

3. Accordez l'adjectif même.

1. Le ... arbre. – 2. La ... rivière. – 3. Les ... chevaux. – 4. Les ... compagnons. – 5. Le ... professeur. – 6. Le ... galop devant les ... fougères. – 7. C'était ici ... – 8. Mais cette fois-ci, pas la ... chute, ni les ... bleus. Je suis passé sans tomber !

4. Remplacez les points par même, mêmes. **(N'oubliez pas les traits d'union.)**

1. Mes frères ont les ... goûts. – 2. Avec leurs économies, d'eux ..., ils ont décidé d'acheter des vélos. – 3. Ils ont acheté les ..., le ... jour, dans la ... boutique. – 4. Puis, ils ont annoncé leurs projets : « Nous voulons organiser nous ... une randonnée à bicyclette. » – 5. Ce sont leurs paroles ... – 6. Ils ont eux ... préparé leur sac à dos, leurs vêtements, leur ravitaillement, et ... des pansements en cas d'accident.

5. Même exercice que le n° 4.

1. Une épidémie de rougeole sévit dans le New Jersey. ... onze des enfants Gilbreth l'ont attrapée, tous en ... temps. – 2. Ils ont ensemble les ... malaises, la ... fièvre, les ... boutons, les ... démangeaisons. – 3. « Il est probable que les pionniers eux ... attrapaient la rougeole », affirme le docteur Burton à M. Gilbreth – 4. Le père en profite pour filmer les mouvements ... du chirurgien et analyser ses « pertes de temps ». – 5. Le docteur Burton coupe ... les amygdales d'Ernestine, qu'il a confondue avec Martha. – 6. Quant à la malheureuse Martha, qui ne devait pas être opérée, elle a mangé chez sa grand-mère, et ... des gâteaux à la crème, et elle est affreusement malade. (D'après F. et E. Gilbreth, *Treize à la douzaine.*)

LE SUBJONCTIF PRÉSENT
1. ÊTRE, AVOIR, 1er ET 2e GROUPES

LEÇON

être	**avoir**	**aimer**	**finir**	*terminaisons*
que je sois	que j' aie	que j' aim**e**	que je finiss**e**	**-e**
que tu sois	que tu aies	que tu aim**es**	que tu finiss**es**	**-es**
qu' il soit	qu' il ait	qu' il aim**e**	qu' il finiss**e**	**-e**
que ns soyons	que ns ayons	que ns aim**ions**	que ns finiss**ions**	**-ions**
que vs soyez	que vs ayez	que vs aim**iez**	que vs finiss**iez**	**-iez**
qu' ils soient	qu' ils aient	qu' ils aim**ent**	qu' ils finiss**ent**	**-ent**

▶ Au subjonctif présent, tous les groupes ont les mêmes terminaisons, sauf *être* et *avoir*.

▶ Ces terminaisons sont celles du présent de l'indicatif des verbes du 1er groupe, sauf à la 1re et à la 2e personne du pluriel où ce sont celles de l'imparfait de l'indicatif *(-ions, -iez)*.
Soyons, soyez et *ayons, ayez* sont les seules 1re et 2e personnes du pluriel qui n'ont pas de *-i-* après le *-y-* du subjonctif.

▶ Pour les verbes du 2e groupe, le radical du subjonctif présent est le même que celui de l'imparfait de l'indicatif :
finir : je finissais (imparfait), *que je finisse* (présent du subjonctif).

RAPPELS

1. Les verbes en **-yer** changent leur *-y-* en *-i-* devant *e* muet, et ont un *-i-* après le *-y-* à la 1re et à la 2e personne du pluriel.
Ex. : *nettoyer → que je nettoie, que nous nettoyions, que vous nettoyiez.*

2. Pour les verbes en **-ier, -iller, -gner,** n'oubliez pas le *-i-* à la 1re et à la 2e personne du pluriel.
Ex. : *crier → que je crie, que nous criions, que vous criiez*
briller → que je brille, que nous brillions, que vous brilliez
grogner → que je grogne, que nous grognions, que vous grogniez.

3. Les verbes en **-eler, -eter** doublent le *-l-* ou le *-t-* devant *e* muet, et n'ont qu'un *-l-* ou qu'un *-t-* à la 1re personne du pluriel.
Ex. : *appeler → que j'appelle, que nous appelions, que vous appeliez*
jeter → que je jette, que nous jetions, que vous jetiez.

ATTENTION ! Ne confondez pas *tu es, il est* = présent de l'indicatif de *être* avec *tu aies, il ait, ils aient* = subjonctif présent d'*avoir*.
Dans le doute, demandez-vous s'il s'agit d'*être* ou d'*avoir*.
Ex. : *Je crains que tu n'**aies** oublié ton cartable.* Il s'agit d'*avoir oublié*, et de *tu* (2e personne du singulier) ⇒ ***aies.***

EXERCICES

1. Conjuguez à toutes les personnes du présent du subjonctif.

Il faut que j'aie une robe neuve et que je sois en forme.

2. Remplacez les points par le verbe être **au subjonctif présent.**

1. Il faut que notre roman ... un succès. – 2. Il faut que nous ... bien documentés. – 3. Il faut que je ... inventif, et que tu ... plein de fantaisie. – 4. Il faut que les personnages ... sympathiques. – 5. Il faut, lecteurs, que vous ... attentifs !

3. Remplacez les points par le verbe avoir **au présent du subjonctif.**

1. Notre père veut que j'... des nattes, que Charles n'... pas de barbe, et que tu ... les cheveux courts. – 2. Il veut que nous ... bonne mine et que nous ... l'air net. – 3. Quant aux autres enfants, peu lui importe qu'ils ... l'accoutrement qu'ils veulent !

4. Conjuguez à toutes les personnes du présent du subjonctif.

1. Bien que je mange peu, je grossis. – 2. Bien que je réfléchisse, je ne trouve pas.

5. Mettez au subjonctif présent les verbes entre parenthèses.

1. Que tous *(se cacher)* vite ! – 2. Bien que le « chat » *(tricher)* et *(regarder)* par en dessous, il n'a pu voir notre cachette. – 3. Il ne faut pas que nous *(bouger)*. – 4. Il ne faut pas que nous *(attirer)* son attention. – 5. Chut ! Il ne faut pas que tu *(marcher)* sur ces feuilles mortes, ni que tu *(tousser)*, de peur que le bruit ne te *(trahir)*. – 6. Maintenant, il faut que vous *(bondir)* vers le but et que vous le *(toucher)*, avant que le « chat » ne *(se retourner)* de ce côté. – 7. Je ne veux pas que tu l'*(attirer)* par ici et que tu l'*(avertir)* de ma cachette en jetant des cailloux de mon côté.

6. Mettez à la 1re personne du singulier puis du pluriel du subjonctif présent.

1. pagayer avec vigueur – 2. déployer les voiles – 3. louvoyer entre les bouées – 4. côtoyer un cap – 5. balayer le pont – 6. nettoyer la cabine – 7. essayer de faire le point – 8. envoyer des signaux – 9. ne pas se noyer.

7. Mettez au présent du subjonctif les verbes entre parenthèses.

1. Mes amies, il faut que vous *(essayer)* ma recette de gâteau au chocolat : il faut, Charlotte et Martine, que vous *(délayer)* dans un saladier 250 g de sucre dans 4 jaunes d'œuf. – 2. Pendant ce temps, il faut que toi, Brigitte, tu *(noyer)* 250 g de chocolat dans 250 g de beurre, dans une casserole, à feu doux. – 3. Il faut que tu *(employer)* aussi 4 cuillerées à soupe de farine et les blancs battus en neige. – 4. Il faut que vous *(se relayer)* pour surveiller la cuisson à four chaud, pendant 1 ou 2 heures. – 5. Le gâteau est cuit quand un couteau planté dedans ressort propre, sans qu'on l'*(essuyer)*. – 6. Je vous donne cette recette pour que vous ne *(s'ennuyer)* pas.

8. Mettez à la 2e personne du singulier puis du pluriel du subjonctif présent.

1. ne pas veiller tard – 2. ne pas se fatiguer – 3. ne pas bredouiller – 4. ne pas bafouiller – 5. ne pas embrouiller tout – 6. ne pas bâiller – 7. ne pas se tortiller – 8. ne pas sommeiller – 9. se réveiller – 10. s'éloigner – 11. se soigner.

9. Remplacez les points par es, est, aies, ait, aient (cf. **Attention !**).

1. Tu ... un amateur de football. – 2. Lorsque tu ... libre, tu fixes rendez-vous à des amis pour qu'ils ... l'occasion de voir avec toi un beau match. – 3. Il faut que tu ... la passion du foot pour qu'ils ... ainsi envie de t'accompagner ! – 4. Bien qu'il ... couru de toutes ses forces, l'ailier droit ... distancé. – 5. Le ballon ... entré dans le but, avant que le goal ... fait un geste, sans qu'il ... eu le temps de dire « ouf ».

10. Mettez au présent du subjonctif les verbes entre parenthèses.

1. Le professeur de dessin ne veut pas que nous *(se batailler)*, que nous *(se chamailler)* ni que nous *(crier)* dans le couloir. – 2. Sinon, avant que nous *(travailler)*, il faut un bon moment pour que nous *(se résigner)* à nous taire. – 3. Or, il faut que

nous *(manier)* habilement nos crayons, que nous *(colorier)* artistement un panneau, que nous *(calligraphier)* un slogan, pour que nous *(gagner)* nos camarades à notre campagne anti-tabac. – 4. Je souhaite que vous *(s'émerveiller)* de notre idée, que vous nous *(remercier)* de nos efforts et *(renoncer)* à fumer.

11. Mettez les verbes entre parenthèses au subjonctif présent.

1. Avant que vous ne *(déficeler)* ce paquet, il faut que Georges m'*(appeler)*. – 2. Avant que vous ne *(renouveler)* votre sottise et que vous *(jeter)* l'emballage, laissez-le-moi, que j'*(épeler)* l'adresse de l'expéditeur. – 3. C'est un livre ! Il faut que je le *(feuilleter)* tout de suite !

DICTEE A CHOIX MULTIPLES

Retour difficile. – *(Le soldat Hendon Miles rentre chez lui. Son frère Hugh fait semblant de le prendre pour un imposteur.)*

1. « Ne te désol*(e, es)* pas, di*(s, t)* le Roi. – 2. Il y en a d'autre*(s)* dont l'identit**é** n'*(es/est/ai/aie/aies/ait)* pas reco**nn***(u, ue, us, ut)* • – 3. Tu n'*(es/est/ai/aie/aies/ait)* pas le seul*(e)* dans ton cas • » – 4. « Ah ! mon Roi, je suis né et j'*(es/est/ai/aie/aies/ait)* été élevé ici *. – 5. Je vous **suppl***(ie, ies)* de ne pas dout*(é, er)* de moi. » – 6. Avant * que le Roi *(es/est/ai/aie/aies/ait)* eu le temps de répondre à Miles, la porte s'ouvr*(is/it)* et une femme très * belle entra avec Hugh. – 7. « Regard*(é, er, ez)*-le, lui demanda Hugh, le reco**nn**aiss*(é, er, ez)* • -vous ? » – 8. « Je ne l'*(es/est/ai/aie/aies/ait)* jamais * vu*(e)*. » – 9. Et, se détournant avec un sanglot, elle qu**itt**a la pièce. – 10. « Ma femme ne te reco**nn***ai*(s, t) • pas, dit Hugh. – 11. Je crain*(s, t)* qu'il y *(es/est/ai/aies/ait)* une erreur • de ta *(pare/pars/part)*. » – 12. « Ta femme ! je compren*(s, ds, t)* tout. » – 13. « Sor*(s, t)* d'ici *, misérable fourbe, que je n'*(es/est/ai/aie/aies/ait)* pas à souill*(é, er)* mon ho**nn**eur • de soldat par le meurtre d'un drôle • comme toi. » – 14. Hugh ordo**nn**a • aux domes**tique***(s)* de saisir *(ce/se)* danger**eux** étrang**er.** – 15. Ils hésitèrent : – 16. « Il *(es/est/ai/aie/aies/ait)* arm*(é, er)*, Sir Hugh. » – 17. « Vous me co**nn**aiss*(é, er, ez)* • depuis * longtemps *, di*(e, s, t)* Miles. – 18. Je n'*(es/est/ai/aie/aies/ait)* pas chang*(é, er)*. – 19. Venez si vous en avez *(envi/envie)* ! – 20. « Gard*(é, er, ez)* les porte*(s)*, ordo**nn**a • Hugh, pour qu'il n'*(es/est/ai/aie/aies/ait)* pas la possibilit**é** de s'évad*(é, er, ez)* ! » – 21. « N'*(es/est/ai/aie/aies/ait)* pas cet*(te)* crainte : je suis le *(maître/mètre)* de cet*(te)* maison et j'*(es/est/ai/aie/aies/ait)* l'intention de le rest*(é, er, ée)* ! » (D'après Mark Twain, *Le Prince et le pauvre.*)

LES MOTS DE LA FAMILLE : À VOS DICTIONNAIRES !

le cas → une occasion, oc**cas**ionner, oc**cas**ionnel.

/cad- : caduc, la **cad**ence, **cad**encé(e) - la dé**cad**ence, dé**cad**ent - le **cad**avre - la cas**cad**e, cas**cad**er, un cas**cad**eur.

/cid- : l'ac**cid**ent, ac**cid**entel(le), ac**cid**enté - l'in**cid**ent - coïn**cid**er, une coïn**cid**ence - l'oc**cid**ent, oc**cid**ental(e) - la ré**cid**ive, ré**cid**iver, un ré**cid**iviste.

l'honneur → ho**nn**ête, l'ho**nn**êteté, ho**nn**êtement - malho**nn**ête, la malho**nn**êteté - le désho**nn**eur, désho**nn**ête.

Mais : ho**n**orer, ho**n**orable, l'ho**n**orabilité, ho**n**orifique, des ho**n**oraires - désho**n**orer, désho**n**orant. (Il n'y a qu'un -r- lorsque le radical est **honor-**.)

drôle → un dr**ô**le, une dr**ô**lesse, dr**ô**lement, la dr**ô**lerie. Mais : dr**o**latique.

FICHE 92

LE SUBJONCTIF PRÉSENT
2. 3e GROUPE

LEÇON

prendre	**venir**	**mettre**	*terminaisons*
que je pren**ne**	que je vien**ne**	que je met**te**	**-e**
que tu pren**nes**	que tu vien**nes**	que tu met**tes**	**-es**
qu' il pren**ne**	qu' il vien**ne**	qu' il met**te**	**-e**
que ns pren**ions**	que ns ven**ions**	que ns mett**ions**	**-ions**
que vs pren**iez**	que vs ven**iez**	que vs mett**iez**	**-iez**
qu' ils pren**nent**	qu' ils vien**nent**	qu' ils met**tent**	**-ent**

REMARQUES

- Les terminaisons du subjonctif présent sont les mêmes pour les trois-groupes.
- Au subjonctif présent, le radical des trois personnes du singulier et de la 3e personne du pluriel est celui de la 3e personne du pluriel de l'indicatif présent :

	indic. prés. 3e pers. plur.	*subjonctif présent*
prendre	ils **prenn**ent	que je **prenne**
venir	ils **vienn**ent	que je **vienne**
mettre	ils **mett**ent	que je **mette**

- La 1re et la 2e personne du pluriel ont le même radical et les mêmes terminaisons que l'imparfait de l'indicatif :

	imparfait de l'indicatif	*subjonctif présent*
prendre	nous prenions	que nous prenions
venir	nous venions	que nous venions
mettre	nous mettions	que nous mettions

Apprenez six verbes usuels irréguliers

aller	**faire**	**savoir**
que j'aille	que je fasse	que je sache
que nous allions	que nous fassions	que nous sachions
pouvoir	**vouloir**	**valoir**
que je puisse	que je veuille	que je vaille
que nous puissions	que nous voulions	que nous valions

EXERCICES

1. Conjuguez au subjonctif présent, à toutes les personnes.

Il faut que je *(se taire)*. – 2. Il faut que je *(prendre)* une tisane. – 3. Il faut que je *(dormir)* tôt.

2. Donnez la 1re personne du singulier puis du pluriel des verbes entre parenthèses.

Tu souhaites 1. que je *(se rendre compte)* de mes dons – 2. que je *(se contraindre)* à s'entraîner – 3. que je *(promettre)* la régularité – 4. que je *(découvrir)* mes défauts –

5. que je *(recevoir)* des conseils – 6. que je *(se joindre)* à une bonne équipe – 7. que j'*(obtenir)* de bons résultats – 8. que je ne *(decevoir)* pas mes amis.

3. Donnez la 2e personne du singulier puis du pluriel des verbes entre parenthèses.

Je veux 1. que tu *(connaître)* les finesses – 2. que tu *(battre)* des records – 3. que tu *(soutenir)* ta réputation – 4. que tu *(atteindre)* le niveau des meilleurs – 5. que tu *(devenir)* un champion – 6. que tu *(appartenir)* à l'Équipe de France – 7. que tu *(croire)* au succès – 8. que tu *(cueillir)* une médaille d'or.

4. Mettez au subjonctif présent les verbes entre parenthèses.

1. Bien que tu ne *(croire)* pas cela utile, il faut que nous *(prévoir)* les moindres détails de la réception. – 2. Soit qu'ils *(craindre)* le froid, soit qu'ils *(feindre)* d'apprécier le feu, cela m'étonnerait que nos invités *(se résoudre)* à faire le tour du jardin. – 3. Il faut que tu me *(promettre)* d'être raisonnable pour que je ne *(craindre)* pas sans cesse tes inventions. – 4. Il faudra que tu te *(tenir)* bien et que tu ne *(boire)* pas trop.

5. Même exercice que le n° 4 *(suite)*.

1. Il faudra que tu *(courir)* ouvrir. – 2. Avant que les invités ne *(s'asseoir)*, il faudra que tu leur *(prendre)* leurs manteaux et que tu les *(suspendre)* au vestiaire. – 3. Avant que tu ne *(disparaître)* te coucher, je voudrais que tu *(offrir)* les allumettes au fromage. – 4. Je crains qu'ils ne *(s'apercevoir)* que mon rôti est trop cuit et que mon dessert ne les *(décevoir)*. – 5. Bien que je *(prévoir)* toujours le pire, je souhaite que nos invités *(se distraire)* et que la soirée leur *(plaire)*.

6. Mettez les verbes entre parenthèses au présent du subjonctif.

1. Tu veux que j'*(aller)* au cinéma ? – 2. Cela ne me dit rien qui *(valoir)*. – 3. Je crains que tu ne *(vouloir)* mon départ pour que toi, tu *(pouvoir)* inviter tes amis et que tu *(faire)* la fête, sans que je le *(savoir)*.

7. Mettez le texte précédent au pluriel : « Vous voulez que nous... »

8. Transposez le texte du n° 6 à la 3e personne du pluriel : « Les enfants veulent que leurs parents... »

9. Relevez dans les exercices nos 1, 2, 3, 4, 5 et 6 : *a*) les verbes ; *b*) les conjonctions de subordination qui sont suivies du subjonctif.
Quel autre mot est suivi du subjonctif dans l'exercice n° 6 ?

10. Complétez les terminaisons des verbes après vous être demandé s'il faut l'indicatif ou le subjonctif.

1. D'habitude, je prévoi... la victoire de mon champion bien avant qu'on ne voi... effectivement son succès. – 2. Il faut que tu prévoi... bien toutes les éventualités pour que je croi... à ton succès. – 3. Bien qu'on voi... parfaitement tous tes « trucs » de prestidigitateur, tu croi... qu'on n'y voi... que du feu ! – 4. Bien que tu te croi... le meilleur, je croi... que tu te fai... des illusions. – 5. On souri... avant même que tu conclu... ton numéro. – 6. Bien qu'on souri..., tu continu..., car il faut que tu conclu... ce numéro raté. – 7. Tu conclu... enfin ton numéro. – 8. Bien que je ne ri... pas souvent, là je ri... franchement.

FICHE 93

LE CONDITIONNEL PRÉSENT

LEÇON

être	avoir	chanter	finir	*terminaisons*
je ser**ais**	j' aur**ais**	je chanter**ais**	je finir**ais**	**-ais**
tu ser**ais**	tu aur**ais**	tu chanter**ais**	tu finir**ais**	**-ais**
il ser**ait**	il aur**ait**	il chanter**ait**	il finir**ait**	**-ait**
ns ser**ions**	ns aur**ions**	ns chanter**ions**	ns finir**ions**	**-ions**
vs ser**iez**	vs aur**iez**	vs chanter**iez**	vs finir**iez**	**-iez**
ils ser**aient**	ils aur**aient**	ils chanter**aient**	ils finir**aient**	**-aient**

REMARQUE
Le conditionnel présent a le même radical que le futur de l'indicatif pour tous les verbes de tous les groupes. Seules les terminaisons diffèrent.
Ex. : *prendre* → *je prendr**ai*** (futur) → *je prendr**ais*** (conditionnel)
mettre → *je mettr**ai*** (futur) → *je mettr**ais*** (conditionnel).

ATTENTION : A la 1re personne du singulier, le futur de l'indicatif et le conditionnel présent ne se distinguent pas à l'oreille. C'est le sens qui doit vous guider.
Ex. : *je chanterai* = futur ≠ *je chanterais* = conditionnel.

UN TRUC : Mettez le verbe à la 2e personne du singulier.
Ex. : *tu chanter**as*** ≠ *tu chanter**ais.***

EXERCICES

1. Conjuguez à toutes les personnes du conditionnel présent.
1. Je serais bien fou et j'aurais bien tort de refuser cette invitation. – 2. Si je l'acceptais, je voyagerais très loin.

2. Trouvez une condition : « si... » **et mettez au conditionnel présent les exercices nos 2, 3, 4, 6, 7 de la fiche 51.**

3. Mettez au conditionnel présent les verbes qui sont entre parenthèses.
1. Quelle déception ! Michel m'avait promis qu'il ne m'*(oublier)* pas et qu'il m'*(envoyer)* une invitation pour son anniversaire. – 2. Que tu *(se promener)* avec nous, qu'il nous *(mener)* au bord du lac. – 3. Que nous *(jeter)* du pain aux canards, que nous *(appeler)* les cygnes et que nous *(essayer)* son bateau neuf. – 4. Que nous *(rentrer)* ensuite chez lui, que nous *(jouer)* à tous ses jeux, que ses parents nous *(acheter)* des gâteaux et qu'ils nous *(préparer)* un bon goûter. – 5. Que je *(être)* ravi, que je ne *(s'ennuyer)* pas et que je *(s'en rappeler)* longtemps. Et puis plus rien !

4. Conjuguez au conditionnel présent.
1. A sa place, je *(bondir)* en avant et je *(saisir)* l'occasion. – 2. Si j'avais une auto, je *(conduire)* prudemment et je *(vivre)* longtemps ; j'*(aller)* à la campagne, je *(traire)* les vaches et je *(faire)* la moisson.

5. Mettez au conditionnel présent l'exercice n° 2 de la fiche 52 en commençant par :
« Si j'avais un chien... », « si nous avions un chien... »

6. Mettez au conditionnel présent les verbes entre parenthèses.

1. Je *(vouloir),* si ce n'est pas trop demander, me reposer un instant. – 2. *(Pouvoir)*-je occuper cette chaise ? – 3. Je *(s'asseoir)* volontiers. – 4. Mais je ne *(devoir)* peut-être pas vous déranger autant... – 5. Il *(valoir)* mieux, finalement, que je m'en aille...

7. Mettez au conditionnel présent les verbes entre parenthèses.

a) Lu dans le journal. – 1. On *(savoir)* de source sûre, et les milieux bien informés *(tenir)* pour probable que : – 2. Le préfet de Paris *(prévoir)* une grande fête. – 3. Il *(recevoir)* tous les enfants des C.E.S. qui *(venir).* – 4. Il les *(accueillir)* sur le Champ-de-Mars. – 5. Il ne *(tenir)* pas de discours – ce qui *(être)* ennuyeux pour les enfants – mais il *(obtenir)* le concours d'un groupe musical qu'il *(entendre)* avec les enfants. – 6. Il leur *(offrir)* une citronnade géante et en *(boire)* avec eux. – 7. Le projet *(surprendre)* son entourage. – 8. Malgré les obstacles, il ne *(démordre)* pas de son idée et *(répondre)* à tous les arguments. – 9. Il *(sentir)* malgré tout une certaine opposition à ce projet grandiose... – 10. Si cela arrivait, j'*(acquérir)* un billet de train, j'*(aller),* j'y *(courir)* même ! – 11. Je *(mourir)* de dépit de rater cela !

b) 1. Quand Tom Canty rentrait le soir les mains vides, il savait que son père l'*(injurier)* et le *(battre)* comme plâtre ; – 2. puis, quand il *(avoir)* fini, l'affreuse grand-mère *(recommencer) ;* – 3. et, pendant la nuit, sa mère affamée *(se glisser)* furtivement jusqu'à sa paillasse pour lui donner une croûte de pain qu'elle *(avoir)* épargnée sur sa maigre pitance. – 4. Mais il savait aussi que sitôt sur sa paillasse, il *(lâcher)* la bride à son imagination, qu'il *(oublier)* ses maux, qu'il *(se faire)* un tableau délicieux de la vie enchanteresse d'un prince choyé dans un palais royal. – 5. En fait il ne pensait guère que demain *(être)* semblable à hier, qu'il *(aller)* à Londres, qu'il *(mendier)* quelques sous, qu'il *(manger)* un vieux croûton et *(recevoir)* les coups et les injures habituels. (D'après Mark Twain, *Le Prince et le pauvre.*)

8. Mettez l'exercice n° 7 b au présent : « Tom Canty sait que... » **Que deviennent les verbes au conditionnel ? Quelle est donc la valeur du conditionnel ?**

9. Remplacez les points par -ai, -ais.

1. Je ne saur... dire pourquoi, la vue d'une personne couchée et endormie, quand il est lui-même debout, le rend enragé. – 2. Il trouve scandaleux que je gaspille ainsi des instants que je ne trouver... plus jamais. – 3. Il dit que je pourr... être levé, me bourrer d'œufs au lard, taquiner le chien ou plaisanter avec les amis. – 4. C'est pourquoi il se précipita sur moi, m'arracha les couvertures et me cria dans les oreilles de m'habiller en vitesse, que je me raser... une autre fois, et que je me passer... de petit déjeuner. (D'après J.K. Jerome, *Trois Hommes dans un bateau.*)

DICTEE A CHOIX MULTIPLES

Des *(veux/vœux)* dangereux. – 1. « Tu ne *(c'est/s'est/sais/sait)* pas *(ce/ceux)* que je voudr*(ai, ais)* être ? » dit Marinette, qui était un *(peut/peu)* plus blonde que sa sœur. – 2. « Un cheval. Oui, j'aimer*(ai, ais, ait)* bien être un cheval. – 3. J'aur*(ai, ais, ait)* **qua**tre*(s)* bon*(s)* sabot*(s),* une crinière, une qu**eue** en *(crains/crins),* et je *(courais/courrai/courrais)* plus fort que perso**nne** ! – 4. Naturelle**ll**ement, je ser*(ai, ais)* un cheval blanc. – 5. Moi, dit Delphine, je n'en demande pas *(tant/temps/tend/t'en).* – 6. Je me contenter*(ai, ais, ait)* d'être un âne gris avec une *(tache/tâche)* blanche sur la tête ! – 7. J'aur*(ai, ais)* **qua**tre*(s)* sabot*(s)* aussi *, j'aur*(ai, ais)* deux grande*(s)* or**eille***(s)* que je fer*(ai, ais)* boug*(é, er)* pour m'amus*(é, er, ée)* et surtout *, j'aur*(ai, ais)* des yeux doux. » (D'après M. Aymé, *Les Contes du Chat perché.*)

FICHE 94

LA PONCTUATION

1. LE POINT

LEÇON

Ponctuer, c'est grouper ensemble des mots qui ont besoin les uns des autres pour former un sens. Cet ensemble de mots s'appelle une ***phrase.*** La phrase s'organise autour du ***verbe.*** Il suffit qu'il y ait un verbe pour qu'il y ait une phrase.
Ex. : *« Viens ! »*

La phrase n'est pas finie tant que les groupes de mots se rattachent par le sens à ce qui précède.
Pour marquer que la phrase est finie, on met **un point**. Après le point, la phrase suivante commence par **une majuscule**.

► **Voici un texte non ponctué :**
Une souris trotte au-dessus de ma tête dans le grenier je ne la vois pas pourtant j'imagine qu'elle est grise et qu'elle a des moustaches j'imagine aussi qu'elle grignote un morceau de gruyère qu'elle a dérobé à la cuisine.

► **Comment ponctuer ce texte ?**
– *une souris trotte :* le texte commence par une majuscule ;
– *au-dessus de ma tête* indique où la souris trotte : c'est la même phrase ;
– *dans le grenier* indique aussi, d'une autre façon, où la souris trotte : c'est toujours la même phrase. On ne peut pas rattacher ce groupe à ce qui suit, car, *dans le grenier je ne la vois pas* n'aurait pas de sens, puisque le personnage qui parle n'est pas dans le grenier, mais à l'étage au-dessous ;
– *je ne la vois pas* ne dépend plus de *trotte :* c'est une deuxième phrase qui commence. Donc, il faut un point après *grenier,* et une majuscule à *je ;*
– *pourtant j'imagine* ne dépend pas de *je ne la vois pas.* C'est donc une troisième phrase qui commence. Il faut un point après *je ne la vois pas,* et une majuscule à *pourtant ;*
– *qu'elle est grise et qu'elle a des moustaches :* c'est ce que j'imagine, c'est donc la même phrase ;
– *j'imagine aussi* commence une quatrième phrase ;
– *qu'elle grignote un morceau de gruyère* dépend de *j'imagine aussi* et appartient donc à la même quatrième phrase ;
– *qu'elle a dérobé à la cuisine* renseigne sur le morceau de gruyère : c'est donc encore la même phrase.

► **Voici le texte ponctué :**
Une souris trotte au-dessus de ma tête dans le grenier. Je ne la vois pas. Pourtant j'imagine qu'elle est grise et qu'elle a des moustaches. J'imagine aussi qu'elle grignote un morceau de gruyère qu'elle a dérobé à la cuisine.

EXERCICES

Dans tous les textes qui suivent (nos 1 à 8), mettez un point à la fin de chaque phrase et une majuscule au premier mot de la phrase suivante.

1. Hier mon pneu a été crevé par un clou sur la route aujourd'hui je répare mon vélo je démonte la roue je sors le pneu avec des démonte-pneus je mets la chambre à air dans une bassine d'eau pour trouver le trou je colle une rustine avec soin je remets la chambre à air et le pneu sur la roue.

2. Ce matin un peu avant le déjeuner je révisais ma grammaire mon frère faisait un puzzle ma sœur aidait maman à la cuisine notre voisin sonna papa l'avait invité notre voisin est un musicien très gentil et un peu farfelu nous étions très contents.

3. C'est bientôt les vacances même les oiseaux se sont aperçus qu'il se passe quelque chose maman prépare les valises qui envahissent peu à peu le couloir chaque soir quand papa rentre il est horrifié par la quantité de bagages il dit à maman qu'il faudrait un camion de déménagement mais il ne faut pas faire attention à ce qu'il dit car chaque fois qu'on part en vacances c'est la même chose.

4. Le jour du marché est comme un jour de fête il réveille la petite ville qui habituellement somnole il est tôt le matin quand on voit arriver les marchands dans leur camionnette remplie de marchandises puis les marchands s'installent et dressent leurs tréteaux à leur place habituelle quand les tréteaux sont installés les marchands y disposent leurs marchandises. *(Copie d'élève)*

5. La matinée s'avance et de nombreux clients se pressent devant les étalages une odeur de frites se répand dans l'air et se mêle à celle des poulets qui rôtissent chez le marchand de volailles ces bonnes odeurs taquinent les narines du boucher il irait bien au café de la place se faire servir un pâté de canard arrosé d'un verre de beaujolais mais le devoir passe avant tout les clients sont trop nombreux. *(Copie d'élève : suite)*

6. Les clients se bousculent un peu et se lancent même de petites phrases aigres-douces le boucher fait de son mieux pour les satisfaire il coupe la viande, la saisit, la ficelle et la jette sur la balance en un tour de main il essuie ses mains dans son tablier déjà rouge de sang avant de faire le compte de sa cliente à l'aide de son crayon placé derrière l'oreille il se démène tellement que sa grosse face est presque aussi rouge que son tablier. *(Copie d'élève : suite)*

7. La mer est calme après le déjeuner je sors mon bateau fait d'une barque, d'un manche à balai et d'un vieux drap je descends sur la plage je mets la barque à l'eau j'enfonce le mât et monte la voile je pars accompagnée de mon chien César et fais un signe de la main à mes parents. *(Copie d'élève : suite)*

8. Je ramais et je ramais je m'approchais de plus en plus près de l'île et elle me paraissait de plus en plus grande enfin j'accostai des femmes et des hommes qui m'étaient inconnus m'aidèrent je commençai à parler dans ma langue mais personne ne put me comprendre ils riaient et dansaient autour de moi ils étaient habillés avec des coquillages avaient de la paille pour leurs jupes et des fleurs dans les cheveux ensuite ils m'emmenèrent dans leur village des filles jouaient à la corde à sauter faite avec une liane et des garçons avec un ballon fait d'une noix de coco eux aussi étaient habillés avec des tissus qu'ils appelaient « pareos » des fleurs ravissantes ornaient leurs cheveux bruns tout à coup une petite fille me mit une couronne de fleurs sur la tête j'étais enchantée. *(Copie d'élève : suite)*

FICHE 95

LA PONCTUATION

2. LES DIFFÉRENTES SORTES DE POINTS

LEÇON

Nous avons vu que les phrases étaient séparées les unes des autres par des points. Mais, selon l'intonation, on met différentes sortes de points :

Ex. : *Il a réussi.* = affirmation simple
Il a réussi ? = interrogation (langue familière)
Il a réussi ! = exclamation (joie, dépit, surprise, etc.)
Il a... = suspension (l'émotion coupe la parole)

▶ **Le point d'interrogation** se place, comme son nom l'indique, à la fin d'une phrase d'interrogation **directe.** Mais si l'interrogation est introduite par un verbe comme *demander, savoir,* etc., il s'agit d'une interrogation indirecte et il ne faut pas de point d'interrogation.

Ex. : *A-t-il réussi ? Est-ce qu'il a réussi ?*
Mais : *Je veux savoir s'il a réussi.*

▶ **Le point d'exclamation** marque l'émotion, ou l'ordre.

Ex. : *Oh ! mes enfants, quel spectacle !* (frayeur)
Oh ! là ! là ! j'ai eu bien du malheur de tomber de cette échelle ! (dépit)
Venez ! (ordre).

▶ **Les points de suspension** sont toujours au nombre de *trois.* Ils marquent une interruption, soit que quelqu'un d'autre coupe la parole, soit qu'on laisse volontairement sa phrase inachevée, soit qu'on hésite.

Ex. 1 : Knock coupe la parole au tambour de ville :
« – D'ailleurs, je conseille à Monsieur...
– Au docteur. »

Ex. 2 : La « dame en noir » est avare et hésite à s'offrir un traitement coûteux :
« – Et en faisant cela plus... grossièrement, vous ne pourriez pas me guérir à moins cher ? ... à condition que ce soit bien fait tout de même... »

Ex. 3 : L'ange du Purgatoire ne veut pas peiner le brave curé de Cucugnan, ni prononcer un mot malsonnant :
« S'ils ne sont ni au Paradis ni au Purgatoire, il n'y a pas de milieu, ils sont... »

▶ **Les deux-points** annoncent une explication, une énumération ou un discours :

Ex. 1 : *Il a réussi : il a vraiment beaucoup travaillé.* (explication)
Ex. 2 : *Il a tout réussi : le brevet, le bac, polytechnique.* (énumération)
Ex. 3 : *Jacques ajoute : « C'est un vrai raté ! »* (discours de Jacques)

EXERCICES

1. Mettez dans les parenthèses le point qui convient.

Le tambour de ville ( ) Mais c'est donc grave, ce que j'ai ( )
Knock ( ) Ce n'est peut-être pas encore très grave ( ) Il était temps de vous soigner ( ) Vous fumez ( )
Le tambour de ville ( ) Non, je chique ( )
Knock ( ) Défense absolue de chiquer ( ) Vous aimez le vin ( )
Le tambour de ville ( ) J'en bois raisonnablement ( )
Knock ( ) Plus une goutte de vin ( )
Le tambour de ville ( ) Je puis manger ( )
Knock ( ) Aujourd'hui, comme vous travaillez, prenez un peu de potage ( )

(D'après Jules Romains, *Knock*.)

2. Mettez dans les parenthèses le point qui convient.

Le curé de Cucugnan arrive au Purgatoire. Il converse avec l'ange ( )
« Cucugnan, dit l'ange en poussant un long soupir ( ) Monsieur Martin, nous n'avons au Purgatoire personne de Cucugnan ( )
– Jésus ( ) Marie ( ) Joseph ( ) personne de Cucugnan en Purgatoire ( ) Ô Grand Dieu ( ) où sont-ils donc ( )
– Eh ( ) saint homme, ils sont en Paradis ( ) Où diantre voulez-vous qu'ils soient ( ) »
(Le Paradis, le curé en vient, il sait bien qu'aucun Cucugnanais ne s'y trouve... Il va alors en Enfer et arrive tout essoufflé) ( )
« Je viens ( ) Ah ( ) ne m'en parlez pas, que je ne puis plus me tenir sur mes jambes ( ) Je viens ( ) je viens de loin ( ) humblement vous demander ( ) si ( ) si, par un coup de hasard ( ) vous n'auriez pas ici ( ) quelqu'un, quelqu'un de Cucugnan ( )
– Ah ( ) feu de Dieu ( ) tu fais la bête, toi, comme si tu ne savais pas que tout Cucugnan est ici ( ) »

(D'après Alphonse Daudet, *Les Lettres de mon moulin*.)

3. Mettez dans les parenthèses le point qui convient.

Monsieur Lanterneau est arrivé et il a dit ( )
« Alors, l'équipage, prêt à l'embarquement ( ) En avant, une deux, une deux ( ) »
Le patron a demandé ( )
« C'est bien vous les touristes pour l'île des Embruns ( ) » Et nous sommes montés sur son bateau ( ) M. Lanterneau est resté debout et il a crié ( )
« Larguez les amarres ( ) Hissez les voiles ( ) En avant, toute ( ) »
Nous sommes sortis du port et il avait des petites vagues ( )
« La mer va être calme ( ) a demandé papa ( ) Pas de grain à l'horizon ( ) »
Monsieur Lanterneau s'est mis à rigoler ( )
« Vous, il a dit à papa, vous avez peur d'avoir le mal de mer ( )
– Le mal de mer ( ) a répondu papa ( ) Vous voulez plaisanter ( )
– C'est quoi, le mal de mer, maman ( ) j'ai demandé ( )
– Parlons d'autre chose, mon chéri, m'a répondu maman ( ) »

(D'après R. Goscinny, *Les Vacances du petit Nicolas*.)

4. Mettez dans les parenthèses le point qui convient.

« Mais, d'où sors-tu donc ( ) gronda Lebrac père ( ) Tu t'imagines que ça va durer longtemps comme ça, peut-être ( )

– ( )

– Ah ( ) bandit ( ) Je vais te faire voir que les maisons de correction, elles sont pas faites pour les chiens ( ) Ah ( ) rosse ( )

– ( )

– D'abord, tu vas te passer de soupe. Mais vas-tu me répondre, nom d'un chien ( ) Et où t'es-tu arrangé comme ça ( )

– Ah ( ) tu ne veux rien dire, crapule ( ) Ah oui vraiment ( ) Eh bien, attends un peu je veux bien te faire causer, moi, va ( ) »

(D'après L. Pergaud, *La Guerre des boutons.*)

5. Mettez le point qui convient dans les parenthèses.

« Écoutez-moi bien, insista Lebrac, il y aurait un moyen d'avoir tout ce qu'il nous faut ( )

– Un moyen que tu ( )

– Écoute donc ( ) C'est pas tous les jours qu'on est fait prisonnier ( ) Et alors ( )

– Alors ( )

– Alors nous les garderons leurs boutons, leurs agrafes, leurs bretelles ( ) On les mettra de côté pour avoir une petite réserve ( ) »

(D'après L. Pergaud, *La Guerre des boutons.*)

6. Mettez le point qui convient dans les parenthèses.

On se porta en masse autour de La Crique, l'accablant de questions :

« As-tu le fourbi ( )

– Combien de boutons de veste pour un sou ( )

– Y en a-t-il long de ficelle ( )

– Viens voir les boucles ( )

– Est-ce que le fil est solide ( )

– Attendez ( ) gronda Lebrac ( ) Allez ( ) faites le cercle ( ) Il va tout nous montrer ( ) »

(D'après L. Pergaud, *La Guerre des boutons.*)

LA PONCTUATION DU DISCOURS ET DU DIALOGUE

LEÇON

▶ Lorsque, dans un récit, on rapporte les paroles de quelqu'un, on les met **entre guillemets :**
Ex. : *D'ordinaire, il répond « oui ».*

▶ Lorsqu'on donne la parole à quelqu'un, on annonce son discours par **deux points :**
Ex. : *Pendant toute la composition, elle ne cessait de répéter : « Ce que c'est facile ! mais que c'est facile ! »*

▶ Lorsqu'on **apostrophe** quelqu'un en l'appelant par son nom ou par un titre, ce nom ou ce titre sont isolés par une **virgule :**
Ex. : *Ma pauvre Aline, quel air tu as !*
Bonjour, docteur.

▶ Lorsqu'un passage entier est en dialogue, on va à la ligne, on ouvre les guillemets, puis on met un **tiret** à chaque changement d'interlocuteur.
On indique qui parle par une petite proposition intercalée entre deux virgules qu'on appelle une proposition « incise ».
On ferme les guillemets lorsque le dernier interlocuteur a fini de parler.
Ex. : *Madame Lepic, qui met le couvert, demande à Poil de Carotte :*
« Boiras-tu aujourd'hui, Poil de Carotte ?
– Ma foi, dit-il, je n'en sais rien.
– Comme il te plaira, dit Madame Lepic. »

▶ Ne confondez pas les guillemets et les **parenthèses.** Les parenthèses sont réservées aux explications données incidemment, aux réflexions faites en passant, ou, dans les pièces de théâtre, aux indications scéniques.
Ex. 1 : *Jacques (c'est un de mes amis) arriva juste à ce moment.*
Ex. 2 : *Ah ! voici les consultants ! (à la cantonade) Une douzaine déjà !*

EXERCICES

1. Placez les guillemets, les deux-points, les virgules comme il convient.

Knock : Répondez-moi ( ) oui ( ) docteur ( ) ou ( ) non ( ) docteur ( ). Et quand vous avez l'occasion de parler de moi au-dehors, ne manquez jamais de vous exprimer ainsi ( ) ( ) Le docteur a dit ( ) ( ) ( ) le docteur a fait ( ). J'y attache de l'importance. Quand vous parliez ensemble du docteur Parpalaid, de quels termes vous serviez-vous ?
Le tambour de ville : Nous disions ( ) ( ) C'est un brave homme, mais il n'est pas bien fort. ( )
Knock : Ce n'est pas ce que je vous demande. Disiez-vous ( ) ( ) le docteur ( ) ?
Le tambour de ville : Non. ( ) M. Parpalaid ( ), ou ( ) le médecin ( ), ou encore ( ) Ravachol ( ). (D'après Jules Romain, *Knock.*)

2. Placez les virgules comme il convient.

Vous êtes trop bon docteur. – Mon ami faites votre travail aujourd'hui comme d'habitude. – Bonjour monsieur Bernard. – Je le sais monsieur Bernard je le sais. – Taisez-vous mon ami vous me faites mal.

3. Placez les deux-points, les guillemets, les virgules comme il convient.

Ce n'est pas chez elle que Violette peut apprendre à se débrouiller. Dès qu'elle touche à une casserole, sa mère se précipite ( ) ( ) Eh gourdiflote ( ) comment t'y prends-tu ? Tiens, laisse-moi faire ; ça ira plus vite. ( ) Alors, forcément, Violette est maladroite comme tout.

Estelle commençait à prendre des airs mais Riquet a vite arrêté cela en l'appelant ( ) Mlle Le grand du Pain-Rassis ( ) et en chantant ( ) Legrand dadais ( ) sur tous les tons, si bien qu'elle n'a plus osé continuer. (D'après C. Vivier, *La Maison des petits bonheurs.*)

4. Isolez du récit suivant les phrases de dialogue en les annonçant par deux-points et en mettant des guillemets. Il y a aussi une parenthèse à placer.

Hier, papa a rencontré M. Perrautin, le maître de Riquet. M. Perrautin lui a dit que Riquet l'avait bien fait rire. Il lui avait demandé ( ) en calcul, ils en sont à la division ( ) ( ) ( ) Tu as huit cerises et tu les partages avec ta sœur. Combien t'en reste-t-il pour toi ? ( ) Riquet a réfléchi ( ) ( ) ça dépend. Si c'est avec Aline, j'arriverai bien à en garder six. Mais si c'est avec Estelle, elle ne m'en laissera sûrement pas plus de deux. ( ). (D'après C. Vivier, *La Maison des petits bonheurs.*)

5. Isolez du récit les phrases de dialogue, en allant à la ligne, en mettant des tirets, et en plaçant les virgules nécessaires.

( ) Il ne reste plus de melon pour toi ( ) dit Mme Lepic ; d'ailleurs, tu es comme moi, tu ne l'aimes pas. ( ) Ça se trouve bien ( ) se dit Poil de Carotte. On lui impose ses goûts et ses dégoûts. Quand arrive le fromage ( ) ( ) Je suis bien sûre ( ) dit Mme Lepic ( ) que Poil de Carotte n'en mangera pas. Et Poil de Carotte pense ( ) ( ) Puisqu'elle en est sûre, ce n'est pas la peine d'essayer. Au dessert, Mme Lepic lui dit ( ) ( ) Va porter ces tranches de melon à tes lapins. Poil de Carotte fait la commission à petits pas, en tenant l'assiette à l'horizontale pour ne rien renverser. A son entrée, les lapins se pressent autour de lui. ( ) Oh ! attendez ( ) dit Poil de Carotte ; un moment s'il vous plaît, partageons. (D'après J. Renard, *Poil de Carotte.*)

LA PONCTUATION
3. LA VIRGULE

LEÇON

▶ Nous avons déjà vu quelques emplois de la virgule :
– encadrant les **propositions incises** (Fiche 37) ;
– encadrant l'**adjectif en apposition** (Fiche 44) ;
– mettant en relief l'**apostrophe** (Fiche 96).

▶ La virgule s'emploie aussi :
– pour séparer les **termes d'une énumération** (les deux derniers termes étant souvent reliés par *et,* sans virgule) ;
Ex. : *Dans mon corbillon j'ai mis un ballon, un torchon, un thon et un jonc.*
– lorsque le **complément circonstanciel est placé en tête de phrase** (et que cela n'est pas compensé par une inversion du sujet).
Ex. : *Au coucher du soleil, les oies sauvages volaient encore.*

EXERCICES

1. Isolez les incises, les apostrophes, les appositions, et placez des virgules entre les termes des énumérations.
1. Je suis plus belle que toi dit l'autoroute au sentier plus large plus lisse mieux entretenue peinte de blanc. – 2. Je vois passer des autos vertes bleues jaunes rouges de toutes les couleurs. – 3. Moi non plus je ne manque pas de distractions dit le sentier : les fleurs les arbres les baies les insectes les animaux et même de temps en temps des promeneurs. – 4. Je suis calme je sens bon je suis reposant. – 5. Tandis que toi l'autoroute tu es toujours semblable monotone bruyante polluée et fatigante. *(Extrait d'une copie d'élève.)*

2. Même exercice que le n° 1.
1. Il était une fois un gamin d'environ quatorze ans grand dégingandé avec des cheveux blonds comme de la filasse. – 2. Ses occupations favorites étaient de dormir de manger et de jouer des mauvais tours. – 3. De toute sa vie ce gamin n'avait jamais aimé personne ni son père ni sa mère ni le maître d'école ni ses camarades de classe ni les gamins des fermes voisines. – 4. Sa mère s'attristait de le voir ainsi méchant insensible cruel envers les animaux et malveillant envers les hommes. (D'après S. Lagerlöf, *Le Merveilleux Voyage de Nils Holgersson à travers la Suède.*)

3. Même exercice que le n° 1.
1. Sa mère possédait un gros coffre de chêne lourd massif garni de ferrures qu'elle ne permettait à personne d'ouvrir. – 2. Elle y gardait ses trésors : c'étaient des robes de paysanne à l'ancienne mode en drap rouge à la taille courte aux jupes plissées et aux plastrons brodés de perles. – 3. C'étaient des coiffes blanches empesées et de lourdes boucles d'argent. *(Id.)*

4. Isolez par une virgule les compléments circonstanciels placés en tête de phrase (groupes nominaux ou propositions). N'oubliez pas les autres virgules !
Akka (l'oie) se mit à énumérer à Nils les dangers qu'il courait avec sa taille de

tomte [1] : en se promenant dans le parc il devait se garder du renard et de la martre ; – 2. sur la rive il devait songer aux loutres ; – 3. perché sur les murs de pierre il ne fallait pas oublier la belette ; – 4. et s'il voulait coucher sur un tas d'herbes il ferait bien d'examiner si quelque vipère n'y dormait pas. – 5. Dès qu'il sortait dans les champs découverts il devait épier les éperviers les buses les faucons et les aigles. – 6. Dans les fourrés de coudrier il risquait d'être pris par l'émouchet. – 7. Dès que l'obscurité tombait il devait écouter le vol des chouettes et des hiboux. *(Id.)*

5. Dans les phrases suivantes, introduisez successivement les groupes donnés entre parenthèses à chacun des endroits indiqués (×), et mettez, pour chaque cas, la ponctuation nécessaire.

1. *(volant sous l'épais toit des branches)*
(×) une oie (×) passe au-dessus de Smirre le renard (×).
2. *(pensant pouvoir l'attraper)*
(×) Smirre (×) fit un bond pour l'atteindre (×) mais il la manqua.
3. *(suivant le même chemin que la première)*
(×) une nouvelle oie (×) apparut (×).
4. *(le frôlant)*
Elle aussi passa tout près du renard (×).
5. *(silencieuse comme une ombre)*
Mais (×) elle poursuivit son chemin (×).
6. *(occupé à sauter après les oies)*
(×) Smirre (×) ne prit pas garde que Nils était descendu de l'arbrisseau et lui avait échappé. *(Id.)*

6. Placez des virgules là où elles sont nécessaires.

1. Kullaberg est une montagne basse longue nullement grande ni puissante. – 2. Son large sommet porte des champs des bois et quelques petites landes. – 3. Lorsque l'assemblée des animaux va y avoir lieu les cerfs les chevreuils les lièvres les renards et les autres quadrupèdes se mettent en route dans la nuit pour n'être pas vus des hommes. – 4. Un peu avant le lever du soleil ils se rendent à la lande des jeux une bande à gauche du chemin non loin de la pointe extrême de l'île. – 5. Arrivés à la place des jeux les quadrupèdes s'installent sur les collines. – 6. Lorsqu'ils ont tous pris place ils attendent l'arrivée des oiseaux. – 7. Bien que l'air soit limpide les quadrupèdes ne voient pas venir les oiseaux. – 8. Seuls de petits nuages noirs passent sur la plaine. – 9. Un de ces nuages arrivé au-dessus de la place des jeux s'arrête et soudain tout le nuage n'est que chants, trilles et musique. – 10. Il monte s'abaisse remonte encore redescend et ce ne sont que trilles, chants et musique. *(Id.)*

1. *Tomte :* petit lutin, dans la mythologie suédoise.

VERBES IRRÉGULIERS

infinitif présent	participe passé	indicatif présent	indicatif futur	indicatif passé simple	subjonctif présent
acquérir	acquis	j'acquiers ns acquérons	j'acquerrai ns acquerrons	j'acquis ns acquîmes	que j'acquière que ns acquérions
aller	allé	je vais ns allons	j'irai ns irons	j'allai ns allâmes	que j'aille que ns allions
assaillir	assailli	j'assaille ns assaillons	j'assaillirai ns assaillirons	j'assaillis ns assaillîmes	que j'assaille que ns assaillions
asseoir	assis	j'assieds ns asseyons *ou* j'assois ns assoyons	j'assiérai ns assiérons *ou* j'assoirai ns assoirons	j'assis ns assîmes	que j'asseye que ns asseyions *ou* que j'assoie que ns assoyions
battre	battu	je bats ns battons	je battrai ns battrons	je battis ns battîmes	que je batte que ns battions
boire	bu	je bois ns buvons	je boirai ns boirons	je bus ns bûmes	que je boive que ns buvions
bouillir	bouilli	je bous ns bouillons	je bouillirai ns bouillirons	je bouillis ns bouillîmes	que je bouille que ns bouillions
conclure	conclu	je conclus ns concluons	je conclurai ns conclurons	je conclus ns conclûmes	que je conclue que ns concluions
conduire	conduit	je conduis ns conduisons	je conduirai ns conduirons	je conduisis ns conduisîmes	que je conduise que ns conduisions
connaître	connu	je connais ns connaissons	je connaîtrai ns connaîtrons	je connus ns connûmes	que je connaisse que ns connaissions
coudre	cousu	je couds ns cousons	je coudrai ns coudrons	je cousis ns cousîmes	que je couse que ns cousions
courir	couru	je cours ns courons	je courrai ns courrons	je courus ns courûmes	que je coure que ns courions
craindre	craint	je crains ns craignons	je craindrai ns craindrons	je craignis ns craignîmes	que je craigne que ns craignions
croire	cru	je crois ns croyons	je croirai ns croirons	je crus ns crûmes	que je croie que ns croyions
cueillir	cueilli	je cueille ns cueillons	je cueillerai ns cueillerons	je cueillis ns cueillîmes	que je cueille que ns cueillions
devoir	dû	je dois ns devons	je devrai ns devrons	je dus ns dûmes	que je doive que ns devions
dire	dit	je dis ns disons	je dirai ns dirons	je dis ns dîmes	que je dise que ns disions
dormir	dormi	je dors ns dormons	je dormirai ns dormirons	je dormis ns dormîmes	que je dorme que ns dormions
écrire	écrit	j'écris ns écrivons	j'écrirai ns écrirons	j'écrivis ns écrivîmes	que j'écrive que ns écrivions
envoyer	envoyé	j'envoie ns envoyons	j'enverrai ns enverrons	j'envoyai ns envoyâmes	que j'envoie que ns envoyions

infinitif présent	participe passé	indicatif présent	indicatif futur	indicatif passé simple	subjonctif présent
faire	fait	je fais ns faisons	je ferai ns ferons	je fis ns fîmes	que je fasse que ns fassions
fuir	fui	je fuis ns fuyons	je fuirai ns fuirons	je fuis ns fuîmes	que je fuie que ns fuyions
joindre	joint	je joins ns joignons	je joindrai ns joindrons	je joignis ns joignîmes	que je joigne que ns joignions
lire	lu	je lis ns lisons	je lirai ns lirons	je lus ns lûmes	que je lise que ns lisions
mentir	menti	je mens ns mentons	je mentirai ns mentirons	je mentis ns mentîmes	que je mente que ns mentions
mettre	mis	je mets ns mettons	je mettrai ns mettrons	je mis ns mîmes	que je mette que ns mettions
moudre	moulu	je mouds ns moulons	je moudrai ns moudrons	je moulus ns moulûmes	que je moule que ns moulions
mourir	mort	je meurs ns mourons	je mourrai ns mourrons	je mourus ns mourûmes	que je meure que ns mourions
mouvoir	mû	je meus ns mouvons	je mouvrai ns mouvrons	je mus ns mûmes	que je meuve que ns mouvions
naître	né	je nais ns naissons	je naîtrai ns naîtrons	je naquis ns naquîmes	que je naisse que ns naissions
nuire	nui	je nuis ns nuisons	je nuirai ns nuirons	je nuisis ns nuisîmes	que je nuise que ns nuisions
offrir	offert	j'offre ns offrons	j'offrirai ns offrirons	j'offris ns offrîmes	que j'offre que ns offrions
paraître	paru	je parais ns paraissons	je paraîtrai ns paraîtrons	je parus ns parûmes	que je paraisse que ns paraissions
partir	parti	je pars ns partons	je partirai ns partirons	je partis ns partîmes	que je parte que ns partions
peindre	peint	je peins ns peignons	je peindrai ns peindrons	je peignis ns peignîmes	que je peigne que ns peignions
perce-voir	perçu	je perçois ns percevons	je percevrai ns percevrons	je perçus ns perçûmes	que je perçoive que ns percevions
plaire	plu	je plais ns plaisons	je plairai ns plairons	je plus ns plûmes	que je plaise que ns plaisions
pouvoir	pu	je peux ns pouvons	je pourrai ns pourrons	je pus ns pûmes	que je puisse que ns puissions
prendre	pris	je prends ns prenons	je prendrai ns prendrons	je pris ns prîmes	que je prenne que ns prenions
résoudre	résolu	je résous ns résolvons	je résoudrai ns résoudrons	je résolus ns résolûmes	que je résolve que ns résolvions
rire	ri	je ris ns rions	je rirai ns rirons	je ris ns rîmes	que je rie que ns riions

infinitif présent	participe passé	indicatif présent	indicatif futur	indicatif passé simple	subjonctif présent
savoir	su	je sais ns savons	je saurai ns saurons	je sus ns sûmes	que je sache que ns sachions
servir	servi	je sers ns servons	je servirai ns servirons	je servis ns servîmes	que je serve que ns servions
sortir	sorti	je sors ns sortons	je sortirai ns sortirons	je sortis ns sortîmes	que je sorte que ns sortions
suffire	suffi	je suffis ns suffisons	je suffirai ns suffirons	je suffis ns suffîmes	que je suffise que ns suffisions
suivre	suivi	je suis ns suivons	je suivrai ns suivrons	je suivis ns suivîmes	que je suive que ns suivions
taire	tu	je tais ns taisons	je tairai ns tairons	je tus ns tûmes	que je taise que ns taisions
tenir	tenu	je tiens ns tenons	je tiendrai ns tiendrons	je tins ns tînmes	que je tienne que ns tenions
traire	trait	je trais ns trayons	je trairai ns trairons	– –	que je traie que ns trayions
vaincre	vaincu	je vaincs ns vainquons	je vaincrai ns vaincrons	je vainquis ns vainquîmes	que je vainque que ns vainquions
valoir	valu	je vaux ns valons	je vaudrai ns vaudrons	je valus ns valûmes	que je vaille que ns valions
vêtir	vêtu	je vêts ns vêtons	je vêtirai ns vêtirons	je vêtis ns vêtîmes	que je vête que ns vêtions
vivre	vécu	je vis ns vivons	je vivrai ns vivrons	je vécus ns vécûmes	que je vive que ns vivions
voir	vu	je vois ns voyons	je verrai ns verrons	je vis ns vîmes	que je voie que ns voyions
vouloir	voulu	je veux ns voulons	je voudrai ns voudrons	je voulus ns voulûmes	que je veuille que ns voulions

-N-/-M-

LEÇON

Devant **m, b** et **p,** il faut toujours un **-m-.**
Ex. : *Le bambin est complètement emmitouflé.*
Sauf : *bonbon, bonbonne, bonbonnière, embonpoint* et *néanmoins.*

EXERCICES

Remplacez les points par -n- **ou** -m-.
po...piste – i...sulter – o...cle – i...bécile – s'e...piffrer – ja...bon – e...core – le su...mum – lu...di – co...bat – les cy...bales – a...térieur – sy...taxe – ra...pe – e...rubanné – e...muré – empru...ter – i...perméable – sy...thétique – do...jon – a...cien – i...fini – i...mense – a...douille – lu...bago – co...mune – e...gin – sy...chronisé – e...berlificoté.

-G-/-GU-

LEÇON

► Le **g** est toujours dur devant **a, o** et **u.**
Ex. : ***Godefroy** est toujours **gai** ; un sourire illumine sa **figure.***

► Pour que le **g** soit dur devant **e, i** et **y,** il faut introduire un **-u-** entre le **g** et ces lettres.
Ex. : *Guy promène sa guenon sur le guidon de son vélo.*
Rappel : Les verbes en **-guer** gardent le **-u-** tout au long de leur conjugaison. Ex. : *naviguer → nous naviguons.*

EXERCICES

1. Remplacez les points par -g- **ou** -gu-.

a) 1. Le ...épard aux a...ets a longtemps ...etté la ...azelle ...racile. – 2. Folle d'an...oisse, elle a tenté de dé...erpir. – 3. Mais il a sauté avec toute la vi...eur de son appétit ai...isé par ce mets a...réable et la lutte était trop iné...ale. – 4. Il a é...orgé sa proie sans é...ards pour sa robe beige, maintenant toute san...inolente.

b) 1. ...illaume se dé...ise en ...ignol et Au...ustin en ...ondolier vénitien. – 2. ...énaelle a mis une robe a...ichante et joue de la ...itare pour ...y, qui a mis des vêtements dé...enillés, des ...êtres et de vieux ...odillots pour avoir l'air d'un ...rognard de Napoléon revenant de la ...erre.

2. Remplacez les points par -g **ou** -gu.

1. Nous navi...ons avec une ...enon très élé...ante, nommée ...udule, qui porte des ...ants et une ...impe. – 2. Nous tenons le vélo par le ...idon et nous nous fati...ons à re...onfler nos pneus. – 3. Nous passons la rivière à ...é entre les ri...oles. – 4. Nous distin...ons mieux votre rôle et nous sortons de nos ...onds.

-J-/-G-/-GE-

LEÇON

- Pour conserver à **g** le son **« j »** devant **a, o** et **u,** il faut introduire un **-e-** entre le **g** et **a, o, u.**
  Comparez les deux phrases :
  *Godefroy est toujours **ga**i ; un sourire illumine sa fi**gu**re.*
  *Sur ce ca**geo**t ? Amener un **gea**i à se poser ? C'est une ga**geu**re !*
- On trouve toujours un **g** devant un **i.**
  Ex. : *un **gi**got, une bou**gi**e.*
  Sauf dans quelques mots d'origine étrangère : *un djinn, le jiu-jitsu, les Jivaros, Jim, Jill.*
- Les verbes en **-ger** s'écrivent tous avec un **g** sauf *galéjer* (= plaisanter en provençal).
  Ex. : *enra**ger**.*
- On trouve toujours un **j** devant un **u.**
  Ex. : *une **ju**ment.*
  Une seule exception : *la ga**geu**re* (pari impossible à tenir).

EXERCICES

1. Remplacez les points par -g- **ou** -ge-.
1. Les poissons na...ent avec leurs na...oires. – 2. Je place la bou...ie sur le bou...oir. – 3. Les plon...eurs ont fait leurs plon...ons. – 4. Les braises rou...oyantes rou...issent l'âtre. – 5. Nous sommes coura...eux ; pourtant, nous nous découra...ons à force d'échecs découra...ants.

2. Remplacez les points par -g- **ou** -ge-.
1. Jacques est tout rou...e – 2. Des boutons rou...âtres lui causent des déman...aisons. – 3. Il a la rou...ole. – 4. Maman presse des oran...es pour lui faire une oran...ade. – 5. Il enra...e et prépare sa ven...ance pour se ven...er d'avoir été enfermé au temps des bour...ons. – 6. Il se diri...e vers un ballon diri...able avec des ca...ots de provisions, pour un ...igantesque voya...e.

3. Remplacez les points par -g- **ou** -j-.
1. ...ulien exi...e des ...irolles d'une fraîcheur absolue et ...ubile lorsque les convives ...u...ent son plat excellent. – 2. Il y a du ...ivre ce matin sur les ...u...ubiers. – 3. Que les ...umelles arrêtent de bou...er comme des ...irouettes ou je leur allon...e une ...ifle, je le ...ure !

-C-/-Ç-

LEÇON

► Devant **a, o** et **u,** il faut mettre une cédille au **c** pour le faire siffler.
Comparez :
*Un **c**aramel **c**ontre une **c**uti !*
***Ç**a ? un hame**ç**on con**ç**u pour la pêche ?*

► Il n'y a jamais de cédille au **c** devant **e, i** et **y.**

EXERCICES

1. Donnez le participe présent, puis passé des verbes suivants.
1. agacer – 2. remplacer – 3. lacer – 4. relancer – 5. prononcer – 6. recevoir – 7. concevoir – 8. décevoir.

2. Remplacez la définition entre parenthèses par un mot de la famille de *percer.*
1. Un regard *(qui perce).* – 2. Les avant-centre ont effectué une *(action de percer)* à travers la défense adverse. – 3. J'ai encore un *(instrument qui sert à percer)* pour faire des trous supplémentaires sur la bride des sandales. – 4. Mais mon père se sert d'une *(instrument qui sert à percer)* électrique pour faire des trous dans le mur. – 5. Où en est le *(action de percer)* du tunnel sous la Manche ?

3. Remplacez les points par un mot de la famille de *glace.*
1. Nous achetons nos crèmes gla... chez un excellent gla... – 2. Ma mère finit le gla... du gâteau au chocolat. – 3. Prends des gla... dans le congélateur pour rafraîchir le jus d'orange. – 4. Pendant les grandes gla..., la vie s'est beaucoup ralentie sur la Terre, et les grands gla... ont envahi les vallées, creusant les vallées gla... en forme de U. – 5. Par ce froid, les routes sont très vergla...

4. Remplacez les définitions entre parenthèses par un mot de la famille de *pincer.*
1. Arrange mieux le feu avec les *(petit instrument pour pincer les morceaux de bois).* – 2. Arrête de me pincer : je n'aime pas les *(sensation d'être pincé)* et ma peau garde durablement les *(marque que l'on garde sur la peau lorsqu'elle a été pincée).* – 3. Ajoutez une *(quantité que l'on peut saisir entre deux doigts)* de sel. – 4. J'ai entendu cette mauvaise nouvelle avec un *(sensation de tristesse)* au cœur.

5. Remplacez les points par -c- **ou** -ç-.
1. Au ...inéma, nous avons aper...u des clowns grima...ants qui pêchaient un cale...on grâ...e à un hame...on. – 2. ...ela est vrai ! Et ils annon...aient ...e...i : « Nous su...ons des gla...es au ...itron dans des cornets de sau...isson et nous nous rin...ons les gen...ives avec du ...idre adou...issant. – 3. Nous vous remer...ions de votre attention. Mer...i. – 4. ...a va bien, et vous ? »

-S-/-SS-

LEÇON

▶ **s** entre deux voyelles se prononce comme la lettre **z.**
Ex. : *un oiseau.*
Pour conserver à **s** sa prononciation entre deux voyelles, il faut le redoubler : **ss.**
Ex. : *un passage.*

▶ **s** garde sa prononciation (et n'a donc pas besoin d'être redoublé) lorsqu'il s'appuie sur une autre consonne.
Ex. : *un conseil, une histoire.*

EXERCICES

1. Faites deux colonnes, une pour le son [s] **et une pour le son** [z]. **Mettez dans la première les mots où vous entendez** [s], **avec** ss, **et mettez dans la deuxième les mots où vous entendez** [z], **avec un seul** s.

1. Un go...e s'était planté une arête de poi...on dans le go...ier. – 2. L'arsenic est un poi...on violent. – 3. Il a gli...é avec sa luge jusqu'à l'égli...e. – 4. Les amoureux du film se sont embra...és devant le ciel embra...é par l'incendie. – 5. Devant l'expre...ion de colère du client, il comprit qu'il fallait vite prendre une déci...ion. – 6. Dans ce maga...in, ils vendent du pâté de marca...in. – 7. Le pêcheur pa...e difficilement à travers ce creux rempli de va...e. – 8. Il a froi...é sa feuille et il a croi...é les bras. – 9. Mon cou...in aime bien placer un cou...in sous sa tête lorsqu'il se repo...e.

2. Même exercice que le précédent.

1. Il regardait si fixement sa bou...ole qu'il n'a pas vu la bou...e de vache et a gli...é sur elle. – 2. Il croyait trouver un tré...or dans ce vieux coffre et il n'y avait qu'une tre...e de cheveux, affreu...e de surcroît, blonda...e et fila...e ! – 3. C'est un grand dé...avantage de ne pas savoir de...iner. – 4. Faire du sport m'est néce...aire car j'en ai be...oin. – 5. C'est un plai...ir de réu...ir enfin à maîtri...er un problème malai...é ! – 6. Cela m'a cau...é un grand chagrin qu'on ait ca...é ce grand va...e qui était sur la table ba...e.

3. Regardez si le s **est appuyé sur une autre consonne, et redoublez-le si c'est nécessaire.**

1. Un pin...on est perché sur le ma...if de roses. – 2. Il faudra se mettre tous en...emble pour e...ayer de pou...er cette immen...e armoire. – 3. Il n'est malheureusement pas per...uadé que sa pen...ée est intére...ante. – 4. Il se tient sur la défen...ive au lieu de parler avec a...urance. – 5. C'est une sen...ation très angoi...ante de traver...er sur cette pa...erelle vermoulue. – 6. Sa pa...ion est de semer la di...en...ion.

-C-/-QU-

LEÇON

▶ On écrit généralement **-c-** devant **a, o** et **u.**
Ex. : *Ton **c**ahier est à **c**ôté du **c**utter.*
Retenez quelques mots très usuels qui s'écrivent pourtant avec **-qu-** : la famille de *quatre* et de *cinq* (= *quinque*, en latin), *quand* et *quant à, la quantité, le quotient, quoi, pourquoi, quasi, le quai.*
Mais : *la piqûre.*
Rappel : Les verbes en **-quer** gardent le groupe **-qu-** tout au long de leur conjugaison. Ex. : *remar**quer** → nous remar**quo**ns.*

▶ On écrit généralement **-qu-** devant **e** et **i.**
Ex. : ***Qui que** tu sois, tu es le bienvenu.*
Cependant, quelques mots inversent le **u** et le **e** du son **« euil »** : ***cue**illir* et sa famille, *un cer**cue**il* et *un é**cue**il.*

EXERCICES

1. Écrivez en lettres : 4, 40, 14, 1/4, 80, 4ᵉ, 14ᵉ, 40ᵉ.

2. Remplacez les définitions entre parenthèses par un mot de la famille de *quatre* ou de *cinq* (= *quinque*).
1. Le rectangle est un *(figure qui a 4 côtés)* régulier. – 2. Si tu me prêtes cet argent, je te le rendrai au *(la somme multipliée par 4) ;* non, je te le rendrai au *(la somme multipliée par 5).* – 3. Nous sommes à l'ère *(qui est la quatrième dans l'histoire de la Terre).* – 4. C'était un homme qui avait la *(environ 40 ans),* un *(homme âgé de 40 ans)* qui serait bientôt un *(homme âgé de 50 ans).* – 5. Quel événement lorsque naissent des *(enfants au nombre de 4)* ou des *(enfants au nombre de 5) !*

3. Remplacez la définition par un mot de la famille de *cueillir.*
a) en ajoutant un suffixe au verbe simple : 1. Les *(personne qui cueille, masculin)* et les *(personne qui cueille, féminin)* viennent pour la *(action de cueillir).*

b) en ajoutant un préfixe : 2. Les organisateurs du Téléthon *(réunissent en collectant)* des sommes très importantes. – 3. Mon oncle m'a offert un *(ouvrage où sont réunis)* les plus beaux poèmes de Victor Hugo. – 4. Les fidèles suivaient l'office avec *(action de se retourner vers l'intérieur, de se plonger dans la méditation).*

c) en changeant de préfixe : 5. Mes cousins m'ont *(reçu)* à bras ouverts. – 6. J'ai été touchée de leur *(façon de recevoir).* – 7. Ils sont vraiment très *(qui reçoit bien).*

4. Remplacez les points par -c-, -cu- **ou** -qu-.
1. Le navire ...itta le port dans la joie et la ...onfiance ...asi générales : seul le ...artier-maître ...oléri...e était un peu in...iet de l'amarrage de la ...argaison, car une ...antité de ...aisses étaient juste empilées et mal ...alées. – 2. Sur le ...ai, tout le monde dansait ; cha...un des matelots devait donner un bou...et ...el...on...e, à cha...e jeune fille. – 3. ...ant au ...apitaine, il chi...ait, pensant à je ne sais ...oi de mirifi...e. – 4. Il se fit pi...er par un mousti...e. – 5. La douleur consé...utive à cette pi...ûre lui fit donner un brus...e ...oup de barre, qui l'envoya droit sur un é...eil, qui déchi...eta la ...o...e du frêle es...if, qui sombra in...ontinent.

MOTS COMMENÇANT PAR AB-, ACC-, AD-,...

LEÇON

Le **a** initial français est souvent issu du préfixe latin **ad-** (= vers, à), qui fait redoubler les lettres : **c, f, p, r, s, t** de la racine.
Ex. : *ad-porter* → *apporter* = *porter à, vers.*

- Les mots qui commencent par **ab-** ont un seul **-b-**.
  Ex. : *abêtir.*
  Sauf : *abbé, abbesse, abbaye.*
- Les verbes, et leur famille, qui commencent par **ac-** ont deux **-c-**.
  Ex. : *accorder* → *un accord, un accordéon...* **sauf :** *s'acoquiner.*
  Le redoublement prend la forme **-cqu-** devant **e** et **i** :
  Ex. : *acquitter, acquérir, acquiescer.*
  Les autres mots (qui ne sont pas dérivés d'un verbe) n'ont qu'un **-c-**.
  Ex. : *un acacia, un acrobate.*
- Les mots qui commencent par **ad-** ont un seul **-d-**. Ex. : *adorer.*
  Sauf : *une addition,* et les mots de sa famille.
- Les mots qui commencent par **af-** prennent deux **-f-**. Ex. : *une affaire.*
- Les mots qui commencent par **ag-** ont un seul **-g-**. Ex. : *agrandir.*
  Sauf : *agglomérer, agglutiner, aggraver,* et leurs familles.
- Les mots qui commencent par **am-** ont un seul **-m-**. Ex. : *amener.*
  Sauf : *l'ammoniac,* et sa famille.
- Les mots qui commencent par **an-** ont un **-n-**. Ex. : *l'ananas.*
  Sauf : *l'anneau, l'année, annexer, annoncer, annoter, annuler* et leurs familles.
- Les verbes qui commencent par **ap-** (et leur famille) ont deux **-p-**.
  Ex. : *apprivoiser.*
  Sauf : *apercevoir, aplanir et aplatir, apaiser* et *apitoyer, apostropher.*
- Les verbes, et leur famille, qui commencent par **ar-** ont deux **-r-**.
  Ex. : *arracher* → *l'arrachage, l'arrachement, à l'arrachée.*
  Les autres mots (qui ne sont pas dérivés d'un verbe) n'ont qu'un **-r-**.
  Ex. : *une araignée.* **Sauf :** *arrière,* et sa famille.
- Les mots qui commencent pas **as-** prennent deux **-s-**. Ex. : *assoiffé.*
  Sauf : – lorsque le **a-** initial marque la négation : *asymétrique, asexué, asocial, aseptique* ;
  – *un ascenseur, une ascension, un ascète* (et leurs familles).
- Les verbes, et leur famille, qui commencent par **at-** ont deux **-t-**.
  Ex. : *attraper* → *une attrape, rattraper, le rattrapage.*
  Les autres mots (qui ne sont pas dérivés d'un verbe) n'ont qu'un **-t-**.
  Ex. : *un atout.*
  Sauf : *l'attention, l'attirail, l'attitude.*

EXERCICES

1. Remplacez les points par -c-, -cqu- **ou** -cc-.

1. L'a...adémicien a...ariâtre a...ourut sous l'a...acia, a...usé de n'avoir pas a...itté l'a...ompte pour les travaux d'a...oustique a...omplis dans son salon aux boiseries

d'a...ajou. – 2. J'ai fait un a...roc à mon pull en a...rylique, ma dernière a...isition de cette année ! – 3. L'infirmière a...iesça : – Oui, le chirurgien et son a...olyte avaient mené à bien cet a...ouchement problématique, qui a...umulait les difficultés.

2. Remplacez les points par -b- **ou** -bb-.

1. Les a...eilles a...andonnèrent les a...ords de l'a...attoir où a...oyait un chien et a...ordèrent la cour de l'a...aye où elles espéraient une a...ondance de butin. – 2. L'a...esse fut a...asourdie par cet a...ominable bourdonnement a...êtissant et a...usif.

3. Remplacez les points par -d- **ou** -dd-.

1. Dis a...ieu à ton a...olescence, à ce temps où, a...ulé par tes parents, tu menais une vie a...oucie de mille attentions a...orables ! – 2. A...apte-toi aux dures réalités, a...onne-toi aux a...itions fiévreuses en fin de mois, a...opte la vie a...ulte !

4. Remplacez les points par -g- **ou** -gg-.

1. L'a...riculteur était a...acé par une hausse a...ressive du prix de l'a...loméré dont il avait besoin pour a...randir son hangar, hausse a...ravée pour lui par la baisse simultanée du prix des a...rumes. – 2. Il s'a...rippait aux basques de l'ingénieur a...ronome, qu'il risquait de perdre au milieu de la foule a...lutinée devant la mairie.

5. Attention aux familles à -nn- **! Remplacez les points par** -n- **ou** -nn-.

1. Pour ton a...iversaire, veux-tu un a...anas ? un a...imal a...elé ? un bouquet d'a...émones ? du sirop d'a...is ? une fête a...imée ? – 2. Après avoir a...alysé la situation, raconté des a...ecdotes sur l'a...ée écoulée, passé un a...eau à l'a...ulaire des officiers a...oblis, le dictateur a...onça qu'il a...exerait ou a...éantirait un pays.

6. Remplacez les points par -p- **ou** -pp-.

1. L'a...rovisionnement était si défectueux et leur a...auvrissement avait été tel que les garçons avaient besoin d'un a...oint de nourriture. – 2. Leur oncle avait a...lani la difficulté la plus grande en leur prêtant ses fusils. – 3. Ils avaient placé des leurres bien a...arents sur l'étang qui leur a...artenait et ils avaient a...âté le gibier. – 4. Ils s'étaient a...liqués à bien s'a...latir dans le chemin creux pour que les canards ne les a...erçoivent pas. – 5. A l'a...roche du vol de canards sauvages, ils avaient a...uyé sur la détente sans a...préhension, avec le plus grand a...lomb.

7. Remplacez les points par -r- **ou** -rr-.

1. A...ivé depuis peu dans l'a...ide désert a...abique, l'a...istocrate a...ogant fut a...aché à sa rêverie par l'a...ôme délicieux des a...achides grillées. – 2. A l'a...ière-plan des a...ènes de Nîmes, sans aucune notion d'a...ithmétique, une a...aignée a...angeait les a...abesques a...ondies de sa toile. Un a...osage a...êta cette activité.

8. Remplacez les points par -s-, -ss- **ou** -sc-.

1. Il faut a...aisonner cette a...iettée d'a...perges et donner à boire à ces clients a...oiffés. – 2. On allégua aux a...ises que cet homme, qui avait a...ommé ses a...ociés, a...ailli les veilleurs a...ermentés et a...assiné des vieilles dames, avait un a...endant Balance. – 3. Les grandes a...ensions himalayennes exigent a...urément des alpinistes qu'ils a...ument une vie a...étique.

9. Remplacez les points par -t- **ou** -tt-.

1. Il est très a...iré par l'énergie a...omique et il a a...erri dans un a...elier qui fabrique des a...endrisseurs ! C'est a...roce pour lui, il est a...erré, et il ne va pas s'y a...arder ! – 2. Contre toute a...ente, elle s'est enfin occupée de ses a...ours, s'est a...elée à ce problème ; elle n'a jamais été aussi mal a...ifée ! – 3. Un a...roupement a...risté suivait le convoi des victimes de l'a...entat a...ribué à des terroristes.

DOUBLEMENT DE C, F, L, M, N, P, R (EN DÉBUT DE MOT)

LEÇON

▶ **c :** Les mots qui commencent par **oc-** et **suc-** ont deux **-c-**.
Ex. : *une occasion – succulent.*
Sauf : *ocre, un oculiste* et *oculaire – le sucre.*

▶ **f :** Les mots qui commencent par **af-, ef-, of-, dif-, sif-, souf-,** et **suf-** prennent deux **-f-**.
Ex. : *Un **affichage efficace offre** peu de **difficulté** à ceux qui **souffrent** d'une **insuffisance** visuelle.*
Sauf : *afin* (de, que), *Afrique, africain, le soufre.*

▶ **m :** Les mots qui commencent par **com-** prennent deux **-m-**.
Ex. : *commencer.*
Sauf : *la comète, la comédie* et sa famille, *comestible* et *le comité.*

Les mots qui commencent par **som-** ont tous deux **-m-**.
Ex. : *le sommeil.*

▶ **p :** Les mots qui commencent par **sup-** prennent deux **-p-**.
Ex. : *supprimer.*
Sauf : *suprême* et les mots qui commencent par **super-** (*supérieur,* par ex.).

▶ **r :** Les mots qui commencent par **bour-** (+ voyelle) prennent deux **-r-**. Ex. : *se bourrer.*

Les mots qui commencent par **inter-** et **sur-** prennent deux **-r-** si le mot qui suit le préfixe commence par un **r**.
Ex. : *interrompre ; surréel.* Mais : *une interaction ; suralimenté.*

Les verbes qui commencent par **cor-** et leurs familles prennent deux **-r-**. Ex. : *corrompre → la corruption, corrupteur, corruptible.*
Ainsi que : *le corral, le corridor* et *la corrida.*
Les autres mots n'ont qu'un **-r-**. Ex. : *le corail, coriace, la corolle.*

▶ Les mots qui commencent par **il-, im-, in-, ir-** prennent deux **-l-**, deux **-m-**, deux **-n-**, deux **-r-** si le mot qui suit le préfixe commence par **l-, m-, n-, r-**.
Le préfixe **in-** (dont le **n** s'assimile à la consonne qui suit) signifie le plus souvent « ne ... pas », mais quelquefois aussi « dans », « sur ».
Ex. : *illuminé* (in = sur) ; *illisible* (in = ne pas) ;
immergé (in = dans) ; *immoral* (in = ne pas) ;
inné (in = dans) ; *innocent* (in = ne pas) ;
irradier (in = dans) ; *irrespect* (in = ne pas).
Mais : Les mots qui commencent par **in-** ont beaucoup plus souvent un **n** que deux, car le plus souvent le radical commence par une autre lettre que **n.** Ex. : *in-utile* = qui n'est pas utile.
Mais : *l'île, l'image, l'initiation, l'ironie* n'ont aucune raison de redoubler le **r (l, m, n)**, car ils ne comportent pas de préfixe.

EXERCICES

1. Remplacez les points par -c- **ou** -cc-.

1. Lorsque je reviens de chez l'o...uliste, je passe o...asionnellement près d'une su...ursale d'un su...ulent confiseur et je su...ombe fatalement à la tentation d'acheter quelques su...reries pour regarnir mon su...rier. – 2. Tu t'o...upes beaucoup trop de sciences o...ultes ; en l'o...urrence, tu attribues ton o...lusion intestinale à l'action maléfique de diablesses o...rées et su...rées auxquelles tu aurais su...ombé.

2. Remplacez les points par -f- **ou** -ff-.

1. Le pro...esseur a...able se livrait indé...iniment à une pro...usion d'e...usions, a...in d'exprimer son a...ection indé...ectible. – 2. Il si...lote d'un air a...ranchi pour s'a...irmer et pour se dé...endre de l'e...royable timidité dont il est a...ligé : a...ronter un personnage o...iciel et a...ûter ses arguments lui semblent toujours a...reusement di...icile et il craint de ba...ouiller.

3. Remplacez les points par -m- **ou** -mm-.

1. Ne co...ence pas à co...enter les co...édies de Molière co...e on co...unique des informations co...erciales ! – 2. Avons-nous encore assez de denrées co...estibles pour nous offrir un repas so...aire avant d'attaquer l'arête finale ? – 3. La co...unauté scientifique tout entière, les so...ités de l'Académie et le Co...ité pour le développement de l'astronomie attendaient avec impatience co...une le co...uniqué de l'observatoire au sujet de la co...ète. – 4. Le co...andant du co...ando ne parvenait pas à trouver un so...eil co...ode sur son so...ier étroit. – 5. Le co...issaire écoutait avec complaisance tous les co...érages co...iques que les co...erçants de la co...une colportaient lorsqu'ils racontaient co...ent il avait so...é le so...elier de ne plus co...ettre d'impair en so...eillant aux co...émorations.

4. Remplacez les points par -p- **ou** -pp-.

1. Il est su...erflu d'ajouter que la su...erficie du cercle de centre O est su...érieure à celle du rectangle ABCD. – 2. Un su...lice su...lémentaire serait insu...ortable à ce malheureux qui su...lie. – 3. La su...érette su...planta bientôt les petits commerces grâce à la su...ériorité de ses su...orts publicitaires et exerça une su...rématie commerciale dans tout le quartier.

5. Remplacez les points par -r- **ou** -rr-.

1. J'attends la co...ection de l'inte...ogation très inté...essante que nous avons eue sur « les transports inte...urbains devant le risque de bou...asque ». – 2. L'inte...ègne de ce despote si co...ompu et si co...iace ne put être inte...ompu que par les œuvres du bou...eau. – 3. Le sommet inte...allié essaya de co...iger les effets du su...armement et du su...endettement co...espondant de certains pays. – 4. Ne fais pas la bou...ique ! Vérifie que les planches du co...al sont co...ectement fixées avant la co...ida ! – 5. Le prix du co...ail me semble sû...ement su...évalué. – 6. Le co...idor inté...ieur était décoré de fleurs dont les co...olles faisaient autant de taches colo...ées.

Redoublez si cela est nécessaire la consonne suivie de points.

1. Il est in...acceptable d'im...obiliser in...utilement cet il...ustre et ir...ascible il...usionniste, déjà im...odérément ir...ité par un costume im...ettable. – 2. Il est in...opportun d'ir...oniser sur les in...ovations ir...éfléchies, in...adaptées et in...applicables, sorties de l'i...agination de quelles il...uminés in...expérimentés.

LE -E MUET DES NOMS FÉMININS

LEÇON

En français, les noms féminins se terminent généralement par un **-e**. Comparez : *une baraque* et *un lac* – *une bague* et *un grog* – *une cathédrale* et *un festival* – *un cap* et *une cape* – *un bar* et *une gare* – *un os* et *une bosse* – *le granit* et *la bronchite* – *un box* et *la boxe* – *le gaz* et *la gaze*.

▶ Les noms féminins en « **i** » s'écrivent **-ie**. Ex. : *la pluie*.
Sauf : *la fourmi, la souris* et *la brebis, la perdrix* et *la nuit*.

▶ Les noms féminins en « **u** » s'écrivent **-ue**. Ex. : *la vue*.
Sauf : *la bru, la glu, la tribu* et *la vertu*.

▶ Les noms féminins en « **é** » s'écrivent **-ée**. Ex. : *la pensée*.
En particulier, tous les noms qui expriment un contenu s'écrivent **-ée**, même ceux en **-tée**. Ex. : *une bouchée* (contenu de la bouche), *une assiettée*.
Mais, *la clé* (ou *clef*) et les noms abstraits en **-té** et **-tié** n'ont pas de **-e**. Ex. : *la clarté, l'amitié*.
Sauf cinq noms qu'on doit différencier de participes passés masculins : *la dictée* (≠ j'ai dicté), *la montée* (≠ je suis monté), *la jetée* (≠ j'ai jeté), *la portée* (≠ j'ai porté), et *la pâtée* (≠ du nom : un pâté).

▶ Les noms féminins en « **è** » s'écrivent **-aie**. Ex. : *une haie*.
Sauf : *la paix* et *la forêt*.

▶ Les noms féminins en « **eu** » s'écrivent tous **-eue**, sans exception. Ex. : *la queue*.

▶ Les noms féminins en « **oi** » s'écrivent **-oie**. Ex. : *la joie*.
Sauf : *la paroi, la loi* et *la foi* (= croyance), *la croix, la noix* et *la voix* (= sons qui sortent de la bouche), *la fois* (l'occasion : une fois, deux fois, etc.).

▶ Les noms féminins en « **ou** » s'écrivent **-oue**. Ex. : *une joue*.
Sauf : *la toux*.

EXERCICES

1. Dites le genre du nom et remplacez les points par -i **ou** -ie.
1. J'ai un ennu..., qui est pour moi un gros souc... – 2. J'ai fait une plaisanter..., une simple taquiner... à une am... – 3. Dans la prair..., caché derrière l'abr..., j'ai poussé un cr..., pour qu'elle croie qu'un ennem..., pris de fol..., en voulait à sa v... – 4. Et elle s'est précipitée à la mair... sous son paraplu... ! Ça n'a pas fait un pl... !

2. Remplacez les points par -i, -ie, -is, -it **ou** -ix. **Attention aux exceptions !**
1. Le chasseur a bien env... de prendre la v... à un malheureux gibier : est-ce que ce sera une p..., un colibr..., une perdr..., un canar... ou une chauve-sour... ? – 2. Qui a passé la nu... dans la berger... ? – Une breb..., une tru..., une otar..., une fourm... et un okap... – Mais, c'est une vraie ménager... !

3. Remplacez les points par -u **ou** -ue. **Attention au genre et aux exceptions !**
1. La gr... égarée voulait vite rejoindre sa trib... : un individ... isolé peut si facilement être la proie d'un inconn... dans l'étend... du vaste monde ! – 2. Pour réparer son fich... et fabriquer une tort... en carton, la belle-mère demanda à sa br... de vite aller lui acheter du tiss... et de la gl..., avant que ce ne soit la coh... dans la r...

4. Remplacez les points par -é **ou** -ée. **Attention au genre et aux exceptions !**
1. L'ann... suivante, malgré sa timidit..., la f... eut une id... : puisqu'elle n'avait pas la cl..., elle passerait par la chemin..., en évitant la fum..., et apporterait une poup... à la petite fille pour remédier à la pauvret... de la famille. – 2. Dans l'amiti..., on partage tout par moiti... – 3. Au cours de notre randon..., pendant la soir..., nous avons coupé à travers un pr... avec rapidit..., évité un champ de bl..., traversé un fourr..., longé une rang... d'épouvantails avec intrépidit... Quelle équip... ! Heureusement que nous avions la sant... !

5. Remplacez les points par -té **ou** -tée. **Attention au genre et aux exceptions.**
1. Une faible clar... baignait la je... : il en profita pour déverser à la mer avec céléri... sa brouet... de détritus. Quelle sale... ! – 2. Le retrai... s'était préparé une assiet... de jambons et de pâ... qu'il dévorait avec voraci... – 3. L'enfant écrivit avec sûre... toutes les notes de la dic... musicale sur la por... – 4. Il fallut de la ténaci... à l'invi... pour gravir la rude mon... – 5. Ô mon bon Médor, il n'y a pas besoin de tout un trai... pour confectionner ta pâ... . La recette est d'une totale simplici... !

6. Remplacez les points par -ai, -aie, -aix **ou** -êt. **Attention au genre !**
1. Il faut que je donne un coup de bal... et que je change la t... de mon oreiller sans dél... ; sinon je ne serai pas en p... – 2. Au mois de m..., dans la for..., la l... ne trouve pas une seule b... dans la h... et la fut... retentit au cri du ge... – 3. Sur le qu..., une fillette avait tracé une r... à la cr... et faisait un ess... de marelle.

7. Dites le genre du nom et remplacez les points par -eu **ou** -eue.
1. Ce n'est pas un j... de faire une qu... de cheval à mon nev... qui a dit adi... à sa chevelure et n'a plus un seul chev... sur la tête ! – 2. Dans la banli... de Moscou, les grognards se chauffaient autour d'un f..., irrités de cette marche supplémentaire d'une li... pour gagner le li... du camp.

8. Remplacez les points par -oi, -oie **ou** -oix. **Attention aux exceptions !**
1. Le r... a participé à ce tourn... – 2. C'est avec j... que j'ai mêlé ma v... à celle de la foule. – 3. Lorsque les hors-la-l... ont volé une ... et semé l'effr... dans le village, il a décrété l'env... d'une expédition de gens d'armes et l'empl... de la courr... pour les garotter lorsqu'ils seraient en plein désarr... – 4. Le conv... de prisonniers a alors longé la par... du bord de Saône, là où l'on ramasse les n... – 5. Ce bon roi a voulu être un fidèle défenseur de la F... à chaque f... qu'elle était menacée.

9. Remplacez les points par -ou, -oue. **Attention au genre et à l'exception !**
1. Le mat... avait un p... qui l'avait cruellement mordu à la j... – 2. Il s'était frotté à un caill..., puis roulé dans la b... au fond d'un tr..., et n'y avait gagné qu'une bonne t... ! – 3. Tout cela sous l'œil du hib..., qui, perché sur une r..., lui faisait la m...

NOMS EN -AIL/-AILLE, -EIL/-EILLE, -EUIL/-EUILLE, -OUIL/-OUILLE, -EL/-ELLE, -AL/-ALE

LEÇON

▶ Les noms masculins s'écrivent **-ail**, **-eil**, **-euil**, **-ouil**.
Ex. : *un détail, le soleil, un écureuil, le fenouil.*
Les noms féminins s'écrivent **-aille**, **-eille**, **-euille**, **-ouille**.
Ex. : *une paille, une oreille, une feuille, la rouille.*

▶ Les noms masculins s'écrivent **-el**. Ex. : *le sel.*
Sauf : *le modèle, le zèle* et *un asphodèle – le polichinelle, le libelle, le rebelle, le vermicelle* et *le violoncelle.*
Les noms féminins s'écrivent **-elle**. Ex. : *la dentelle.*
Sauf : *la clientèle, la stèle, la grêle* et *l'aile.*
Attention à *la moelle*, qui ne s'écrit pas comme elle se prononce !

▶ Les noms masculins s'écrivent **-al**. Ex. : *un tribunal, un journal.*
Sauf :
– *un squale, un cannibale, un dédale, un scandale, un vandale, un pétale, le finale* (musique), *le sépale* (botanique) et *un astragale* (os du pied) ;
– *un intervalle ;*
– *le hâle, le châle, le mâle* et *le râle.*
Les noms féminins s'écrivent **-ale**. Ex. : *une céréale*
Sauf : *la balle, la dalle, la halle, la malle, la salle, la stalle.*

EXERCICES

1. Dites le genre du nom et remplacez les points par -ail, -aille **ou** -ailles.
1. Le petit bét... a traversé la brouss... en jouant du poitr..., s'est faufilé dans la f... et est rentré au berc... par le port... en faisant tinter ses sonn... – 2. La valet... aimait bien l'... dans la mange... et faisait rip... devant un monceau de victu... – 3. Pendant la bat..., ce fut un trav... terrible de prendre d'assaut la mur... en haut de la roc..., sous la mitr... – 4. Le gouvern... a frôlé un récif de cor... .

2. Dites le genre du nom et remplacez les points par -eil **ou** -eille.
1. Le sol... a fait mûrir le raisin de la tr... – 2. Cette merv... tente bien la corn... et l'ab... dès leur rév... – 3. Un cons... : ne te fais pas tirer l'or... ; abrège le matin ton somm... et fais la vendange pour mettre en bout...

3. Dites le genre du nom et choisissez la terminaison correcte.
1. L'écur*(euil, euille)* sortit de son faut*(euil, euille)*, et vint sur le s*(euil, euille)* de son logis pour voir la f*(euil, euille)* que lui apportait le chevr*(euil, euille)* avec orgu*(eil, eille)* et lui fit bon accu*(eil, eille)*.
2. À l'issue de cette f*(ouil, ouille)* minutieuse, la patr*(ouil, ouille)* n'avait trouvé que du fen*(ouil, ouille)*, une citr*(ouil, ouille)* et la dép*(ouil, ouille)* d'un lièvre : même pas de quoi confectionner une ratat*(ouil, ouille)* !

4. Dites le genre des noms et remplacez les points par -el **ou** -elle.

1. La tourter... et l'hirond..., la sauter... et la coccin... apprécient toutes la prun... tombée sous la tonn... – 2. Le maître d'hôt... apporte du s... à la table du cast... tandis qu'un ménestr... joue de la vi... selon le ritu... – 3. J'ai acheté du mi... pour faire du caram... dans cette écu... – 4. Demandez-vous quelle est la voy... et n'oubliez pas le -s du pluri... ! – 5. À la sortie du tunn..., le colon... plaça une sentin... et lui fit éteindre sa chand...

5. Remplacez les points par -el, -èle, -elle **ou** aile. **N'oubliez pas le pluriel.**

1. La sarc... ouvre ses ... et s'enfuit de l'ombr... de la demois... – 2. Polichin... n'est pas un mod... de z... car sa cerv... est plutôt reb... – 3. Il voulait rendre dans son aquar... l'archip... qui étalait sous le ci... sa kyri... d'îles. – 4. Finis ton vermic... que je puisse faire la vaiss... avant d'aller jouer du violonc... – 5. Ce libraire avait la client... de tous les amateurs de livres sur la mo... – 6. Les asphod... plantés devant la st... piquaient du nez après la gr... – 7. N'y a-t-il pas un seul bout de fic... sur la passer..., que je répare mes bret... ?

6. Remplacez les points par -al, -ale, -âle, -alle **ou** -alles.

1. Une raf... de mistr... balaya le littor... et se perdit dans le déd... des ruelles. – 2. A l'esc..., l'amir... décida que le navire, endommagé par l'attaque d'un squ..., emprunterait le chen... pour gagner une c... sèche à l'arsen... et faire réparer sa p... d'hélice. – 3. C'est un scand... que mon riv..., qui est un vrai vand..., ait remporté le prix du festiv..., en dépit de toute mor... – 4. Une cig... perchée sur un pét... craquette par interv... ; ce n'est pas une femelle ; c'est un m... – 5. La fillette avait posé son ch... sur une d... et rattaché sa sand... pour jouer à la b... sous la h... à côté de la cathédr... – 6. Un r... sortit de la bouche du chev..., épuisé d'avoir transporté si longtemps la lourde m... et l'étranger pâlit de terreur sous son h...

NOMS EN -EUR(E), -OIR(E), -OUR(E), -UR(E)

LEÇON

▶ Les noms en **-eur** s'écrivent sans **-e**. Ex. : *la fleur, le moniteur.*
Sauf : *le beurre* et *le leurre, la demeure* et *l'heure*, et *un heurt.*

▶ Les noms féminins en **-oir** s'écrivent avec un **-e**. Ex. : *une histoire.*
Les noms masculins en **-oir** s'écrivent généralement sans **-e**.
Ex. : *le tiroir*
Sauf : *le territoire, le laboratoire, le réfectoire, l'observatoire, le pourboire, l'interrogatoire, l'ivoire* et *l'écritoire.*

▶ Les noms en **-our** s'écrivent le plus souvent sans **-e**. Ex. : *la tour.*
Retenez : – la famille de *cours (discours, concours, parcours, secours, recours)* + *à rebours* et *le velours* ;
– *le bourg* et *le faubourg* ;
– *le court* (de tennis) ;
– *la bourre* (dans les cartouches) et *la (chasse à) courre.*

▶ Les noms en **-ur** ont un **-e**. Ex. : *l'écriture, le lémure.*
Sauf : *le futur, le fémur, l'azur* et *le mur.*

EXERCICES

1. Remplacez les points par -eur, -eure **ou** -eurre.
1. Le pêch... avait éteint le mot... de son canot depuis une h... et celui-ci s'était immobilisé en douc..., sans le moindre heurt. – 2. Maintenant, il attendait qu'un visit... vienne se prendre à son l..., qui oscillait avec lent... sur son flott... – 3. Dans la moit... de l'étang, il rêvait à la fraîch... de la bière et à la sav... du sandwich au b... qu'il dégusterait en connaiss... dès son retour dans sa dem... .

2. Remplacez les points par -oir **ou** -oire.
1. Au réfect..., un poulet a disparu de la rôtiss... – 2. Le dev... de la dame du man... : remporter la vict... sur qui viole son territ... – 3. Dans son boud..., elle fit subir un long interrogat... au perroquet juché sur son perch... – 4. Elle lui rafraîchit la mém... sur cette hist... en lui promettant un pourb... – 5. Le perroquet dénonça un garçon de laborat... qu'il dit avoir vu dans le mir..., armé d'un ras... – 6. La dame se dirigea vers le tir... où se trouvait son écrit...

3. Remplacez les points par -our, -ours, -ourg **ou** -ourt.
1. Le vaut..., du haut de la t..., surveillait le b... – 2. Dans le demi-j... du crépuscule, on ne distinguait plus bien le c... de la rivière. – 3. À son ret... des champs, le paysan à c... de ressources voulait demander au seigneur un sec..., puis à son frère son conc... pour terminer le lab... – 4. Mais le seigneur chassait à c... et son frère lui fit un long disc..., dépourvu de tout hum... – 5. Après ce dét..., en fin de parc..., le paysan n'avait plus aucun rec... et il fit bien tristement le chemin à reb... .

4. Remplacez les points par -ur **ou** -ure.
1. Que lui importe le bruit du vent dans la ram..., l'az... du ciel dans la déchir... des feuillages, l'appel des merles en quête de pât... pour leur progénit..., le mouvement des astres écrivant son fut... ? – 2. Assis dans la verd..., bien à l'abri du vent au pied du m..., le médecin lit une broch... sur la fract... du fém...

Y A-T-IL UN -E MUET À LA FIN DE L'ADJECTIF MASCULIN ?

LEÇON

- Les adjectifs en « ic » s'écrivent **ique.** Ex. : *unique.*
  Sauf : *public* et *chic.*
- Les adjectifs en « **al** » s'écrivent **al.** Ex. : *normal.*
  Sauf : *pâle, mâle, sale* et *ovale*, qui prennent un **-e**.
- Les adjectifs en « **èle** » s'écrivent **el.** Ex. : *réel.*
  Sauf : *fidèle, parallèle* et *isocèle, grêle* et *frêle.*
- Les adjectifs en « **il** » s'écrivent **ile.** Ex. : *facile.*
  Sauf : – *vil, civil, puéril, subtil* et *viril* (sans **-e**) ;
  – *mille* et *tranquille* (avec deux **-l-**).
- Les adjectifs masculins en « **ol** » s'écrivent **ole.** Ex. : *frivole.*
  Sauf : *mol, fol, espagnol* et *mongol.*
- Les adjectifs masculins en « **ul** » s'écrivent **ule.** Ex. : *ridicule.*
  Sauf : *nul.*
- Les adjectifs masculins en « **oir** » s'écrivent **oire.** Ex. : *obligatoire.*
  Sauf : *noir.*

EXERCICES

1. Remplacez les mots entre parenthèses par un adjectif en -ique **ou** -ic.

1. un rasoir *(qui marche à l'électricité)* – 2. un homme *(qui a de l'énergie)* – 3. un événement *(qui a marqué l'histoire)* – 4. un magasin *(où vont les gens chic)* – 5. un camarade *(qui inspire la sympathie)* – 6. un central *(de téléphone)* – 7. un téléphone *(dont tout le monde peut se servir)* – 8. un panorama *(seul en son genre)* – 9. un immeuble *(qui a la forme d'un cube).*

2. Même exercice que le n° 1 avec un adjectif en -al, -ale **ou** -âle.

1. le climat *(des tropiques)* – 2. le climat *(de l'équateur)* – 3. un chiffon *(qui n'est pas propre)* – 4. le froid *(de l'hiver)* – 5. un problème *(du monde)* – 6. un visage *(qui n'a pas le teint de celui des Peaux-Rouges)* – 7. un brouillard *(de l'automne)* – 8. un chemin *(de la commune)* – 9. un moineau *(qui n'est pas femelle)* – 10. un point *(situé au centre)* – 11. un visage *(qui a la forme d'un œuf* = ov...*).*

3. Dites le genre du nom auquel se rapporte l'adjectif et complétez les points par -al, -ale **ou** -âle. **Attentions aux exceptions.**

1. Devant le groupe nomin..., l'analyse grammatic..., la voix pronomin..., l'adjectif verb... et la proposition princip..., son p... visage ov... transpirait d'angoisse, malgré son air m... – 2. Sous le triangle équilatér..., le papier était s... à cause du trait horizont... qui avait malencontreusement filé en diagonale.

4. Même exercice que le n° 1 avec un adjectif en -il(e), -ol(e) **ou** -ul(e).

1. un chasseur *(qui ne bouge pas)* – 2. un cadeau *(plein d'utilité)* – 3. un objet *(qui ne sert à rien)* – 4. un air *(plein de tranquillité)* – 5. un vase *(qui peut se casser*

facilement) – 6. un ouvrier *(qui a de l'habileté)* – 7. un geste *(dépourvu d'habileté)* – 8. un enfant *(plein de docilité)* – 9. un exercice *(qu'on fait facilement), (qu'on ne fait pas facilement)* – 10. un jeu de mots *(plein de drôlerie)* – 11. un pays *(qui vit de l'agriculture)* – 12. un fleuve *(d'Espagne)* – 13. un cheval *(de Mongolie)* – 14. un résultat *(qui est égal à zéro).*

5. Même exercice que le n° 1 avec un adjectif en -oire **ou** -oir.

1. un exercice *(qu'on est obligé de faire)* – 2. un arrangement *(qui n'est fait que pour quelque temps et ne durera pas toujours)* – 3. un prix *(très bas, qui est une dérision)* – 4. le cours *(où l'on prépare le cours élémentaire)* – 5. un cheval *(de couleur noire)* – 6. un ordre *(en contradiction avec les autres)* – 7. un acte *(digne de mérite)* – 8. un exercice *(pour respirer à fond).*

6. Mettez au masculin l'adjectif féminin entre parenthèses.

1. un fil *(élastique)* – 2. un médicament *(utile)* – 3. un devoir *(banale)* – 4. un vendeur *(aimable)* – 5. un *(nouvelle)* électrophone – 6. un professeur *(jeune et sévère)* à l'air *(timide)* – 7. un général *(russe)* – 8. un silence *(anormale)* – 9. un candidat *(nulle)* – 10. un *(vieille)* avocat *(riche et malade)* à l'air *(rosse)* – 11. un sens *(obligatoire)* – 12. un chapeau *(magique)* – 13. un vin *(espagnol).*

7. Mettez au masculin l'adjectif féminin entre parenthèses.

1. un coin *(tranquille)* — 2. un lapin *(agile)* – 3. un jeu *(brutale)* – 4. un manteau *(rouge)* et *(noire)* – 5. un garçon *(sensible)* – 6. un *(vieille)* éléphant *(énorme)* – 7. un étranger *(francophile)* – 8. un comportement *(puérile)* – 9. du linge *(sale)* – 10. un défaut *(ridicule)* – 11. un *(belle)* oranger – 12. un cou *(mince)* – 13. un point *(finale).*

8. Choisissez dans la parenthèse la forme convenable.

Intimité origin(el/èle/elle) *avec le monde.* – 1. D'abord, derrière le mur végétal*(e)* de la brousse africai*(n, nn)*e, Kessel enten*(d, ds, t)* un grondement énorme et débonnaire, l'expression d'une joie rauque, puissante et animal*(e)* : *(ces/ses/c'est)* le rire de King, le lion. – 2. Alors, Patricia l'appelle et le fai*(t, s)* venir. – 3. Un instant, il pense qu'elle est fol*(l, ll)*e et qu'il partage sa fo*(l, ll)*ie. – 4. Mais Patricia ordonne au fauve de rest*(é, er, ée)* tranqui*(l, ll)*e et King reste **imm**obi*(l, ll)*e. – 5. Patricia ordonne à Kessel de le caress*(é, er, ée)* puis de lui parl*(é, er, ée).* – 6. Enfin, il peut s'asseoir à côté du lion. – 7. Alors il réalise, avec une stup**eur** émerveillé*(e)*, qu'il est exorcisé de l'incompréhension et de la terreur **immé**moria*(l, ll)*es que les hommes éprouv*(e, es, ent)* pour les fauves, qu'il*(s)* se trouve*(nt)* tous deux plac*(é, er, ée, és, ées)* sur l'éch**elle** un**ique** et infini*(e)* des créatures. – 8. Cet*(te)* rencontre, si **diff**icil*(e)* pour Kessel, est toute natur*(el, èle, elle)* pour Patricia. (D'après J. Kessel, *Le Lion.*)

-LL-, -NN-, -TT- EN FIN DE MOT

LEÇON

▶ **l :** Un mot formé en ajoutant un suffixe à un mot en **-el** ou **-elle** double le **-l-** si ce dernier est suivi d'un **-e** muet.
Ex. : *la ficelle → une ficellerie* ; **mais :** *le ficelage.*
Mais après un **a**, le **-l-** ne double pas.
Ex. : *la personnalité ≠ personnellement.*

▶ **n** : Les noms féminins en **-onne** ont deux **-n-**. Ex. : *une personne.*
Sauf : *la madone, la matrone, l'anémone et la belladone.*
Mais les noms et adjectifs masculins n'ont qu'un seul **-n-**.
Ex. : *un saxophone monotone.* Attention à *l'automne.*

Si l'on ajoute un suffixe à un nom en **-on**, on double le **-n-** :

1. Les verbes en **-onner** ont deux **-n-**.
Ex. : *papillon → papillonner.*
Sauf : *poumon → s'époumoner* et *ton → détoner.*
(*ramoner* et *téléphoner* ne sont pas formés sur un nom en **-on**).

2. Les suffixes d'adjectifs font doubler le **-n-**.
Ex. : *sensation → sensationnel ; saison → saisonnier.*
Sauf les suffixes **-al** et **-asse**. Ex. : *national ; bonasse.*

3. Les suffixes pour former les noms font doubler le **-n-**.
Ex. : *citron → citronnade ; poisson → poisonnier, -ière, poisonnerie.*
Sauf : *patronat* et *patronage, colonie, félonie, timonier* et *timonerie, canonique* et *canoniser, unioniste, violoniste* et *orphéoniste,* ainsi que certains dérivés de noms propres (*Japonais, napoléonien* par exemple).

▶ **t** : La plupart des noms féminins en **-ette** ont **-tt-**. Ex. : *la dette.*
On peut être sûr de cette orthographe quand on identifie le suffixe **-ette** qui indique la petitesse. Ex. : *une pochette = une poche +* ***ette.***

Retenez : *l'arbalète, la comète, la diète, la planète, la saynète, l'épithète* et *l'arête, la bête, la fête, la crête, la tempête, la tête, la quête* et ses composés *(conquête, enquête, requête).*
Le suffixe **-oter** qui indique une action faite à petits coups n'a qu'un **-t-**. Ex. : *taper → tapoter* (sauf : *frisotter* et *mangeotter*).

EXERCICES

1. Remplacez les points par -l- **ou** -ll-.

1. Un hôtel → une hôte...erie, un hôte...ier – 2. une échelle → un éche...on – 3. la dentelle → dente...é, la dente...ière – 4. une semelle → le resseme...age, resseme...er – 5. une pelle → une pe...etée, pe...eter, une pe...eteuse — 6. la gabelle → le gabe...ou – 7. la chandelle → le chande...ier – 8. l'aquarelle → un aquare...iste *(exception)* – 9. un violoncelle → un violonce...iste *(exception)* – 10. matériel → matérie...e, matérie...ement – 11. criminel → crimine...ement, la crimina...ité – 12. réel → rée...e, rée...ement, la réa...ité, le réa...isme.

2. Remplacez les points par -l- **ou** -ll-.

1. un chapeau → un chape...ier, la chape...erie – 2. un chameau → une chame...e,

un chame...ier – 3. un agneau → une agne...e, l'agne...age – 4. un morceau → morce...er, le morce...ement, morce...able – 5. le tonneau → la tonne...e, le tonne...et, le tonne...ier – 6. un monceau → l'amonce...ement, amonce...er – 7. le museau → muse...er, une muse...ière, le muse...ement – 8. le cerveau → la cerve...e, le cerve...as, le cerve...et, écerve...é – 9. le jumeau → jume...e, jume...er, jume...age, la geme...ité *(exception).*

3. Remplacez les groupes suivants par un verbe formé sur le nom en -on.
1. donner son pardon – 2. donner du poison – 3. donner des coups d'aiguillon – 4. faire des moutons – 5. faire le bruit du bourdon – 6. faire la moisson – 7. faire des bouillons – 8. faire des tourbillons – 9. produire un son – 10. faire un don – 11. se fatiguer les poumons à force de crier – 12. sortir du ton.

4. Remplacez la définition entre parenthèses par un seul adjectif.
1. un homme *(qu'on peut convaincre par la raison)* – 2. *(qui ne peut éveiller les soupçons)* – 3. *(sur qui on fait facilement impression)* – 4. *(auquel on ne peut pardonner)* – 5. une neige *(qui forme des flocons)* – 6. un visage *(dont sortent des rayons)* – 7. les villages *(des environs)* – 8. un plat *(de la région)* – 9. un tournoi *(entre les nations).*

5. Ajoutez le suffixe -ier **au nom en** -on, **et dites comment s'appelle :**
1. la maison des pigeons ? – 2. l'homme dont le métier est de tirer au canon ? – 3. de ramasser des chiffons ? – 4. d'écrire des chansons ? – 5. l'homme qui vit en prison ? – 6. l'arbre qui produit des marrons ? – 7. des citrons ?

6. Ajoutez le suffixe -ement **et dites comment s'appelle l'action :**
1. d'imposer des rations – 2. d'essayer d'atteindre la perfection – 3. de remplir sa fonction — 4. d'apporter des provisions – 5. de produire des bourgeons – 6. d'avoir une forme de ballon – 7. de lire comme un ânon — 8. d'exiger une rançon – 9. de faire fonctionner sa raison – 10. d'être à foison.

7. Remplacez les points par -n-, -nn- **ou** -mn-.
1. La patro...e était une matro...e au ventre de bonbo...e qui pesait une to...e. – 2. Perso...e ne pourra donc me dire si le carbo...e est utile à l'anémo...e et à la bellado...e ? – 3. Entre les colo...es, on apercevait une no...e à genoux devant une statue de la mado...e qui portait une couro...e. – 4. À l'auto...e, j'ai entendu un concert d'autochto...es où jouaient un saxopho...e et un trombo...e.

8. Comment appelez-vous ?
1. une petite chambre ? – 2. une petite pièce ? – 3. une petite bûche ? – 4. une petite couche ? – 5. une petite planche ? – 6. une petite boule ? – 7. une petite fille ? – 8. une petite maison ? – 9. un petit appareil pour sonner ?

9. Remplacez les groupes verbaux suivants par un seul verbe.
1. trembler légèrement – 2. taper à petits coups – 3. siffler doucement – 4. sucer à petits coups – 5. cligner à petits coups – 6. piquer légèrement – 7. vivre petitement – 8. pleuvoir légèrement – 9. friser légèrement – 10. manger à petits coups.

10. Remplacez les points par -ète, -ête **ou** -ette **(au pluriel si nécessaire).**
1. C'est bien triste d'être à la di... un jour de f... et de ne pouvoir manger ni côtel..., ni omel... aux crev..., ni tartel..., ni gal..., ni nois... – 2. Avec sa lun... astronomique la fill... observe les plan..., les com... et les temp... stellaires. – 3. Nous avons joué une sayn..., où armés d'escop... et d'arbal..., nous partions à la conqu... des oubli... pour retrouver une cass... – 4. Le paon porte une aigr... ; le coq, une cr... . Et la bergeronn... ? et la mou... ? et la chou... ? Pourquoi n'ont-elles rien sur la t... ?

REDOUBLEMENTS RARES EN FIN DE MOT
1. F, L, M, N, P

LEÇON

► **f :** Les mots en **-afe** n'ont qu'un **-f-**. Ex. : *la girafe*.
Sauf : *une gaffe* et *piaffer*.

Les mots en **-fle** n'ont qu'un **-f-**.
Ex. : *une rafle, un trèfle, une gifle, la girofle, la pantoufle, le mufle*.
Sauf : *siffler, souffler* et leurs familles + *le buffle*.

Le suffixe verbal **-fier** (= faire, rendre, transformer en) a un seul **-f-**.
Ex. : *raré-fier* (rendre rare).

► **l :** Les noms en **-ile**, **-ule**, **-oule** s'écrivent avec un seul **-l-**.
Ex. : *la bile* et *le reptile, la mule* et *le ridicule, la boule* et *le moule*.
Sauf : – *la ville, une idylle, la chlorophylle* + *le bacille, le pupille ;*
– *la colle, la corolle, la girolle, la fumerolle ;*
– *la bulle* et *le tulle*.

► **m :** Les noms en **-ame** n'ont qu'un **-m-**. Ex. : *une rame*.
Sauf : *la flamme, la gamme, le gramme* et leurs familles.

Les noms masculins en **-ome** n'ont qu'un **-m-**, et tous les noms féminins en ont deux. Ex. : *le tome* ≠ *la tomme*.
Sauf : *un homme* (et quelques mots de sa famille).

Les noms en **-eme** n'ont qu'un **-m-**. Ex. : *la crème*.
Sauf : *la flemme, une gemme, un dilemme*.
Et *la femme* ne s'écrit pas comme elle se prononce !

► **n :** Les verbes en **-aner** n'ont qu'un **-n-**. Ex. : *se faner*.
Sauf : *tanner, vanner, enrubanner* et *dépanner*.
Attention à *da**mn**er* et *conda**mn**er*.

Les noms en **-ane** n'ont qu'un **-n-**. Ex. : *la savane*.
Sauf : *la ca**nn**e, la pa**nn**e, la va**nn**e* et *la paysa**nn**e*.

► **p :** Les verbes en **-aper**, **-iper**, **-oper** n'ont qu'un **-p-**.
Ex. : *attraper, riper, toper*.
Sauf : *échapper, frapper, japper* et *happer* – *gripper* et *agripper* – *envelopper, développer* et *stopper*.

Les noms en **-ape**, **-ipe**, **-ope** n'ont qu'un **-p-**.
Ex. : *une tape, un principe, une antilope*.
Sauf : *la grappe, la nappe* et *la trappe* – *la nippe, la lippe* et *la grippe* – *l'échoppe* et *l'enveloppe*.

EXERCICES

1. Identifiez les familles et remplacez les points par -f- **ou** -ff-**.**

1. Je suis stupé...ié que la cara...e soit éra...lée ! Le coupable recevra une gi...le ou

un sou...let. – 2. Je t'ai entendu si...loter, puis reni...ler dans la pièce. – 3. Avec son sou...le court et sa respiration si...lante, le vieil homme ne quittait guère ses pantou...les, et s'il sortait, c'était avec des mou...les, après avoir bien agra...é toutes les agra...es de son manteau et s'être bien emmitou...lé. – 4. J'ai porté du trè...le et du sel à la gira...e pour la vivi...ier et le bu...le a détourné son mu...le boursou...lé des nè...les : il se mé...ie des clous de giro...le !

2. Remplacez les points par -l- **ou** -ll-.

a) 1. Les canniba...es n'aiment guère les céréa...es quand ils ont une fringa...e ! – 2. Dans l'interva...e, la vesta...e avait porté du feu dans la sa...e pour éviter le scanda...e. – 3. Sa riva...e sortit une ba...e de la ma...e. – 4. Après des coups de cymba...es en rafa...e, on entendit le roulement des timba...es. – 5. À l'esca...e, on débarqua le squa...e de la ca...e pour le porter à la ha...e aux poissons.

b) 1. Dans cette vi...e riche en argi...e, on fabrique des tui...es, que l'on range en pi...es. – 2. Cet imbéci...e pense que l'excès de bi...e de mon pupi...e est dû à un baci...e et le consigne à mon domici...e ! – 3. Une idy...e entre un crocodi...e et un repti...e sur cette î...e ? C'est débi...e !

c) 1. Ils ont le monopo...e du pétro...e. – 2. Ils font des farando...es, des cabrio...es et dansent la carmagno...e. – 3. Il fabrique des bandero...es avec de la co...e.

3. Remplacez les points par -m- **ou** -mm-.

a) 1. Le progra...e n'était guère que de la récla...e et parlait peu de la tra...e du dra...e. – 2. La da...e déclara sa fla...e à ses fe...es et envoya un télégra...e à son amant, qui abandonna aussitôt la chasse à l'hippopota...e pour rentrer à force ra...es faire des ga...es pour ne pas rater son couplet amoureux dès l'enta...e.

b) 1. Le majordo...e, d'un ton bonho...e, annonça qu'un gentilho...e réclamait l'écono...e pour une histoire de boules de go...e qui avait fait dépenser des so...es astrono...iques. – 2. On n'avait qu'à manger des po...es ! Tant pis pour les gastrono...es !

4. Remplacez les points par -n-, -nn- **ou** -mn-.

1. La gita...e enruba...ée se pava...e, appuyée sur sa ca...e, tandis que le tziga...e répare la carava...e en pa...e. – 2. La paysa...e conda...e sa ca...e à la casserole et la fera suivre d'une frangipa...e. – 3. Le singe saute d'une lia...e et attrape une bana...e. – 4. Son hava...e au bec, à l'ombre du plata...e, il ne cessait de rica...er et de lancer des va...es contre toutes les souta...es.

5. Remplacez les points par -p- **ou** -pp-.

a) 1. Le coureur s'est écha...é du peloton bien avant la fin de l'éta...e et il n'y a pas eu moyen de le rattra...er. – 2. Il vaut ieux effectuer sous ca...e un lent travail de sa...e que de fra...er un grand coup. – 3. Donne une ta...e à ce chien qui ja...e. – 4. La na...e était soigneusement dra...ée sur la table pour les aga...es ; le satra...e ha...a au passage un grain de la gra...e de raisin que la servante y avait posée.

b) 1. Dans l'équi...e, personne ne fume la pi...e. – 2. Défri...e ces ni...es pour partici...er à la fête des tuli...es. – 3. Il s'agri...e à ses princi...es et fait la li...e devant tout ce qui antici...e.

REDOUBLEMENTS RARES EN FIN DE MOT
2. R ET T

LEÇON

► **r :** Les mots en **-aire**, **-oire**, **-ire**, **-ore** et **-ure** n'ont qu'un **-r-**.
Ex. : *un commissaire, une passoire, la cire, un sémaphore, la reliure.*
Les mots en **-ère** ont un seul **-r-**. Ex. : *une rizière, le père.*
Sauf : Au féminin : *la terre, la guerre, la pierre, la serre* et *l'erre.*
Au masculin : *le verre, le lierre, le tonnerre, l'équerre* et *le cimeterre.*
La majorité des noms en **-are** n'a qu'un **-r-**. Ex. : *la mare, le square.*
Sauf : *la barre, la bagarre, la jarre, l'amarre* et *la carre* (fém.) et *le tintamarre, le bécarre* (masc.).

► **t :** Les verbes en **-ater**, **-iter**, **-uter** ne prennent qu'un **-t-**.
Ex. : *rater, miter, buter.*
Sauf : *flatter* et *gratter, quitter* et *s'acquitter, lutter.*
Les noms en **-ite** et **-ute** n'ont qu'un **-t-**. Ex. : *un ermite, une chute.*
Sauf : *la butte, la hutte* et *la lutte. La flûte* a un accent circonflexe.
Les noms masculins en **-ate** n'ont qu'un **-t-**. Ex. : *un acrobate.*
Les noms féminins ont généralement un seul **-t-**. Ex. : *une tomate.*
Sauf : *la batte, la chatte, la datte, la jatte, la latte, la blatte, la natte, la patte.*
La hâte et *la pâte* ont un accent circonflexe.

EXERCICES

1. Remplacez les points par -r- **ou** -rr-**. Attention aux accents graves.**

a) 1. Une baga...e à coups de ba...es de fer éclata dans la ga...e et les voyageurs effa...és, fuyant ce tintama...e, se réfugièrent dans le squa...e. – 2. Le navire largua les ama...es et passa devant le pha...e. – 3. Le barba...e jeta son ciga...e dans la ja...e. – 4. Il jouait de la guita...e seul près de la ma...e et détestait les fanfa...es. Attention aux béca...es !

b) 1. Quelle mise...e de voir cette se..., dont les carreaux de ve...e sont tout cassés, servir de pépinie...e à la bruye...e, au lie...e et à la fouge...e ! – 2. Mets le planisphe...e en pleine lumie...e, que je voie le repe...e où il faut que je place mon èque...e. – 3. À la fin de la croisie...e, on arrêta les moteurs et la cannonie...re courut sur son e...e jusqu'au débarcade...e.

2. Remplacez les points par -t- **ou** -tt-**.**

1. La cha...e dila...e ses yeux d'aga...e sur un coussin d'écarla...e tandis que la fillette à la na...e joue au piano une sona...e. – 2. Le joueur a stoppé la balle avec sa ba...e. Quel acroba...e ! – 3. Il a hâ...e d'acclima...er des da...es par ici, mais il n'a encore fait pousser que des toma...es et des pata...es ! – 4. Je consta...e que des bla...es ont établi leurs péna...es derrière cette la...e de plancher et vont de nuit gra...er la crasse de ces sava...es avec leurs pa...es. – 5. À la da...e prévue, la pâ...e était prête dans la ja...e avec tous les aroma...es. – 6. Tu me fla...es, ou tu es diploma...e : nous n'avons pas gagné la réga...e !

NOMS EN -TION, -(A, E)NCE, -ZON

LEÇON

▶ Les noms en **-ation** s'écrivent avec un **-t-**. Ex. : *la situation.*
Sauf : *la passion* et *la compassion.*

▶ Les noms en **-ition** s'écrivent avec un **-t-**. Ex. : *la punition.*
Sauf : *la mission* (et sa famille) et *la fission* (nucléaire).

▶ Tous les noms en **-otion** s'écrivent avec un **-t-**. Ex. : *l'émotion.*

▶ Les noms en **-ution** s'écrivent avec un **-t-**. Ex. : *la solution.*
Sauf : *la discussion, la percussion* et *la répercussion.*

▶ Les noms en **-ulsion** s'écrivent avec un **-s-**. Ex. : *la convulsion.*

▶ Les noms en **-ance** ont un **-c-**. Ex. : *la chance, le silence.*
Sauf : – Avec un **-a-** : *une anse, la danse, la panse, une transe.*
– Avec un **-e-** : les noms en **-fense** et **-pense** comme *la défense, la dispense* et les adjectifs *immense, intense, dense.*

▶ Les noms avec le son « **zon** » s'écrivent avec un **-s-**. Ex. : *la saison.*
Sauf : *le gazon* et *l'horizon.*

EXERCICES

1. Remplacez les points par -t-, -s- **ou** -ss-.

1. L'agita...ion et les exagéra...ions de cette pa...ion ont ruiné sa réputa...ion et elle n'attend ni consola...ions ni compa...ion de ces femmes pleines d'affecta...ion. – 2. Sa mère lui donna la permi...ion d'assister à l'audi...ion, à condi...ion qu'il apprenne ses défini...ions et consente à faire les commi...ions. – 3. Lorsqu'il faisait ses dévo...ions, l'émo...ion lui faisait perdre toute no...ion de l'heure et il oubliait de prendre sa po...ion. – 4. J'ai trouvé la solu...ion pour mettre fin à la pollu...ion. Il faut passer à l'exécu...ion de mon plan sans discu...ion ; ce sera une révolu...ion aux répercu...ions immenses.

2. Remplacez les points par -s- **ou** -z-.

1. À l'arrière-sai...on, les floraі...ons se terminaient autour des ga...ons ainsi que les exhalai...ons parfumées dans les frondai...ons. – 2. Au fond de sa pri...on, son hori...on s'arrêtait à la cloi...on et il sentait sombrer peu à peu sa rai...on en pensant à la trahi...on qui l'avait livré à la garni...on.

3. Remplacez les points par -ance **ou** -anse.

1. Pendant les vac..., ils aimaient la d... et faire bomb... ; pour se remplir la p... et entretenir l'abond..., ils faisaient valser l'... du panier avec const... – 2. Mais à l'éché..., finie l'insouci... ! Bonjour les tr... et la repent... !

4. Remplacez les points par -ence **ou** -ense.

1. J'admire ta prud... et ton intellig... : à la différ... de Jean, tu as gardé le sil... sur mes dép... . En récomp..., je te ferai mes confid... – 2. Toutes ces déf... l'encouragent à l'indol... et à la somnol... et semblent lui donner une disp... de toute excell...

5. Remplacez les points par -ance **ou** -ence.

1. la clém... – 2. l'effervesc... – 3. la croy... — 4. la défi... – 5. l'opul... – 6. la convalesc... – 7. la magnific... – 8. la dist... – 9. l'appar... – 10. la surviv...

Homonymes

Sont présentés ici des homonymes (ou homophones), c'est-à-dire les mots qui ont la même prononciation.

a, as, à, ah ! ha ! (voir fiche 2)

► Verbe avoir *(3e/2e pers. sing. présent) : Il a chaud ; tu as froid.*

► À *(préposition) : Elle pense à moi.*

► Ah ! Interjection qui marque la joie, la douleur, l'admiration, la pitié, l'impatience. *Ah ! Que c'est beau !*

► Ha ! Interjection qui marque la surprise et, répétée, le rire. *Ha ! Ha ! Ha ! Nous lui avons joué un bon tour !*

Exercice : 1. ... ! ... ! ... ! Tu ... bien fait de rester ... l'abri du porche car on ... versé une bassine d'eau dans la rue ! – 2. ... ! bon ! Sans le savoir, je l'ai échappé belle !

air, aire, ère, erre, hère

► Un air : 1. Gaz qui forme l'atmosphère. *L'air marin.* – 2. Manière d'être ou d'agir. *Avoir l'air = paraître.* – 3. Expression du visage. *Il a l'air sévère.* – 4. Mélodie. *Je joue un air gai.*

► Une aire : Surface plus ou moins étendue. *L'aire d'un champ.*

► Une ère : Époque. *L'ère chrétienne, l'ère quaternaire.*

► Verbe errer : Avancer sans but. → j'erre, tu erres, il erre, ils errent ; n'erre pas dans la nuit *(impér.).*

► Un hère : Homme misérable. *Un pauvre hère.*

Exercice : 1. Quel drôle d'... a ce pauvre ... – 2. Vêtu d'un pantalon sale, il ... dans la campagne. – 3. Il débouche sur l'... d'une ferme pour demander du pain – 4. La fermière surgit, elle n'a pas l'... commode et lui lâche ses chiens. – 5. Et nous vivons à l'... chrétienne !

allée, aller

► Une allée : 1. Déplacement. *Des allées et venues.* – 2. Chemin bordé de verdure. *L'allée du jardin.* – 3. Avenue. *J'habite allée des Lilas.* – 4. Passage dans un lieu couvert. *L'allée centrale de l'église.*

► Verbe aller (allé, *part. passé*). *J'ai envie d'aller au cinéma.*

► Un aller : 1. Trajet, billet. *L'aller et retour.* – 2. Évolution des choses. *Un pis aller.*

Exercice : 1. Benjamin a quitté la grande ... et il est ... se promener le long du canal. – 2. Un homme muni d'une caméra lui fait signe de s'en ... – 3. Il se contente de quelques ... et venues dans le parc. – 4. C'est un pis ...

bal, balle

► Le bal : Réunion ou lieu où l'on danse. *Tu vas au bal.*

► La balle : 1. Petit ballon. *L'enfant joue à la balle.* – 2. Petit projectile métallique dont on charge les armes. *Recevoir une balle.* – 3. Gros paquet de marchandises. *L'employé transporte une balle de vêtements.*

Exercice : 1. C'est à Bâle que se déroulera le ... donné par le prince russe. – 2. Il n'aura sûrement pas pensé à inviter ces petits garçons qui jouent à la ... ni ces jeunes gens qui transportent des ... de foin.

bas, ba(ts, t), bât

► Un bas : 1. Vêtement qui couvre le pied et la jambe. *Une paire de bas noirs.* – 2. Partie inférieure de quelque chose. *Le bas du visage.*

► Bas, basse *(adj.)* : 1. Qui se trouve à une faible hauteur. *Un mur bas.* – 2. Modéré. *À bas prix.* – 3. Ignoble. *Des sentiments bas.*

▶ Bas *(adv.). Parler bas. Bas les pattes.*

▶ Verbe battre. → je bats, tu bats, il bat un tapis ; bats le rappel ! *(impér.).*

▶ Un bât : Dispositif que l'on met sur le dos des bêtes de somme pour le transport de leur charge. *Le bât du mulet.*

Exercice : 1. Ne confondez pas, dit le maître, le ... de l'âne, le ... résille et le ... du tableau. – 2. « Qu'importe ! », dit tout ... un élève qui ne se ... pas pour faire zéro faute.

bon, bond

▶ Bon, bonne *(adj.)* : 1. Qui convient, utile, agréable. *Un bon appareil. Un bon bain.* – 2. Généreux. *Un homme bon.*

▶ Un bon : Formule écrite ou billet pour percevoir de l'argent ou un service. *Un bon du trésor – un bon d'essence.*

▶ Un bond : Saut. *Le kangourou se déplace par bonds.*

Exercice : Muni de ce ..., ce ... gros ne fit qu'un ... et entra dans un restaurant pour s'offrir un ... repas.

boue, bou(s, t), bout

▶ La boue : 1. Terre détrempée. *Je patauge dans la boue.* – 2. Dépôt. *Des boues industrielles.*

▶ Verbe bouillir. → je bous, tu bous, il bout de rage ; ne bous pas d'impatience ! *(impér.).*

▶ Le bout : 1. L'extrémité, la fin. *Le bout du nez.* – 2. Un morceau. *Un bout de pain.*

Exercice : Je ... de colère car je suis tombé dans la ... au ... du jardin, alors que je croyais être au ... de mes peines.

cerf, ser(s, t), serf, serre, serres

▶ Un cerf *(fém. :* biche*)* : Animal.

▶ Verbe servir. → je sers, tu sers, il sert le repas ; sers-toi *(impér.).*

▶ Verbe serrer. → je serre, tu serres, il serre, ils serrent ; serre-moi la main ! *(impér.).*

▶ Un serf : Personne attachée à une terre à l'époque féodale. *Le serf obéit au seigneur.*

▶ Une serre : Construction vitrée où l'on met les plantes à l'abri du froid. *Va dans la serre !*

▶ Les serres : Griffes d'un rapace. *Les serres acérées de l'aigle.*

Exercice : 1. La biche et le ... se ... l'un contre l'autre car ils redoutent l'aigle et ses ... – 2. Dans un sous-bois, non loin, un ... hirsute ... dans sa main un solide bâton dont il se ... pour trouver des glands sous les feuilles mortes.

chaîne, chêne

▶ Une chaîne : 1. Objet servant de lien. *La chaîne d'un chien.* – 2. Fils d'un tissu. *La chaîne et la trame.* – 3. Ensemble d'éléments. *Chaîne de montagnes, chaîne hi-fi.*

▶ Un chêne : Arbre.

Exercice : Ce berger allemand se dé... contre la ... qui l'en... à un ...

champ, chant

▶ Le champ : 1. Étendue de terre cultivée. *Champ de maïs.* – 2. Terrain. *Un champ de bataille.* – 3. Espace limité réservé à un type d'opération. *Le champ de la caméra.*

▶ Le chant : 1. Action de chanter. *Le chant du cygne.* – 2. Face étroite d'un objet. *Mettre une brique de chant.*

Exercice : 1. Quelque part dans les ..., un rossignol perché sur un bloc de pierre, posé de ..., répétait des exercices de ... à tout bout de ... Quel enchantement !

cher, chère, chair, chaire

▶ Cher, chère *(adj.)* : 1. Qui est aimé. *Chère amie.* – 2. Qui est coûteux. *Un produit cher.*

▶ Cher *(adv.). Cela vaut cher.*

▶ La chère : Qualité des mets. *Faire bonne chère.*

▶ La chair : Corps des animaux considéré comme aliment. *La perdrix a une chair succulente.*

▶ La chaire : Tribune élevée. *Le prêtre monte en chaire.*

Exercice : 1. Le préfet du Cher a fait bonne ... avec sa ... épouse. – 2. Mais le prêtre, en ... et en os, qui sermonne ses ... paroissiens du haut de sa ..., l'arrache à ses pensées les plus ...

cœur, chœur

▶ Le cœur : 1. Organe du corps humain. *Un cœur fatigué.* – 2. Partie centrale de quelque chose. *Un cœur de laitue.* – 3. Au plus fort de *(fig.). Au cœur de l'hiver.*

▶ Le chœur : 1. Ensemble de chanteurs. – 2. Composition musicale destinée à être chantée. – 3. Partie de l'église (devant le maître-autel) où se tiennent le prêtre et ses assistants.

Exercice : Au ... de l'été, dans le ... de l'église, un chef de ... dirige de bon ... des chanteurs qui répètent à ... joie un ... de Palestrina.

col, colle

▶ Un col : 1. Partie du vêtement qui entoure le cou. *Un col de chemise.* – 2. Partie rétrécie d'un objet. *Le col de la bouteille* (goulot). – 3. Partie plus basse d'une crête montagneuse. *Franchir un col en montagne.*

▶ La colle : 1. Matière gluante. *Cette colle est sèche.* – 2. Punition. *Donner une colle.*

▶ Verbe coller. → je colle, tu colles, il colle, ils collent ; colle du papier *(impér.).*

Exercice : 1. Parce que j'avais enduit de ... le ... de la carafe d'eau pour que mes camarades s'y ... les doigts, le surveillant de la cantine, celui qui porte souvent des chemises au ... crasseux, m'a infligé deux heures de ... – 2. J'ai posé une ... à mon professeur de géographie : comment s'appelle le ... qui permet de passer du Val d'Aoste à Bourg-Saint-Maurice ? – 3. Jouons à chat ! C'est toi qui ...

compte, conte, comte

▶ Un compte : 1. Calcul. *Le compte est juste.* – 2. État des dépenses et des recettes. *Tenir les comptes.* – 3. Rapport, exposé. *Faire un compte rendu.*

▶ Verbe compter. → je compte, tu comptes, il compte, ils comptent ; compte jusqu'à trois *(impér.).*

▶ Un conte : Récit imaginaire. *Un conte de fées.*

▶ Verbe conter. → je conte, tu contes, il conte, ils content ; conte-moi une histoire ! *(impér.).*

▶ Le comte : Titre de noblesse. *Le comte et la comtesse.*

Exercice : 1. Monsieur le ... n'aime pas qu'on lui ... des ... – 2. Il ... sur son intendant pour lui présenter un ... exact de ses dépenses. – 3. Madame la Comtesse préfère les ... et légendes que lui ... volontiers ses petits-enfants.

cor, corps

▶ Le cor : Instrument de musique.

▶ Un cor : Durillon. *Un cor au pied.*

▶ Le corps : 1. L'organisme. *Le corps humain.* – 2. Partie principale. *Le corps d'un bâtiment.* – 3. Tout objet matériel. *Le volume d'un corps.* – 4. Ensemble de personnes. *Le corps électoral.* – 5. Métier, corporation. *Le corps médical.*

Exercice : 1. En présence de tout le ... politique, un ... de ballet évolue au son des ... – 2. Mais le ... humain a ses faiblesses. – 3. Un ... au pied gêne le premier danseur qui renonce à se donner ... et âme à ses entrechats.

cou, coup, coût

▶ Le cou : Partie du corps reliant la tête aux épaules. *Avoir le cou enfoncé dans les épaules.*

▶ Le coup : 1. Choc. *Donner un coup.* – 2. Bruit. *Un coup de fusil.* – 3. Action subite. *Un coup de chance.*

▶ Le coût : Le prix. *Le coût de la vie.*

Exercice : 1. Tout à ..., un ... partit. – 2. Un merle tomba blessé au ... – 3. « Ça ne vaut pas le ... », se dit le chasseur qui préférait les grives étant donné leur ....

cour, cours, cour(s, t), court, courre

▶ La cour : 1. Terrain. *La cour de la maison.* – 2. Tribunal. *« Messieurs, la Cour ! ».* – 3. Personnages qui entourent le roi. *Le roi et sa cour.*

▶ Le cours. *Le cours d'un fleuve, le cours des événements, un cours d'italien, le cours Mirabeau.*

▶ Verbe courir. → je cours, tu cours, il court, ils courent à perdre haleine ; cours vite ! *(impér.)*

▶ Court, e *(adj.)* : 1. Qui n'est pas long. *Un veston court.* – 2. Bref. *Un court instant.*

▶ Un court : Un terrain aménagé pour le tennis. *Un court de tennis.*

▶ Courre : La chasse à courre (qui se pratique avec des chiens courants).

Exercice : 1. Le petit ... d'eau longe le ... Victor-Hugo, puis la ... de l'école où le maître fait un ... de géographie aux élèves du ... moyen. – 2. Ensuite il ... le long du ... de tennis et enfin ses eaux ... au milieu du bois où se déroule une chasse à ....

crain(s, t), crin

▶ Verbe craindre : 1. Envisager quelque chose comme dangereux. *Craindre le danger.* – 2. Craindre de : avoir peur. *Il craint de mourir.* → je crains, tu crains, il craint ; crains le diable ! *(impér.)*

▶ Le crin : Poil long et rude qui pousse au cou et à la queue de certains animaux. *Il s'accrocha aux crins de son cheval.*

Exercice : « Ne ... pas ce cheval ! », déclara André à son cousin en tenant solidement Bucéphale aux ...

danse, dense

▶ La danse : Suite de mouvements cadencés. *Une danse rythmée.*

▶ Verbe danser. → je danse, tu danses, il danse, ils dansent de joie ; danse encore ! *(impér.)*

▶ Dense *(adj.)* : 1. Compact, épais. *Une forêt dense.* – 2. Concis, condensé. *Un style dense.*

Exercice : 1. Dans ce dancing, tu esquisses un pas de ... au milieu d'une foule ... qui ... le rock. – 2. Tu oublies tes professeurs qui te disent que tes idées ... dans ta tête et que ton style n'est pas très ... car tu ne penses qu'à la ....

dont, don

▶ Dont *(pr. relatif) :* Duquel, de laquelle, de quoi. *L'histoire dont je me souviens est différente.*

▶ Un don : 1. Un cadeau. *Reçois ce don.* – 2. Action de donner. *Le don de soi.* – 3. Disposition naturelle. *Le don des mathématiques.*

Exercice : Un don Juan a le ... de plaire mais, ce ... il n'a pas le ..., c'est de faire ... de son cœur à la femme ... il fait la conquête.

dore, dor(s, t), d'or, d'ores

▶ Verbe dorer. → je dore, tu dores, il dore, ils dorent ; dore au soleil ! *(impér.)* – 1. Couvrir d'une couche d'or. *Je dore une assiette.* – 2. Bronzer.

▶ Verbe dormir : Être dans l'état de sommeil. → je dors, tu dors, il dort debout ; dors mon bébé ! *(impér.)*

▶ D'or *(n. m.) : Préposition* de + l'or = la matière. *Un vase d'or.*

► D'ores et déjà : Expression de temps. *Dès maintenant.*

Exercice : ... et déjà, grand-mère ... et fait des rêves ... pendant que son gâteau ... dans le four et que je ... sur le canapé.

eau, au(x), aulx, haut, ho, oh, ô, os

► L'eau : *Bois de l'eau !*

► Au *(art. contracté sing.)* : À le. *Fais attention au feu.*

► Aux *(art. contracté pl.)* : À les. *Pense aux autres.*

► Les aulx : Pluriel de l'ail.

► Haut, e *(adj.)* : Élevé. *Un haut mur.*

► Ho ! ho ! : Onomatopée qui imite le rire.

► Oh ! : Interjection qui exprime un sentiment. *Oh non !*

► Ô : Précède une invocation poétique. *« Ô déesse des moissons ! »*

► Un os, des os : *Le chien ronge des os.*

Exercice : 1. Du ... d'un ... mur ... pierres moussues, je pousse des ... indignés à la vue d'un amas d'... de poulets et d'... de pigeons mêlés à des pelures d'oignons et d'... dans une ... jadis pure. – 2. ... pollution maudite, quand cesseras-tu ?

eh, hé, et

► Eh !, hé ! : Interjections pour appeler quelqu'un ou exprimer un sentiment, une surprise. *Hé ! vous là-bas, que faites-vous ? – Eh bien ! je rêve...*

► Et *(conj. de coordination)* : *Tintin et Milou.*

Exercice : Paul ... Adèle s'en allaient. « ... ! les enfants, avez-vous pensé à prendre vos survêtements ... vos chaussures ! Non ? ... bien, qui va s'en occuper alors ? » demanda leur mère.

envi, envie

► Envi : Locution, à l'envi : à qui mieux mieux. *Les journalistes ont éreinté cet acteur à l'envi.*

► Une envie : 1. Jalousie. – 2. Désir. *Une envie de glace.*

► Verbe envier. → j'envie, tu envies, il envie, ils envient ; n'envie pas le sort d'autrui ! *(impér.)*

Exercice : 1. Ne nous ... pas. – 2. L'... est un vilain défaut. – 3. Je t'... – 4. Tu m'... – 5. Ils m'... – 6. Nous nous gâchons la vie à l'...

étang, étant, étend(s)

► Un étang : Étendue d'eau. *L'étang est gelé.*

► Étant : Participe présent du verbe être.

► Verbe étendre : Étaler, agrandir. → j'étends, tu étends, elle étend ; étends du linge ! *(impér.)*

Exercice : 1. Je m'... près d'un ... qui ne s'... guère, ... donné qu'il est presque à sec. – 2. ... peu original de nature, tu t'... à côté de moi. – 3. Je me fâche : ...-toi, loin de l'..., le plus loin possible de moi !

être, hêtre

► Verbe être : *Être ou ne pas être...*

► Un être : Un invididu. *Un être bizarre.*

► Un hêtre : Arbre.

Exercice : Le ... ne peut ... un ... humain puisqu'il est un arbre.

fer, fers, ferre, faire

► Le fer : 1. Métal. *Une barre de fer.* – 2. Épée. *Croiser le fer.* – 3. Objet en fer. *Marquer au fer rouge.*

► Les fers : Chaînes. *Mettre un prisonnier aux fers.*

► Verbe ferrer. 1. Garnir de fer le sabot d'un cheval. – 2. Engager le fer d'un hameçon dans la gueule d'un poisson qui vient de mordre en tirant d'un coup sec. → je ferre, tu ferres, il ferre, ils ferrent ; ferre *(impér.)*.

▶ Verbe faire : Agir, réaliser. *Laissez faire.*

▶ Le faire : Action. *Entre le faire et le dire, il y a une marge.*

Exercice : 1. Le pêcheur ... un brochet. – 2. La ménagère branche son ... à repasser. – 3. Le palefrenier ... le sabot d'un cheval. – 4. La coiffeuse frise les cheveux au ... – 5. Les escrimeurs croisent le ... – 6. À chacun son savoir-... !

fil, file

▶ Le fil : 1. Brin long et fin d'une matière textile. *Un fil de laine.* – 2. Direction dans laquelle s'écoule une eau courante. *Le bouchon du pêcheur descend au fil de l'eau.*

▶ La file : Suite de personnes ou de choses placées les unes derrière les autres. *Une file de voitures sur l'autoroute.*

▶ Verbe filer. 1. Mettre en fil. *Filer la laine.* – 2. Suivre en épiant. *Filer un suspect.* – 3. Laisser glisser. *Filer les amarres.* – 4. Aller vite (fam.). *Filer doux.* → je file, tu files, il file, ils filent ; file d'ici ! *(impér.)*.

Exercice : 1. Les pêcheurs au bord de l'eau ... des jours heureux. – 2. M. Delord rangeait tranquillement les bobines de ... dans sa boîte de pêche tandis que les poissons descendaient au ... de la rivière. – 3. Son épouse poussa un soupir de soulagement et dit : « À cette heure-ci il n'y aura pas de voitures en ... sur l'autoroute. »

fin, faim, fein(s, t)

▶ La fin : 1. Limite. *La fin de l'année.* – 2. Conclusion. *La fin d'un discours.* – 3. Mort. *Une fin prématurée.*

▶ Le fin : Ce qu'il y a de mieux dans le genre. *Le fin du fin.*

▶ Fin, e *(adj.)* : Délicat, subtil. *Un esprit fin.*

▶ La faim : Besoin de manger. *As-tu faim ?*

▶ Verbe feindre. → je feins, tu feins, il feint la peur ; feins ! *(impér.) ;* feint *(part. passé)*.

Exercice : 1. Un évanouissement ... – 2. Un bec ... – 3. Je meurs de ... – 4. Tu ... de ne pas entendre. – 5. Un visage ... – 6. Cet homme ... la joie. – 7. L'exercice prend ...

fois, foi, foie

▶ La fois : Cas où un fait se produit. *Je vous l'ai dit vingt fois.*

▶ La foi : 1. Croyance. *La foi en Dieu.* – 2. Confiance. *La foi en l'avenir.*

▶ Le foie : Organe du corps. *Tu as mal au foie ?*

Exercice : 1. Il était une ... une marchande de ... qui vendait du ... dans la ville de Foix. – 2. – Elle se dit : « Ma ..., c'est la première ... que je vends du ... dans la ville de Foix. »

fond, fonds, font, fonts

▶ Verbe fondre. 1. Devenir liquide. *La neige fond.* – 2. Disparaître. *L'argent lui fond entre les mains.* → je fonds, tu fonds, il fond ; fonds ! *(impér.)*

▶ Le fond : Partie la plus basse ou la plus profonde de quelque chose. *Le fond du tonneau.* Fig. : *Le fond du désespoir.*

▶ Le fonds : 1. Propriété. *Un fonds de commerce.* – 2. Capitaux. *Chercher des fonds pour créer une entreprise.*

▶ Verbe faire *(3e pers. du pluriel)* : *Ils font du bruit.*

▶ Les fonts (baptismaux) : Dans une église, bassin destiné au baptême. *Tenir un enfant sur les fonts baptismaux.*

Exercice : 1. Pour trouver les ... nécessaires à la réfection des ... baptismaux, les scouts ... le tour du village. – 2. Les gens cherchent au ... de leur grenier quelques objets pour une brocante. – 3. Une petite vieille ... en larmes. – 4. Tous ces villageois ont un bon ...

hors, or

▶ Hors *(prép.)* : À l'extérieur de, au-delà de. *Être hors de la ville.*

▶ L'or : Métal précieux. *Une bague en or.*

▶ Or : Conjonction de coordination qui introduit, dans un raisonnement ou dans un récit, un fait, une circonstance qui explique la suite.

Exercice : 1. Un chercheur d'... s'est égaré ... de la piste tracée. – 2. ..., la nuit commence à tomber et le pays est infesté de ...-la-loi. – 3. La peur le met ... d'haleine. – 4. Si l'un d'eux allait l'agresser et le mettre ... de combat ? – 5. Adieu l'... !

houx, houe, hou, ou, où

▶ Le houx : Arbuste à feuilles vertes piquantes et à boules rouges.

▶ La houe : Pioche à lame large.

▶ Hou ! : 1. Interjection pour faire honte à quelqu'un. – 2. Sert à interpeller.

▶ Ou : Conjonction de coordination qui signifie ou bien.

▶ Où : Pronom relatif ou adverbe qui sert à marquer le lieu, le temps.

Exercice : 1. ... ! tu n'as pas trouvé de ... ! – 2. ... vas-tu avec ta ... à la main ? – 3. ... l'as-tu prise ? – 4. ... ! Ne me dis pas que tu vas couper du gui ... du ... avec une ... !

laid, lait, laie, lai, les, lé

▶ Laid, e *(adj.)* : Qui n'est pas beau. *Un garçon laid.*

▶ Le lait. *Du lait de vache.*

▶ La laie : 1. Femelle du sanglier. *La laie et ses marcassins.* – 2. Marteau du tailleur de pierre. *Pierre taillée à la laie.*

▶ Le lai : Poème (narratif ou lyrique) au Moyen Âge. *Le lai du chèvrefeuille.*

▶ Les *(art. ou pronom personnel pluriel). Les oiseaux.*

▶ Le lé : En couture, largeur d'une étoffe entre ses deux lisières. *Un lé de toile.*

Exercice : 1. La ... d'un sanglier donne du ... à ses marcassins. – 2. La châtelaine, assise sur une belle pierre taillée à la ..., écoute un poète qui lui récite un ... pendant qu'elle examine ... ... de toile fine que ... servantes du château lui ont apportés.

lasse, lace

▶ Lasse *(adj. f. de* las*)* : Fatiguée. *Je suis lasse de tes discours.*

▶ Verbe lasser : Fatiguer, décourager. → je lasse, tu lasses, il lasse, ils lassent tout le monde ; ne me lasse pas ! *(impér.)*

▶ Verbe lacer : Nouer un lacet. → je lace, tu laces, il lace, ils lacent ; lace tes chaussures ! *(impér.)*

Exercice : 1. Je suis ... que tu ... tes souliers aussi mal. – 2. Je les ... de peur qu'à ton tour tu ne te ... de tous ces lacets à lacer.

lit, lie, li(s, t)

▶ Le lit : *Va au lit ; la rivière sort du lit.*

▶ Verbe lier : Attacher, unir. → je lie, tu lies, il lie, ils lient une gerbe ; lie ! *(impér.)*

▶ La lie : 1. Dépôt formé par une boisson fermentée. *La lie du vin.* – 2. *(Fig.)* : Ce qu'il y a de plus méprisable. *La lie de la société.*

▶ Verbe lire. → je lis, tu lis, il lit un bon livre ; lis donc ! *(impér.)*

Exercice : 1. Je ... conversation avec mon voisin de palier. – 2. Cette vieille femme ... dans les lignes de la main. – 3. Marine ... ses lettres avec un ruban rose. – 4. Tu ... une affiche avec une loupe ? – 5. Des liens d'amitié nous ... – 6. Je ... mon horoscope dans mon ... – 7. Les maçons ... les briques avec du ciment. – 8. Tu te ... avec la ... de la société.

maître, mètre, mettre, m'être

▶ Le maître : 1. Celui qui commande. *Le maître des cérémonies.* – 2. Instituteur. *Le maître d'école.* – 3. Titre. *Mon cher maître.*

▶ Le mètre : 1. Unité de mesure. *Du tissu vendu au mètre.* – 2. Objet qui sert à mesurer. *Un mètre à ruban.*

▶ Verbe mettre : Installer. *Veux-tu mettre le couvert ?*

▶ M'être (*pron.* me + v. être). *Pour m'être perdu, je me suis perdu !*

Exercice : Dès le premier jour d'école, le ... m'oblige à me ... dans un coin de la cour pour ... trompé de quelques ... dans mes calculs. Ça commence bien.

mer, mère, maire

▶ La mer : Étendue d'eau. *Je vais à la mer.*

▶ La mère : Femme qui a mis au monde un enfant. *La mère et ses enfants.*

▶ Le maire : Le représentant élu d'une commune. *Le maire ceint son écharpe.*

Exercice : 1. Mais non ! mais non ! sa ... n'est pas la femme du ... – 2. Elle est elle-même ... de la commune de Beaumesnil-sur-... et également ... de trois enfants.

mur, mûr(e), mûre

▶ Le mur (de la maison).

▶ Mûr, e *(adj.)* : Qui a atteint son plein développement. *Un fruit mûr.*

▶ Une mûre : Fruit du mûrier et de la ronce.

Exercice : Je grimpe sur le ... jusqu'à un roncier qui étale ses fruits ... et m'offre un grand choix de ...

nais, naît, n'es, n'est, n'ai, n'aie

▶ Verbe naître : Commencer à exister, à se manifester. *Le jour naît.* → je nais, tu nais, il naît à une nouvelle vie.

▶ N'es, n'est (*négation* ne + *v.* être) : *Tu n'es pas là, il n'est pas là.*

▶ N'ai, n'aie (*négation* ne + *v.* avoir, à l'indicatif ou à l'impératif : *Je n'ai pas mal, n'aie pas peur. (cf. Fiche 91)*

Exercice : 1. Un soupçon ... dans mon esprit : tu as copié sur mon brouillon qui ... pas net, aussi ta copie ...-elle pas nette. – 2. Tu ... pas bien malin. – 3. Tu veux tromper le maître qui ... pas né d'hier. – 4. Moi, je ... pas triché. – 5. Eh ! ... pas l'air absent quand je te parle !

ôte, haute, hôte

▶ Verbe ôter : Enlever. → j'ôte, tu ôtes, il ôte, ils ôtent ce vélo du passage ; ôte tes lunettes ! *(impér.)*

▶ Haute *(adj. f.)* : Grande, élevée (au propre et au figuré). *Une haute bâtisse. Avoir une haute opinion de soi.*

▶ Un hôte : 1. Personne qui reçoit. *Remercier son hôte.* – 2. Personne que l'on reçoit. *Régaler ses hôtes.*

Exercice : 1. Les échecs répétés lui ... ses moyens. – 2. ...-toi de là ! – 3. Quel ... indélicat. – 4. Il n'... pas ses pieds de dessus la table ! – 5. J'... le couvert et toi tu ... la nappe. – 6. Emmanuel se fait une ... idée de son avenir.

paon, pan, pend(s)

▶ Le paon : Oiseau.

▶ Un pan : 1. Un grand morceau d'étoffe, partie flottante d'un vêtement. *Un pan de chemise.* – 2. Partie plus ou moins grande de quelque chose. *Un pan de mur, un pan de ciel.*

▶ Pan ! : Onomatopée d'un bruit sec.

▶ Verbe pendre : Être fixé par le haut, le bas restant libre. → je pends, tu pends, il pend dans le vide ; pends ce linge ! *(impér.)*

Exercice : 1. Vautré dans l'herbe, le ... de ma chemise à l'air, je vois, perché sur un ... de mur, un ... qui se découpe sur un ... de ciel. – 2. Tout à coup j'entends des détonations : ... ! ... ! – 3. Et voilà mon ... qui bat de l'aile. – 4. Quel est le vaurien qui a blessé mon ... ? – 5. Si je l'attrape, je le ... !

part, par(s, t), par, pare

▶ La part : Partie. *Je veux ma part de gâteau.*

▶ Verbe partir. → je pars, tu pars, il part pour Paris *(ind. prés.)* ; pars ! *(impér.)*

▶ Par *(prép.)* : Je passe par Lyon.

▶ Verbe parer : 1. Orner. *Cette femme se pare de bijoux.* – 2. Protéger, détourner une attaque. → je pare, tu pares, il pare, ils parent un coup ; pare une botte ! *(impér.)*

Exercice : 1. Je ... pour le bal, c'est pourquoi je me ... – 2. De toutes ... mes cousins m'attaquent. – 3. ... bonheur, mon frère ... pour un cours d'escrime. – 4. Il ... facilement toutes leurs attaques.

patte, pâte

▶ Une patte : 1. Membre d'un animal. *Le chien donne la patte.* – 2. Languette d'étoffe, de cuir. *Une patte d'épaule.*

▶ La pâte : Aliment. *La pâte à tarte ; des pâtes à la tomate.*

Exercice : 1. Le perroquet a poussé le verrou de sa cage avec sa ... – 2. Il fourre son bec dans la ... à tarte puis dans les ... fraîches posées sur la table. – 3. C'est le chat qui, d'habitude, y met la ... ou le museau.

pause, pose

▶ Une pause : Arrêt. *Faire une pause.*

▶ La pose : 1. La mise en place. *La pose du papier peint demande de la patience.* – 2. Attitude. *Le modèle prend une pose devant le photographe.*

▶ Verbe poser : Placer, déposer, énoncer, prendre une attitude. → je pose, tu poses, il pose, ils posent des questions ; pose pour la postérité ! *(impér.)*

Exercice : 1. Les élèves ne ... jamais trop de questions. – 2. Raphaëlle adopte des ... ridicules quand Thierry la regarde. – 3. ... ta candidature à ce poste. – 4. Tu te ... en justicier. – 5. Le ministre de la Culture ... la première pierre du musée. – 6. La ... de cette tringle à rideaux m'a donné du fil à retordre. – 7. Je ... des jalons. – 8. En musique, une ... vaut deux demi-...

pêcher, pécher, péché

▶ Le pêcher : Arbre originaire d'Asie dont le fruit est la pêche.

▶ Verbe pêcher : Prendre ou chercher à prendre du poisson. → je pêche, tu pêches, il pêche, ils pêchent du poisson ; pêche au filet ! *(impér.)*

▶ Le péché : Acte par lequel on contrevient aux lois religieuses, aux volontés divines. *Il a confessé ses péchés au prêtre de la paroisse.*

▶ Pécher : Commettre le péché. → je pèche, tu pèches, il pèche, ils pèchent ; ne pèche plus ! *(impér.)*

Exercice : 1. La rivière est bordée de ... qui créent un joli coin d'ombre pour ceux qui ... – 2. « Attention à ne pas commettre de ... ! », s'exclama M. le curé. – 3. « Moi ? je... plutôt par excès de bonne volonté ! »

père, pair, pair(e), paire, perd(s), pers

▶ Le père : Celui qui est à l'origine de ses enfants ou de quelque chose. *Tel père, tel fils. « Le père de la tragédie. »*

▶ Un pair : 1. Personne semblable à une autre quant à sa situation sociale.

Être apprécié de ses pairs. – 2. Jadis, vassaux ayant même rang par rapport au suzerain. *Les douze pairs de France.*

▶ Pair, e *(adj.) :* Qui se divise par deux. *Quatre est un nombre pair.*

▶ Une paire : Ensemble de deux éléments. *Une paire de ciseaux, de gants.*

▶ Verbe perdre : 1. Être privé de. *Je perds la vue.* – 2. Ne pas gagner. *Elle perd au jeu.* – 3. Cesser. *Perds l'habitude de crier* → je perds, tu perds, il perd ; perds cette façon de parler ! *(impér.).*

▶ Pers *(adj.) :* D'une couleur intermédiaire entre le vert et le bleu. *Athéna, la déesse aux yeux pers.*

Exercice : 1. Une ... d'yeux. – 2. Mon ... est un homme hors ... – 3. Des yeux ... – 4. Tu ... espoir. – 5. Une ... de gifles. – 6. Il ... le souffle. – 7. Un numéro ... – 8. Je ... la mémoire. – 9. Une ... de charentaises. – 10. La Chambre des ... – 11. Une ... d'amis. – 12. Ne ... pas patience.

pin, pain, pein(s, t)

▶ Le pin : Arbre. *Une table en pin.*

▶ Le pain : Aliment. *Du pain de froment.*

▶ Verbe peindre : Colorer avec de la peinture. → je peins, tu peins, il peint une fresque ; peint *(part. passé) ;* peins *(impér.).*

Exercice : 1. Une armoire en ... – 2. La huche à ... – 3. La joie se ... sur son visage. – 4. William a du ... sur la planche s'il veut réussir. – 5. Une planche en ... – 6. ... les volets en blanc. – 7. Je ... un arc-en-ciel. – 8. Louis aime l'odeur des ... dans la forêt. – 9. Tu ... des figures sur soie.

plain, plain(s, t), plein

▶ Plain, e *(adj.) :* Plat, uni. *Le plain chant.*

▶ Verbe plaindre. → je plains, tu plains, il plaint cette pauvre femme ; plains-toi ! *(impér.)*

▶ Plein, e *(adj.) :* Rempli. *Un verre plein.*

Exercice : 1. Tante Joséphine m'a donné de son ... gré un appartement de ...-pied avec le jardin. – 2. Marion se ... d'avoir faim alors qu'elle a des fruits ... les mains. – 3. La voiture a heurté le camion de ... fouet. – 4. Tu te ... toujours. – 5. ...-moi, j'ai des soucis ... la tête.

plaine, pleine

▶ Une plaine : Étendue de pays plat. *La plaine de la Beauce.*

▶ Plaine *(adj. f.) :* Plate, égale. *Une mer plaine.*

▶ Pleine *(adj. f.) :* Qui contient une grande quantité. *Avoir les mains pleines.*

▶ Plein *(Attention,* l'adjectif masculin se prononce comme le féminin devant un mot commençant par une voyelle : *le plein emploi.)*

Exercice : 1. « Nous traverserons d'abord une grande ... avant d'arriver à la côte. – 2. A midi, ce sera la ... mer, et vous pourrez vous baigner. – 3. Nous déjeunerons ensuite en ... air, aussi n'oublie pas d'apporter une ... brassée de bois pour faire un feu », déclara le moniteur.

plutôt, plus tôt

▶ Plutôt *(adv.)* : De préférence. *Je viendrai plutôt lundi que mardi.*

▶ Plus tôt *(adv. comparatif)* : Avant. *Venez plus tôt que six heures.*

Exercice : Tu préfères être en retard ... que de te presser. Je t'en prie, la prochaine fois, pars ... !

poids, pois, poix, pouah

▶ Le poids : 1. Force exercée sur un corps par la pesanteur. – 2. Ce qui pèse. *Le poids des ans.*

▶ Le pois : Plante grimpante cultivée pour ses graines comestibles.

▶ La poix : Matière visqueuse à base de goudron. *L'assiégé jette de la poix bouillante sur l'assaillant.*

▶ Pouah ! : Interjection marquant le dégoût.

Exercice : 1. Pour quelqu'un qui va faire une compétition de lancer du ..., ce n'est pas sérieux de ne manger que des petits ... à déjeuner ! – 2. Les hommes d'armes faisaient chauffer la ... à lancer sur des assaillants. Quelle odeur, ... !

poing, point

▶ Le poing : La main fermée. *Les poings sur les hanches.*

▶ Un point : Un endroit, un lieu. *Viser un point précis.*

▶ Un point : Signe orthographique. *N'oubliez pas de mettre un point à la fin de chaque phrase.*

▶ Verbe poindre : Commencer à paraître. *Le soleil point.*

Exercice : 1. Tandis que tous dormaient à ... fermés, Jean regardait un ... précis à l'horizon. – 2. Soudain il ouvrit son ..., prit son stylo, écrivit sur un papier : « Le soleil ... » et il termina sa phrase par un ... final.

près, pré, prêt

▶ Près de : Préposition qui marque la proximité. *Je suis près de la fenêtre. Je ne suis pas près de partir* (= je ne suis pas sur le point de partir).

▶ Le pré : Petite prairie. *Mener les vaches au pré.*

▶ Un prêt : 1. Action de prêter quelque chose. *Une bibliothèque de prêt.* – 2. Somme avancée qui doit être remboursée. *La banque lui a consenti un prêt.*

▶ Prêt, e *(adj.) :* 1. Qui est préparé. *Le repas est prêt.* – 2. Qui est en état de, disposé à. *Il est prêt à te suivre.*

Exercice : Le banquier est ... à fournir un ... à ce fermier qui veut acheter un ... situé ... de la commune de Saint-Germain-des-...

prie, prix, pri(s, t)

▶ Verbe prier : Adresser une prière, une supplication, une demande. → je prie, tu pries, il prie, ils prient Dieu ; prie le ciel pour que tu réussisses ! *(impér.).*

▶ Le prix : 1. Coût. *Le prix du pain ; (fig.) le prix de la gloire.* – 2. Récompense. *Remporter le prix d'un concours.* – 3. Épreuve dotée d'un prix. *Le grand prix automobile.*

▶ Verbe prendre : Saisir. → je pris, tu pris, il prit un crayon *(passé simple) ;* pris *(part. passé).*

Exercice : 1. Le policier nous ... d'identifier ce malfaiteur ... en flagrant délit de vol. – 2. Marcel te ... au piège. – 3. ... pour la paix dans le monde. – 4. Tu te ... d'affection pour ce petit chat et voulus le garder à tout ... – 5. Je te ... de me pardonner. – 6. Je le ... au mot. – 7. Tu me ... d'entrer. – 8. Ils me ... d'accepter ce cadeau pour ... de mes services.

reine, rêne, renne

▶ La reine : Femme la plus belle, la première. *La reine d'Angleterre. La reine de la soirée.*

▶ Un renne : Animal des régions polaires. *Je photographie un renne.*

▶ La rêne : Chacune des lanières qui servent à diriger un animal. *Lâcher les rênes. Les rênes du pouvoir (fig.).*

Exercice : 1. Cet esquimau tient ferme les ... du ... qui tire son traîneau. – 2. Vraiment, en matière de cuisine, l'hôtesse de Rennes était ...

riz, ris, ri(s, t)

▶ Le riz : Plante. *Un bol de riz.*

▶ Le ris : Organe situé à la base du cou chez le veau, l'agneau ou le chevreau. *Un ris de veau.*

▶ Verbe rire. → je ris, tu ris, il rit *(prés.* ou *passé simple) ;* ri *(part. passé) ;* ris donc ! *(impér.)*

Exercice : 1. Ne ... pas de ces malheureux qui n'ont pour toute nourriture qu'un bol de .... – 2. Plus on est de fous plus on ... – 3. Tu ... jaune à l'idée de consommer du ... de veau. – 4. Ils ont ... sous cape de ta sottise. – 5. Je me ... de tes menaces.

sel, selle, scelle

▶ Le sel. *Le sel marin.*

▶ Verbe seller : Mettre une selle. → je selle, tu selles, il selle, ils sellent ; selle un cheval ! *(impér.)*

▶ La selle : Siège que l'on met sur un animal ou un véhicule. *La selle du cheval ; la selle du vélo.*

▶ Verbe sceller : 1. Marquer d'un sceau. – 2. Fixer, souder. → je scelle, tu scelles, il scelle, ils scellent ; scelle cette brique ! *(impér.)*

Exercice : 1. L'homme ... un cheval pur-sang et se hâte vers le rivage. – 2. Il sent sur son visage la brise et le ... marins. – 3. Cette promenade matinale cent fois répétée ... son amitié avec la mer. – 4. La ... de ta moto est abîmée. – 5. ...-moi ce poteau, il est dangereux. – 6. Ils ... leur pacte par une vigoureuse bourrade amicale.

sot, saut, sceau, seau

▶ Sot, sotte *(adj.) :* Qui manque d'intelligence. *Un raisonnement sot.*

▶ Le saut : Action de sauter. *Le saut en hauteur.*

▶ Un sceau : Cachet officiel d'un chef d'État. *Le sceau du roi.*

▶ Un seau : Récipient. *Un seau d'eau.*

Exercice : Le plus ... des ministres n'aurait pas idée de cueillir le roi au ... du lit pour lui demander d'apposer son ... sur une lettre alors que Sa Majesté réclame son ... pour un besoin légitime.

suis, sui(s, t), suie

▶ Verbe être. → je suis.

▶ Verbe suivre : Venir après. → je suis, tu suis, il suit ; suis du regard ! *(impér.)*

▶ La suie : Noir de fumée, mêlé d'impuretés. *Une cheminée noire de suie.*

Exercice : « ...-moi ; je ... sûr que ce brigand au visage noirci de ... est le cambrioleur que je ... depuis une semaine », déclara le commissaire.

sûr(e), sur(e), sur

▶ Sûr, e *(adj.) :* 1. Certain. *Elle est sûre de son fait.* – 2. Sans danger. *En lieu sûr.* – 3. Fidèle. *Un homme sûr.*

▶ Sur, e *(adj.) :* Qui a un goût acide, un peu aigre. *Des pommes sures.*

▶ Sur *(prép.) : Je mets un vase sur la table.*

Exercice : 1. Maman est ... que la soupe tournera et sera ... si on la laisse ... la table au lieu de la mettre au frigidaire. – 2. Le commissaire est ... un gros coup. Il est ... que c'est du poison qui a donné ce goût ... au lait de la vieille dame.

tache, tâche

▶ Une tache : 1. Une marque. *Les taches du léopard.* – 2. Une salissure. *Une tache de graisse.*

▶ Verbe tacher : Salir. → je tache, tu taches, il tache, ils tachent ; ne tache pas ma feuille ! *(impér.)*

▶ Une tâche : 1. Un travail. *Donner à chacun sa tâche.* – 2. Devoir, mission. *Une noble tâche.*

▶ Verbe tâcher : S'efforcer de. → je tâche, tu tâches, il tâche, ils tâchent ; tâche de venir ! *(impér.)*

Exercice : 1. Tu ne me facilites pas la ... avec ton caractère ! – 2. Ne ... pas mon chemisier avec ton feutre vert. – 3. Les enfants ... de faire plaisir à leur mère. – 4. Je ... d'effacer les ... de sirop qui ternissent ce marbre. – 5. ... de faire mieux.

teinte, tinte

▶ Une teinte : Couleur. *Des teintes chaudes.*

▶ Verbe teinter : Colorer. → je teinte, tu teintes, il teinte, ils teintent ; ne teinte pas ta robe ! *(impér.) ;* une robe teinte *(part. passé f.).*

▶ Verbe tinter : Résonner. *La cloche tinte.*

Exercice : 1. Tu ... tes chaussures en noir. – 2. La cloche qui ... annonce l'arrivée d'une visiteuse à la chevelure ... – 3. Des ... chaudes apparaissent sur l'horizon au soleil couchant. – 4. Les verres en cristal ... quand on les heurte. – 5. Ne ... pas tes cheveux en noir, cette ... durcit ton visage.

tribu, tribut

▶ Une tribu : 1. Groupement de familles ayant la même langue et la même culture. *Une tribu d'Indiens.* – 2. Grande famille. *C'est une vraie tribu.*

▶ Un tribut : Impôt imposé aux vaincus par les vainqueurs. *Payer un tribut.*

Exercice : 1. Chaque année, les Athéniens devaient livrer en pâture au Minotaure un ... de sept garçons et sept filles. – 2. Cette brave femme a eu treize enfants ? Mais elle est à la tête d'une vraie ... ! – 3. Les westerns mettent toujours aux prises de féroces ... d'Indiens et de braves cowboys. – 4. Ces ... africaines se battent pour une affaire de ... non réglés.

vain, vin, vingt, vainc(s), vin(s, t)

▶ Vain, e *(adj.) :* Inutile. *Un espoir vain.* En vain : inutilement.

▶ Le vin : Boisson. *Un vin vieux.*

▶ Vingt *(adj. numéral). J'ai vingt bonbons.*

▶ Verbe vaincre : L'emporter sur. → je vaincs, tu vaincs, il vainc ; vaincs ta peur ! *(impér.)*

▶ Verbe venir → je vins, tu vins, il vint *(passé simple).*

Exercice : 1. Je ... ma fatigue et ... fois, devant tous les autres routiers, nous remettons un bras de fer. – 2. Mes efforts sont ... car tu me ... sans peine et te vantes de tes poignets d'acier. – 3. Ta vantardise ... ma patience. – 4. Je vais me consoler dans un bar avec un petit ... léger. – 5. Ce soir-là, le moral ne ... pas facilement.

vaine, veine

▶ Vaine *(adj. f.) :* Inutile. *Une vaine entreprise.*

▶ Une veine : 1. Vaisseau ramenant le sang vers le cœur. – 2. Chance. *Avoir de la veine (fam.).*

Exercice : 1. Toutes les tentatives du chirurgien furent ... pour recoudre les ... sectionnées. – 2. Le malade n'eut pas de ... ! Les ... palpitantes d'effort, je renonçais cependant à cette ... intervention. Je n'avais pas eu de ...

vanter, venter

▶ Verbe vanter : Louer beaucoup. *Tu te vantes trop.*

▶ Verbe venter : Faire du vent. *Il vente.*

Exercice : Il se ... de courir très vite ; mais quand il ..., il faut choisir le sens du parcours.

vent, vend(s), van

▶ Le vent : Déplacement d'air. *Le vent souffle.*

▶ Verbe vendre : Fournir quelque chose en échange d'argent. → je vends, tu vends, il vend ; ne vends pas ton vélo ! *(impér.)*

▶ Un van : Fourgon servant à transporter les chevaux de course. *Tirer un van.*

Exercice : 1. Moi, je ... du ... à qui en veut ; toi, tu te ... au plus offrant. – 2. Ne ... pas la peau de l'ours avant de l'avoir tué. – 3. Dans une avenue ventée, je croise un ... secoué par le ... – 4. Dans cette lutte sans merci, Frédéric ... chèrement sa vie. – 5. Il fait un ... à décorner les bœufs.

ver, verre, vers, vert, vair

▶ Un ver : Animal invertébré. *Un ver de terre.*

▶ Un verre : 1. Récipient pour boire. *Un verre d'eau.* – 2. Matière. *Une table en verre.*

▶ Vers *(prép.) :* Marque la direction, l'approximation. *Il s'avance vers moi ; vers cinq heures, tu nous rejoindras.*

▶ Un vers : Mots assemblés selon un certain rythme et une certaine musique. *Poésie en vers.*

▶ Le vert : La couleur. *J'aime le vert.*

▶ Vert, e *(adj.) : Un feu vert.*

▶ Le vair : Fourrure grise d'une variété d'écureuil. *La pantoufle de vair de Cendrillon.*

Exercice : 1. Tandis qu'occupé à écrire des ... médiocres, je cherche une rime au mot ... – celui que la pantoufle de Cendrillon rendit célèbre –, je tourne machinalement les yeux ... une coupe en ... où des fruits ... sont la proie d'un long ... – 2. Je plante là la coupe de mon ... pour m'occuper du ... de la coupe.

vie, vi(s, t)

▶ La vie : 1. L'existence. *Donner la vie.* – 2. Animation. *Ce quartier est plein de vie.*

▶ Verbe vivre : 1. Exister. – 2. Partager l'existence de quelqu'un. → je vis, tu vis, il vit *(indicatif prés.) ;* ne vis pas avec cette personne ! *(impér.)*

▶ Verbe voir : Percevoir par les yeux. → je vis, tu vis, il vit *(passé simple).*

Exercice : 1. Je ... une lueur de malice dans ses yeux. – 2. Je ... ma ... aussi sereinement que possible. – 3. Dans cette affaire, Timothée n'y ... que du feu. – 4. Tu ne ... que d'amour et d'eau fraîche ? – 5. Tu ... un homme sans ... sur la chaussée.

voie, voi(s, t), voix

▶ La voie : Route. *La voie publique.*

▶ Verbe voir : Percevoir par les yeux. → je vois, tu vois, il voit, ils voient au loin ; vois par toi-même ! *(impér.)*

▶ La voix : 1. Ensemble de sons. *La voix humaine.* – 2. Appel, inspiration. *La voix de la raison.*

Exercice : 1. Le conducteur ... un signal qui ferme la ... – 2. Tu donnes de la ... après ce chauffard qui prend la ... publique pour une piste de rallye. – 3. ... si tu peux venir tantôt. – 4. Ton audace me laisse sans ... – 5. Tu ... des marins en train de calfater des ... d'eau sur ce navire. – 6. Ces jeunes gens ne ... pas plus loin que le bout de leur nez. – 7. Je ... que je n'ai pas ... au chapitre.

voir, voire

▶ Verbe voir : Regarder. *Je veux la voir.*

▶ Voire *(adv.) :* Et même. *C'est inutile, voire dangereux.*

Exercice : « Viens ... ces belles demeures ! Il a fallu des années, ... des siècles pour qu'elles acquièrent cette patine ! », dit le père à son enfant.

Mots invariables

▶ **a : à**, jusqu'**à** – l**à**, voil**à**, (au)-del**à**, hol**à** - déj**à**, (en) deç**à** - en ba**s**, l**à**-ba**s** - patatra**s** !

▶ **ain :** dem**ain**, le lendem**ain**, en v**ain**, soud**ain**.

▶ **ais :** m**ais**, désorm**ais**, jam**ais**.

▶ **ar :** **par** - **car** - **tard** - quelque **part**, nulle **part**, d'autre **part**, de **part** en **part**.

▶ **an :** qu**and** - d**ans**, ded**ans**, s**ans** - av**ant**, dev**ant**, doréna**vant** - **tant**, au**tant**, pour**tant**, pend**ant**, cepend**ant** - mainten**ant**, compt**ant**, dur**ant**, qu**ant** (à/aux).

▶ **en : en** - **longtemps**, de **temps** en **temps** (*cf.* le **temps**, le prin**temps**) - vraim**ent**, comm**ent**, tellem**ent**, seulem**ent**, souv**ent**, à prés**ent**, par conséqu**ent**.

▶ **é :** à côt**é**, except**é**, bon gr**é** mal gr**é**, malgr**é**, h**é** ! - ass**ez**, ch**ez** - **et**, **eh** !

▶ **è :** d**ès** (que), pr**ès** (de), aupr**ès** (de), tr**ès**, apr**ès**, expr**ès** - en eff**et** - tout à f**ait**, en f**ait**, du f**ait** de.

▶ **e muet :** davantage, ensemble, personne - presque - vite, ensuite - goutte - entre, contre, outre, peut-être, voire.

▶ **èr :** ne ... gu**ère**, nagu**ère**, (par) derri**ère**, (en) arri**ère** - hi**er**, avant-hi**er** - v**ers**, env**ers**, à trav**ers**, à rev**ers**.

▶ **eu :** p**eu**, un p**eu**, p**eu** à p**eu**, au mili**eu** - mi**eux**.

▶ **eur :** aill**eurs**, d'aill**eurs**, plusi**eurs**.

▶ **i :** s**i**, ains**i**, auss**i**, quas**i** - -c**i**, ic**i**, voic**i**, merc**i** - h**i** ! h**i** !, f**i** !, n**i**, nenn**i** ! ou**i**, aujourd'hu**i**, parm**i**, à dem**i**, à l'env**i**, saprist**i** !, a prior**i**, a posterior**i** - pu**is**, depu**is**, jad**is**, tand**is** (que), horm**is**, p**is**, vis-à-v**is** - **y**.

▶ **in :** enf**in**.

▶ **ien :** b**ien**, comb**ien** - r**ien**.

▶ **o : ô**, h**o** ! h**o** ! - **oh** ! - tr**op** - t**ôt**, sit**ôt**, aussit**ôt**, bient**ôt**, tant**ôt**.

▶ **oi :** pourqu**oi** - s**oit**..., s**oit**... - autref**ois**, parf**ois**, toutef**ois**, quelquef**ois**, chaque f**ois**.

▶ **oin :** ne ... p**oint** - m**oins**, néanm**oins**.

▶ **on :** sel**on**, envir**on** - à recul**ons**, à tât**ons**, aux envir**ons**.

▶ **or : or** - enc**ore** - d'**ores** et déjà - d'ab**ord**, au b**ord** de, d'acc**ord** - h**ors** (de), deh**ors** - al**ors**, l**ors** de, dès l**ors**.

▶ **ou : ou**, **ou** bien - **où** - beauc**oup** - s**ous**, dess**ous**, au-dess**ous**, par-dess**ous** - t**out**, surt**out**, part**out**, t**out** à c**oup**, t**out** de suite - deb**out**.

▶ **our :** bonj**our** - p**our** - aut**our**, t**our** à t**our**, alent**our** - touj**ours**, à reb**ours**, aux alent**ours**.

▶ **u :** pl**us** - en s**us**, dess**us**, au-dess**us**, par-dess**us**.

Index

(Les nombres renvoient aux pages)

Mots de la famille

Table thématique
des fiches d'orthographe grammaticale

(Les numéros renvoient aux pages)

I. LA CONJUGAISON DU VERBE

II. LE NOMBRE ET LE GENRE DES NOMS ET ADJECTIFS

III. L'ADVERBE INVARIABLE

IV. LES ACCORDS

V. LES HOMONYMES GRAMMATICAUX

MAQUETTE : Jean-Frédéric Delforge

N° d'Éditeur 10076049 - (XII) - (137) - OSBN - 80° - MAI 2000
Imprimerie *Jean-Lamour*, 54320 Maxéville - n° 00030068
Imprimé en France